COLLECTION
FOLIO/ESSAIS

Gilles Lipovetsky

L'ère du vide

Essais
sur l'individualisme
contemporain

Gallimard

Gilles Lipovetsky, né en 1944, est professeur de philosophie à Grenoble. *L'ère du vide* est son premier ouvrage. Depuis, il a publié, en 1987, aux Éditions Gallimard, *L'empire de l'éphémère (La mode et son destin dans les sociétés modernes)*, ouvrage dans lequel, poursuivant ses réflexions sur la séduction, l'éphémère et la différenciation marginale dans les sociétés démocratiques, l'auteur montre que la « mode achevée » pourrait être un instrument de consolidation des sociétés libérales, véhicule inédit des Lumières et de la dynamique modernisatrice.

AVANT-PROPOS

Les articles et études que voici n'ont quelque titre à être réunis que dans la mesure où tous, à des niveaux différents, posent le même problème général : l'ébranlement de la société, des mœurs, de l'individu contemporain de l'âge de la consommation de masse, l'émergence d'un mode de socialisation et d'individualisation inédit, en rupture avec celui institué depuis les XVIIᵉ et XVIIIᵉ siècles. C'est à dévoiler cette mutation historique toujours en œuvre que s'emploient ces textes, considérant en effet que l'univers des objets, des images, de l'information et les valeurs hédonistes, permissives et psychologistes qui lui sont liées ont généré, en même temps qu'une nouvelle forme de contrôle des comportements, une diversification incomparable des modes de vie, un flottement systématique de la sphère privée, des croyances et des rôles, autrement dit une nouvelle phase dans l'histoire de l'individualisme occidental. Notre temps n'a réussi à évacuer l'eschatologie révolutionnaire qu'en accomplissant une révolution permanente du quotidien et de l'individu lui-même : privatisation élargie, érosion des identités sociales, désaffection idéologique et politique, déstabilisation accélérée des personnalités, nous vivons une deuxième révolution individualiste.

Une idée centrale ordonne les analyses qui suivent : à mesure que se développent les sociétés démocratiques avancées, celles-ci trouvent leur intelligibilité à la lumière d'une logique nouvelle que nous nommons ici le procès de personnalisation, lequel ne cesse de remodeler en profondeur l'ensemble des secteurs de la vie sociale. Sans doute toutes les sphères ne sont-elles pas restructurées au même degré ni de la même manière par le procès en cours et nous n'ignorons pas les limites des théories s'efforçant d'unifier le tout social sous un principe simple quand il est manifeste que nos sociétés mettent en œuvre une pluralité de critères spécifiques. Si toutefois nous avons maintenu l'idée d'un schéma homogène, cela tient au fait qu'il s'est agi avant tout de dresser moins un relevé instantané du moment actuel que les lignes de transformation, la tendance forte qui agence à l'échelle de l'histoire les institutions, les modes de vie, les aspirations et finalement les personnalités. Le procès de personnalisation procède d'une perspective comparative et historique, il désigne la ligne directrice, le sens du nouveau, le type d'organisation et de contrôle social qui nous arrache à l'ordre disciplinaire-révolutionnaire-conventionnel ayant prévalu jusque dans les années cinquante. Rupture avec · la phase inaugurale des sociétés modernes, démocratiques-disciplinaires, universalistes-rigoristes, idéologiques-coercitives, tel est le sens du procès de personnalisation dont on voit combien il est réducteur de l'assimiler à une stratégie de rechange du capital, fût-elle à visage humain. Quand un même procès annexe en mouvement synchrone l'ensemble d'un système, il est illusoire de vouloir le rabattre sur une fonction locale instrumentale, même s'il est vrai qu'il peut contribuer efficacement à la reproduction ou à l'augmentation de la plus-value. L'hypothèse avancée est autre : c'est une mutation sociologique globale qui est en cours, une création historique proche de ce que Castoriadis appelle une « signification imaginaire centrale », combinaison synergique d'organisations et de significations, d'actions et de valeurs, amorcée à partir des années vingt – seules les sphères artistiques et psychanalytiques l'ont anticipée de quelques décennies – et ne cessant d'amplifier ses effets depuis la Seconde Guerre mondiale.

Négativement, le procès de personnalisation renvoie à la fracture de la socialisation disciplinaire; positivement, il correspond à l'agencement d'une société flexible fondée sur l'information et la stimulation des besoins, le sexe et la prise en compte des « facteurs humains », le culte du naturel, de la cordialité et de l'humour. Ainsi opère le procès de personnalisation, nouvelle façon pour la société de s'organiser et de s'orienter, nouvelle façon de gérer les comportements, non plus par la tyrannie des détails mais avec le moins de contrainte et le plus de choix privés possible, avec le moins d'austérité et le plus de désir possible, avec le moins de coercition et le plus de compréhension possible. Procès de personnalisation en effet, en ce que les institutions désormais s'indexent sur les motivations et désirs, incitent à la participation, aménagent du temps libre et des loisirs, manifestent une même tendance à l'humanisation, à la diversification, à la psychologisation des *modalités* de la socialisation : après le dressage autoritaire et mécanique, le régime homéopathique et cybernétique; après l'administration injonctive, la programmation optionnelle, à la demande. Nouvelles procédures inséparables de nouvelles *finalités* et légitimités sociales : valeurs hédonistes, respect des différences, culte de la libération personnelle, de la décontraction, de l'humour et de la sincérité, psychologisme, expression libre, qu'est-ce à dire sinon qu'une nouvelle signification de l'autonomie s'est mise en place laissant loin derrière elle l'idéal que se fixait l'âge démocratique autoritaire. Jusqu'à une date au fond récente, la logique de la vie politique, productive, morale, scolaire, asilaire consistait à immerger l'individu dans des règles uniformes, à extraire autant que possible les formes de préférences et d'expressions singulières, à noyer les particularités idiosyncrasiques dans une loi homogène et universelle, que ce soit la « volonté générale », les conventions sociales, l'impératif moral, les règlements fixes et standardisés, la soumission et l'abnégation exigées par le parti révolutionnaire : tout s'est passé comme si les valeurs individualistes n'avaient pu naître qu'aussitôt encadrées par des systèmes d'organisation et de sens s'attachant à en conjurer implacablement l'indétermination constitutive. C'est cet imaginaire rigoriste de la liberté qui disparaît, cédant la place à de nouvelles valeurs visant à permettre le libre déploiement de la personnalité intime, à légitimer la jouissance, à reconnaître les demandes singulières, à moduler les institutions sur les aspirations des individus.

L'idéal moderne de subordination de l'individuel

aux règles rationnelles collectives a été pulvérisé, le procès de personnalisation a promu et incarné massivement une valeur fondamentale, celle de l'accomplissement personnel, celle du respect de la singularité subjective, de la personnalité incomparable quelles que soient par ailleurs les nouvelles formes de contrôle et d'homogénéisation qui sont réalisées simultanément. Sans doute le droit d'être absolument soi-même, de jouir au maximum de la vie est-il inséparable d'une société ayant érigé l'individu libre en valeur cardinale et n'est-il qu'une ultime manifestation de l'idéologie individualiste; mais c'est la transformation des styles de vie liée à la révolution de la consommation qui a permis ce développement des droits et désirs de l'individu, cette mutation dans l'ordre des valeurs individualistes. Bond en avant de la logique individualiste : le droit à la liberté, en théorie illimité mais jusqu'alors socialement circonscrit dans l'économique, le politique, le savoir, gagne les mœurs et le quotidien. Vivre libre sans contrainte, choisir de part en part son mode d'existence : point de fait social et culturel plus significatif de notre temps, point d'aspiration, point de droit plus légitime aux yeux de nos contemporains.

Le procès de personnalisation : stratégie globale, mutation générale dans le faire et le vouloir de nos sociétés. Tout au plus conviendrait-il d'en distinguer deux faces. La première, « propre » ou opérationnelle, désigne l'ensemble des dispositifs fluides et déstandardisés, les formules de sollicitation programmée élaborées par les appareils de pouvoir et de management qui conduisent régulièrement les détracteurs de droite et surtout de gauche à dénoncer, non sans quelque caricature

13

grotesque, le conditionnement généralisé, l'enfer climatisé et « totalitaire » de l' *affluent society*. La seconde, « sauvage » ou « parallèle », pourrait-on dire, est portée par la volonté d'autonomie et de particularisation des groupes et individus : néo-féminisme, libération des mœurs et sexualités, revendications des minorités régionales et linguistiques, technologies psy, désir d'expression et d'épanouissement du moi, mouvements « alternatifs », c'est partout la recherche de l'identité propre et non plus de l'universalité qui motive les actions sociales et individuelles. Deux pôles ayant sans doute leurs spécificités mais qui ne travaillent pas moins à sortir d'une société disciplinaire et ce, en fonction de l'affirmation mais aussi de l'exploitation du principe des singularités individuelles.

Le procès de personnalisation est apparu au sein de l'univers disciplinaire, de sorte que l'âge moderne finissant s'est caractérisé par le mariage de deux logiques antinomiques. C'est l'annexion de plus en plus ostensible des sphères de la vie sociale par le procès de personnalisation et le recul concomitant du procès disciplinaire qui nous a conduit à parler de société post-moderne, soit d'une société généralisant une des tendances de la modernité initialement minoritaire. Société post-moderne, manière de dire le virage historique des objectifs et modalités de la socialisation à présent sous l'égide de dispositifs ouverts et pluriels; manière de dire que l'individualisme hédoniste et personnalisé est devenu légitime et ne rencontre plus d'opposition; manière de dire que l'ère de la révolution, du scandale, de l'espoir futuriste, inséparable du modernisme, est achevée. La société post-moderne est celle où règne l'indifférence de

14

masse, où le sentiment de ressassement et de piétinement domine, où l'autonomie privée va de soi, où le nouveau est accueilli comme l'ancien, où l'innovation est banalisée, où le futur n'est plus assimilé à un progrès inéluctable. La société moderne était conquérante, croyante dans l'avenir, dans la science et la technique, elle s'est instituée en rupture avec les hiérarchies de sang et la souveraineté sacrée, avec les traditions et les particularismes au nom de l'universel, de la raison, de la révolution. Ce temps se dissipe sous nos yeux, c'est en partie contre ces principes futuristes que s'établissent nos sociétés, de ce fait postmodernes, avides d'identité, de différence, de conservation, de détente, d'accomplissement personnel immédiat; la confiance et la foi dans l'avenir se dissolvent, les lendemains radieux de la révolution et du progrès ne sont plus crus par personne, désormais on veut vivre tout de suite, ici et maintenant, se conserver jeune et non plus forger l'homme nouveau. Société post-moderne signifie en ce sens rétraction du temps social et individuel alors même que s'impose toujours plus la nécessité de prévoir et d'organiser le temps collectif, épuisement de l'élan moderniste vers l'avenir, désenchantement et monotonie du nouveau, essoufflement d'une société ayant réussi à neutraliser dans l'apathie ce qui la fonde : le changement. Les grands axes modernes, la révolution, les disciplines, la laïcité, l'avant-garde ont été désaffectés à force de personnalisation hédoniste; l'optimisme technologique et scientifique est tombé, les innombrables découvertes s'accompagnant du surarmement des blocs, de la dégradation de l'environnement, de la déréliction accrue des individus; plus aucune idéologie politique n'est capable d'enflammer les foules, la société post-moderne n'a plus d'idole ni de tabou, plus d'image glorieuse d'elle-même, plus de projet historique mobilisateur, c'est désormais le vide qui nous régit, un vide pourtant sans tragique ni apocalypse.

Quelle erreur d'avoir annoncé précipitamment la fin de la société de consommation quand il est clair que le procès de personnalisation ne cesse d'en élargir les frontières. La récession présente, la crise énergétique, la conscience écologique ne sonnent pas le glas de l'âge de la consommation : nous sommes voués à consommer, fût-ce autrement, toujours plus d'objets et d'informations, de sports et de voyages, de formation et de relationnel, de musique et de soins médicaux. C'est cela la société post-moderne : non l'au-delà de la consommation, mais son apothéose, son extension jusque dans la sphère privée, jusque dans l'image et le devenir de l'ego appelé à connaître le destin de l'obsolescence accélérée, de la mobilité, de la déstabilisation. Consommation de sa propre existence au travers des media démultipliés, des loisirs, des techniques relationnelles, le procès de personnalisation génère le vide en technicolor, le flottement existentiel dans et par l'abondance des modèles, fussent-ils agrémentés de convivialité, d'écologisme, de psychologisme. Plus précisément, nous sommes dans la deuxième phase de la société de consommation, cool et non plus hot, consommation ayant digéré la critique de l'opulence. Finie en effet l'idolâtrie de l'*american way of life*, des bagnoles triomphantes de chrome, des grandes stars et rêves d'Hollywood; finis la révolte beatnik, le scandale des avant-gardes, tout cela a fait place, dit-on, à une culture post-moderne décelable par plusieurs traits : recherche de la qualité de la vie, passion de la personnalité, sensibilité verte, désaffection des grands systèmes de sens, culte de la participation et de l'expression, mode rétro, réhabilitation du local, du régional, de certaines croyances et pratiques traditionnelles. Eclipse de la boulimie quantitative antérieure ? Certes, à condition de ne pas perdre de vue que ces phénomènes sont également des manifestations du procès de personnalisation, autant de stratégies travaillant à détruire les effets du modernisme monolithique, le gigantisme, le centralisme, les idéologies dures, l'avant-garde. Il n'y a pas à opposer l'ère de la consommation « passive » aux courants dits postmodernes, créatifs, écologistes, revivalistes; ensemble ils parachèvent l'effondrement de l'ère rigide moderne en vue de plus de flexibilité, de diversité, de choix privés, en vue de la reproduction élargie du principe des singularités individuelles. La discontinuité post-moderne ne commence pas avec tel ou tel effet particulier, culturel ou artistique, mais avec la prépondérance historique du procès de personnalisation, avec la restructuration du tout social sous sa loi propre.

La culture post-moderne représente le pôle « superstructurel » d'une société sortant d'un type d'organisation uniforme, dirigiste et qui, pour ce faire, brouille les ultimes valeurs modernes, rehausse le passé et la tradition, revalorise le local et la vie simple, dissout la prééminence de la centralité, dissémine les critères du vrai et de l'art, légitime l'affirmation de l'identité personnelle conformément aux valeurs d'une société personnalisée où l'important est d'être soi-même, où n'im-

17

porte quoi, dès lors, a droit de cité et de reconnaissance sociale, où plus rien ne doit s'imposer impérativement et durablement, où toutes les options, tous les niveaux peuvent cohabiter sans contradiction ni relégation. La culture post-moderne est décentrée et hétéroclite, matérialiste et psy, porno et discrète, novatrice et rétro, consommative et écologiste, sophistiquée et spontanée, spectaculaire et créative; et l'avenir n'aura sans doute pas à trancher en faveur de l'une de ces tendances mais au contraire développera les logiques duales, la coprésence souple des antinomies. La fonction d'un tel éclatement ne fait guère de doute : parallèlement aux autres dispositifs personnalisés, la culture post-moderne est un vecteur d'élargissement de l'individualisme; en diversifiant les possibilités de choix, en liquéfiant les repères, en minant les sens uniques et les valeurs supérieures de la modernité, elle agence une culture personnalisée ou sur mesure permettant à l'atome social de s'émanciper du balisage disciplinaire-révolutionnaire.

Il n'est pas vrai cependant que nous soyons livrés à l'errance du sens, à une délégitimation totale; à l'âge post-moderne une valeur cardinale perdure, intangible, indiscutée au travers de ses manifestations multiples : l'individu et son droit toujours plus proclamé de s'accomplir à part, d'être libre à mesure même que les techniques de contrôle social déploient des dispositifs plus sophistiqués et « humains ». Si donc le procès de personnalisation introduit bien une discontinuité dans la trame historique, il poursuit néanmoins par d'autres voies l'œuvre qui court sur des siècles, celle de la modernité démocratique-individualiste.

Rupture ici, continuité là, la notion de société post-moderne ne dit pas autre chose : une phase s'éteint, une nouvelle apparaît, reliée par des liens plus complexes qu'on ne le pense de prime abord, à nos origines politiques et idéologiques.

S'il y a nécessité de recourir au schéma du procès de personnalisation, cela ne tient pas uniquement aux nouvelles technologies douces de contrôle mais aussi bien aux *effets* de ce processus sur l'individu lui-même. Avec le procès de personnalisation l'individualisme subit un aggiornamento que l'on appelle ici, à l'instar des sociologues américains, narcissique : le narcissisme, conséquence et manifestation miniaturisée du procès de personnalisation, symbole du passage de l'individualisme « limité » à l'individualisme « total », symbole de la deuxième révolution individualiste. Quelle autre image est mieux à même de signifier l'émergence de cette forme d'individualité à la sensibilité psychologique, déstabilisée et tolérante, centrée sur la réalisation émotionnelle de soi-même, avide de jeunesse, de sports, de rythme, moins attachée à réussir dans la vie qu'à s'accomplir continûment dans la sphère intime ? Quelle autre image est capable de suggérer avec autant de force la formidable poussée individualiste induite par le procès de personnalisation ? Quelle autre image permet de mieux illustrer notre situation présente où le phénomène social crucial n'est plus l'appartenance et l'antagonisme de classes mais la dissémination du social ? Les désirs individualistes nous éclairent aujourd'hui davantage que les intérêts de classes, la privatisation est plus révélatrice que les rapports de production, l'hédonisme et le psychologisme sont plus prégnants que les programmes et formes d'actions collectives fussent-ils nouveaux (lutte anti-nucléaire, mouvements régionaux, etc.), le concept de narcissime a pour objectif de faire écho à cette culmination de la sphère privée.

Qu'on nous permette quelques précisions et prolongements au sujet d'une question qui a déjà suscité des malentendus. Contrairement à ce qui a pu être écrit ici ou là, le narcissisme ne s'identifie pas au désengagement politique du moment, plus largement il correspond à la décrispation des enjeux politiques et idéologiques et au surinvestissement concomitant des questions subjectives. Windsurf, skate, Deltaplane, la société postmoderne est l'âge de la *glisse*, image sportive qui illustre au plus près un temps où la *res publica* n'a plus d'attache solide, plus d'ancrage émotionnel stable. Aujourd'hui, les questions cruciales concernant la vie collective connaissent le même destin que les « tubes » des hit-parades, toutes les hauteurs fléchissent, tout glisse dans une indifférence décontractée. C'est cette destitution et gadgétisation de ce qui fut autrefois supérieur qui caractérise le narcissisme, non la prétendue situation d'un individu entièrement déconnecté du social et replié dans son intimité solipsiste. Le narcissisme ne trouve son sens véritable qu'à une échelle historique; pour l'essentiel il coïncide avec le processus tendanciel conduisant les individus à réduire la charge émotionnelle investie sur l'espace public ou les sphères transcendantes et corrélativement à accroître les priorités de la sphère privée. Le narcissisme est indissociable de cette tendance historique au transfert émotionnel : égalisation-abaissement des hiérarchies suprêmes, hypertrophie de l'ego, tout cela à coup sûr peut être plus ou moins prononcé selon les circonstances mais, à la longue, le mouvement semble bien irréversible parce que couronnant la visée séculaire des sociétés démocratiques. Des pouvoirs de plus en plus pénétrants, bienveillants, invisibles, des individus de plus en plus attentifs à eux-mêmes, « faibles », autrement dit labiles et sans conviction, la prophétie tocquevillienne trouve son accomplissement dans le narcissisme post-moderne.

De même que le narcissisme ne peut être assimilé à une stricte dépolitisation, de même est-il inséparable d'un engouement relationnel particulier, ainsi que l'atteste la prolifération des associations, groupes d'assistance et d'entraide. L'ultime figure de l'individualisme ne réside pas dans une indépendance souveraine a-sociale mais dans les branchements et connexions sur des collectifs aux intérêts miniaturisés, hyperspécialisés : regroupement des veufs, des parents d'enfants homosexuels, des alcooliques, des bègues, des mères lesbiennes, des boulimiques. Il faut replacer Narcisse dans l'ordre des circuits et réseaux intégrés : solidarité de microgroupe, participation et animation bénévole, « réseaux situationnels », cela n'est pas contradictoire avec l'hypothèse du narcissisme mais en confirme la tendance. Car le remarquable dans le phénomène, c'est d'une part la rétraction des visées universelles si on le compare au militantisme idéologique et politique de jadis, d'autre part le désir de se retrouver entre soi, avec des êtres partageant les mêmes préoccupations immédiates et circonscrites. Narcissisme collectif : on se rassemble parce qu'on est semblable, parce qu'on est sensibilisé directement par les mêmes objectifs existentiels. Le narcissisme ne se caractérise pas seulement par l'auto-absorption hédoniste mais aussi par le besoin de se regrouper avec des êtres « identiques », pour se rendre utile et exiger de nouveaux droits sans doute, mais aussi pour se libérer, pour régler ses problèmes intimes par le « contact », le « vécu », le discours à la première personne : la vie associative, instrument psy. Le narcissisme trouve son modèle dans la *psychologisation* du social, du politique, de la scène publique en général, dans la subjectivisation de toutes les activités autrefois impersonnelles ou objectives. La famille, maintes organisations sont d'ores et déjà des moyens d'expression, des technologies analytiques et thérapeutiques, on est loin de l'esthétique monadologique, le néo-narcissisme est pop psy.

L'âge moderne était hanté par la production et la révolution, l'âge post-moderne l'est par l'information et l'expression. On s'exprime, dit-on, dans le travail, par les « contacts », le sport, les loisirs, à telle enseigne qu'il n'est bientôt plus une seule activité qui ne soit affublée du label « culturel ». Ce n'est même plus un discours idéologique, c'est une aspiration de masse dont le dernier avatar est l'extraordinaire foisonnement des radios libres. Nous sommes tous des disc-jockeys, des présentateurs et des animateurs : branchez la F.M., vous êtes pris par un flot de musiques, de propos hachés, d'interviews, de confidences, de « prise de parole » culturelle, régionale, locale, de quartier, d'école, de groupes restreints. Démocratisation sans précédent de la parole : chacun est incité à téléphoner au standard, chacun veut dire quelque chose à partir de son expérience intime, chacun peut devenir un speaker et être entendu. Mais il en va ici comme pour les graffiti sur les murs de l'école ou dans les innombrables groupes artistiques : plus ça s'exprime, plus il n'y a rien à dire, plus la subjectivité est sollicitée, plus l'effet est anonyme et vide. Paradoxe renforcé encore du fait que personne au fond n'est intéressé par cette profusion d'expression, à une exception non négligeable il est vrai : l'émetteur ou le créateur lui-même. C'est cela précisément le narcissisme, l'expression à tout-va, la primauté de l'acte de communication sur la nature du comnuniqué, l'indifférence aux contenus, la résorption ludique du sens, la communication sans but ni public, le destinateur devenu son principal destinataire. D'où cette pléthore de spectacles, d'expositions, d'interviews, de propos totalement insignifiants pour quiconque et qui ne relèvent même plus de l'ambiance : autre chose est en jeu, la possibilité et le désir de s'exprimer quelle que soit la nature du « message », le droit et le plaisir narcissique à s'exprimer pour rien, pour soi, mais relayé, amplifié par un médium. Communiquer pour communiquer, s'exprimer sans autre but que de s'exprimer et d'être enregistré par un micropublic, le narcissisme révèle ici comme ailleurs sa connivence avec la désubstantialisation post-moderne, avec la logique du vide.

Tous les textes qui composent cet ouvrage, à l'exception de « Modernisme et post-modernisme » et de « Violences sauvages, violences modernes », ont été publiés dans des revues.

« Séduction non stop » et « L'indifférence pure » l'ont été dans Traverses, *respectivement dans le numéro 17 (1979) et le numéro 19 (1980).*

« Narcisse ou la stratégie du vide » et « La société humoris-

tique » l'ont été dans Le Débat, respectivement dans le numéro 5 (1980) et le numéro 10 (1981). Des extraits de « Modernisme et post-modernisme » ont été réunis et publiés également dans Le Débat (n° 21, 1982), sous le titre : « L'art moderne et l'individualisme démocratique ». Je tiens ici à remercier tout particulièrement Marcel GAUCHET pour les suggestions et les indications bibliographiques dont il m'a fait part en toute amitié.

Peu ou prou, tous les textes ont été modifiés et augmentés en vue de la présente édition.

CHAPITRE PREMIER

Séduction non stop

Comment nommer cette lame de fond caractéristique de notre temps, qui partout substitue la communication à la coercition, la jouissance à l'interdit, le sur-mesure à l'anonyme, la responsabilisation à la réification et qui partout tend à instituer une ambiance de proximité, de rythme et de sollicitude libérée du registre de la Loi? Musique, information vingt-quatre heures sur vingt-quatre, gentil organisateur, S.O.S. amitié. Même la police tient à humaniser son image de marque, ouvre les portes des commissariats, s'explique avec la population, tandis que l'armée se livre à des tâches de services civils. « Les routiers sont sympa », l'armée pourquoi pas? On a défini la société post-industrielle comme étant une société de *services*, mais plus directement encore, c'est le *libre-service* qui pulvérise de fond en comble l'ancien quadrillage disciplinaire et ce, non par les forces de la Révolution mais par les ondes radieuses de la séduction. Loin d'être circonscrite aux rapports interpersonnels, la séduction est devenue le processus général tendant à régler la consommation, les organisations, l'information, l'éducation, les mœurs. Toute la vie des sociétés contemporaines est désormais commandée par une nouvelle stratégie détrônant le primat des rapports de production au profit d'une apothéose des rapports de séduction.

Séduction à la carte.

Avec la catégorie de *spectacle*, les situationnistes annonçaient en quelque sorte cette généralisation de la séduction, à une restriction près il est vrai, le spectacle désignant l'« occupation de la part principale du temps vécu hors de la production moderne » (G. Debord). Libérée du ghetto de la superstructure et de l'idéologie, la séduction devenait rapport social dominant, principe d'organisation globale des sociétés d'abondance. Toutefois, cette promotion de la séduction, assimilée à l'âge de la consommation, révélait vite ses limites, l'œuvre du spectacle consistant à transformer le réel en *représentation* fausse, à étendre la sphère de l'aliénation et de la dépossession. « Nouvelle puissance de tromperie », « idéologie matérialisée », « imposture de la satisfaction », le spectacle, en dépit ou du fait de sa radicalité, ne se débarrassait pas des catégories de l'ère révolutionnaire (l'aliénation et son autre, l'homme total, « maître sans esclave ») précisément en train de disparaître en sourdine sous l'effet du règne de la marchandise élargie. Séduire, abuser par le jeu des apparences, la pensée révolutionnaire, même attentive au nouveau, avait toujours besoin de localiser une séduction *négative* pour accomplir son renversement : tributaire du temps révolutionnaire-disciplinaire, la théorie du spectacle reconduisait la version éternelle de la séduction, la ruse, la mystification et l'aliénation des consciences.

Sans doute faut-il partir du monde de la consommation. Avec la profusion luxuriante de ses produits, images et services, avec l'hédonisme qu'elle induit, avec son ambiance euphorique de tentation et de proximité, la société de consommation révèle à l'évidence l'ampleur de la stratégie de la séduction. Pourtant celle-ci ne se réduit pas au spectacle de l'accumulation; plus exactement elle s'identifie avec la surmultiplication des *choix* que rend possible l'abondance, avec la latitude des individus plongés dans un univers transparent, ouvert, offrant de plus en plus d'options et de combinaisons sur mesure, permettant une circulation et sélection libres. Et nous n'en sommes qu'au début, cette logique se déploiera inéluctablement à mesure que les technologies et le marché mettront à la disposition du public une diversification toujours plus large de biens et de services. Actuellement, la T.V. par câble offre par endroits aux U.S.A. le choix entre quatre-vingts chaînes spécialisées, sans compter les programmes « à la demande »; on évalue à près de cent cinquante le nombre de chaînes câblées nécessaires pour satisfaire les besoins du public d'ici six ou sept ans. D'ores et déjà le *self-service*, l'existence à la carte, désignent le modèle général de la vie dans les sociétés contemporaines qui voient proliférer de façon vertigineuse les sources d'information, l'éventail des produits exposés dans les centres commerciaux et hypermarchés tentaculaires, dans les magasins ou restaurants spécialisés. Telle est la société post-moderne, caractérisée par une tendance globale à réduire les rapports autoritaires et dirigistes et simultanément à accroître les choix privés, à privilégier la diversité, à offrir des formules de « programmes indépendants », dès maintenant dans les sports, les technologies psy, le tourisme, la mode décontractée, les relations humaines et sexuelles. La séduction n'a rien à voir avec la représentation fausse et l'aliénation des consciences; elle est ce qui agence notre monde et le remodèle selon un *procès systématique de personnalisation* dont l'œuvre consiste essentiellement à multiplier et diversifier l'offre, à proposer plus pour que vous décidiez plus, à substituer le libre choix à la contrainte uniforme, la pluralité à l'homogénéité, l'accomplissement des désirs à l'austérité. La séduction renvoie à notre univers de gammes optionnelles, de rayons exotiques, d'environnement psy, musical et informationnel où chacun a loisir de composer à la carte les éléments de son existence. « L'indépendance, c'est un trait de caractère, c'est aussi une façon de voyager à son rythme, selon vos désirs; construisez '' votre '' voyage. Les itinéraires proposés dans nos Globe-Trotters ne sont que des *suggestions* qui peuvent être combinées, mais aussi modifiées en tenant compte de vos souhaits. » Cette publicité dit la vérité de la société post-moderne, société ouverte, plurielle, prenant en compte les désirs des individus et accroissant leur liberté combinatoire. La vie sans impératif catégorique, la vie *kit* modulée en fonction des motivations individuelles, la vie flexible à l'âge des combinés, des options, des formules indépendantes rendus possibles par une offre infinie, ainsi opère la séduction. Séduction au sens où le procès de personnalisation réduit les cadres

28

rigides et coercitifs, fonctionne en douceur en jouant la carte de la personne individuelle, de son bien-être, de sa liberté, de son intérêt propre.

Le procès de personnalisation commence même à réaménager l'ordre de la production, fort timidement encore, faut-il ajouter ici. C'est à coup sûr le monde du travail qui offre la résistance la plus opiniâtre à la logique de la séduction, en dépit des révolutions technologiques en cours. La tendance à la personnalisation s'y manifeste néanmoins. Déjà, dans *La Foule solitaire*, Riesman l'observait en signalant comment la cordialité imposée, la personnalisation des relations de travail et des services se substituaient peu à peu à l'encadrement fonctionnel et mécanique de la discipline. Plus encore, on assiste à la multiplication des techniciens de la communication et des psychothérapeutes d'entreprises. On abat les parois séparant les bureaux, on travaille dans des espaces ouverts; on sollicite de toutes parts la concertation et la participation. On tente ici ou là, souvent au seul titre expérimental, d'humaniser et de réorganiser le travail manuel : élargissement des tâches, job enrichment, groupes autonomes de travail. La future technologie électronique, les emplois informatifs croissants permettent d'imaginer quelques scénarios futurs : déconcentration des entreprises, essor du travail à domicile, « maison électronique ». Dès aujourd'hui on assiste à l'aménagement souple du temps de travail : horaires mobiles ou à la carte, travail intermittent. Par-delà la spécificité de ces dispositifs, une même tendance se dessine, définissant le procès de personnalisation : réduire la raideur des organisations, substituer des dispositifs flexibles aux modèles uniformes et lourds, privilégier la communication par rapport à la coercition.

Le processus gagne de nouveaux secteurs et va connaître une extension qu'on a peine encore à imaginer avec les nouvelles technologies à base du microprocesseur et des circuits intégrés. Déjà dans l'enseignement : travail indépendant, systèmes optionnels, programmes individuels de travail et auto-soutien par micro-ordinateur; place, à plus ou moins brève échéance, au dialogue sur clavier, à l'auto-évaluation, à la manipulation personnelle de l'information. Les media sont en train de subir une réorganisation allant dans le même sens; outre les réseaux câblés, les radios libres, les systèmes « interactif » : l'explosion vidéo, le magnétoscope, les vidéocassettes, personnalisant l'accès à l'information, aux images. Les jeux vidéo et les milliers de formules qu'ils offrent élargissent et privatisent à une large échelle les possibilités ludiques et interactives (on prévoit qu'un foyer américain sur quatre sera prochainement équipé de jeux vidéo). La micro-informatique et la galaxie vidéo désignent la nouvelle vague de la séduction, le nouveau vecteur d'accélération de l'individualisation des êtres, après l'âge héroïque de la voiture, du cinéma, de l'électroménager. « My computer likes me » : qu'on ne s'y trompe pas, la séduction vidéomatique ne tient pas seulement à la magie performante des nouvelles technologies, elle s'enracine profondément dans le gain d'autonomie individuelle escompté, dans la possibilité pour chacun d'être un agent libre de son temps, moins rivé aux normes des organisations lourdes. La séduction en cours est *privatique*.

Toutes les sphères sont maintenant annexées de

plus en plus vite par un procès de personnalisation multiforme. Dans l'ordre psychothérapeutique, de nouvelles techniques sont apparues (analyse transactionnelle, cri primal, bioénergie) qui poussent d'un cran encore la personnalisation psychanalytique jugée trop « intellectualiste »; priorité aux traitements rapides, aux thérapies « humanistes » de groupe, à la libération directe du sentiment, des émotions, des énergies corporelles : la séduction investit tous les pôles, du *software* au défoulement « primitif ». La médecine subit une évolution parallèle : acupuncture, visualisation du corps intérieur, traitement naturel par les herbes, biofeedback, homéopathie, les thérapies « douces » gagnent du terrain prônant la subjectivisation de la maladie, la prise en charge « holistique » de la santé par le sujet lui-même, l'exploration mentale du corps, en rupture avec le dirigisme hospitalier; le malade ne doit plus subir son état passivement, il est responsable de sa santé, de ses systèmes de défense grâce aux potentialités de l'autonomie psychique. Simultanément, le sport voit se déployer des pratiques délivrées du chronométrage, de l'affrontement, de la compétition et privilégiant l'entraînement à la carte, la sensation planante, l'écoute du corps (jogging, planche à voile, gymnastique douce, etc.); le sport s'est recyclé en psychologisant le corps, en prenant en compte la conscience totale de soi, en donnant libre cours à la passion des rythmes individuels.

Les mœurs ont également basculé dans la logique de la personnalisation. L'air du temps est à la différence, à la fantaisie, au décontracté; le standard, l'apprêté n'ont plus bonne presse. Le culte de la spontanéité et la culture psy stimulent à être

31

« plus » soi-même, à « sentir », à s'analyser, à se libérer des rôles et « complexes ». La culture post-moderne est celle du *feeling* et de l'émancipation individuelle élargie à toutes les catégories d'âge et de sexe. L'éducation, d'autoritaire qu'elle était, est devenue hautement permissive, à l'écoute des désirs des enfants et adolescents tandis que, de toutes parts, la vague hédoniste déculpabilise le temps libre, encourage à s'accomplir sans entrave et à augmenter ses loisirs. La séduction : une logique qui fait son chemin, qui n'épargne plus rien et qui, ce faisant, accomplit une socialisation souple, tolérante, attachée à personnaliser-psychologiser l'individu.

Le langage se fait l'écho de la séduction. Finis les sourds, les aveugles, les culs-de-jatte, c'est l'âge des mal-entendants, des non-voyants, des handicapés; les vieux sont devenus des personnes du troisième ou quatrième âge, les bonnes des employées de maison, les prolétaires des partenaires sociaux, les filles-mères des mères célibataires. Les cancres sont des enfants à problèmes ou des cas sociaux, l'avortement est une interruption volontaire de grossesse. Même les analysés sont des analysants. Le procès de personnalisation aseptise le vocabulaire comme le cœur des villes, les centres commerciaux et la mort. Tout ce qui présente une connotation d'infériorité, de difformité, de passivité, d'agressivité doit disparaître au profit d'un langage diaphane, neutre et objectif, tel est le dernier stade des sociétés individualistes. Parallèlement aux organisations souples et ouvertes s'agence un langage euphémique et lénifiant, un *lifting* sémantique conforme au procès de personnalisation axé sur le développement, le respect et l'aménagement des différences individuelles : « Je suis un être humain. Ne pas plier, abîmer ou tordre. » La séduction liquide dans la même foulée les règles disciplinaires et les ultimes réminiscences du monde du sang et de la cruauté. Tout doit communiquer sans résistance, sans relégation, dans un hyper-espace fluide et acosmique à l'instar des toiles et affiches de Folon.

Si le procès de personnalisation est inséparable d'une stérilisation feutrée de l'espace public et du langage, d'une séduction irréelle à la manière des voix édulcorées des hôtesses d'aéroports, il est tout aussi inséparable d'une animation rythmique de la vie privée. Nous vivons une formidable explosion musicale : musique non stop, hit-parade, la séduction post-moderne est *hi-fi*. Désormais la chaîne est un bien de première nécessité, on fait du sport, on déambule, on travaille en musique, on roule en stéréo, la musique et le rythme sont devenus en quelques décennies un environnement permanent, un engouement de masse. Pour l'homme disciplinaire-autoritaire, la musique était circonscrite dans des lieux ou moments spécifiques, concert, dancing, music-hall, bal, radio; l'individu post-moderne, au contraire, est branché sur de la musique du matin jusqu'au soir, tout se passe comme s'il avait besoin d'être toujours ailleurs, d'être *transporté* et enveloppé dans une ambiance syncopée, tout se passe comme s'il avait besoin d'une *déréalisation* stimulante, euphorique ou enivrante du monde. Révolution musicale liée à coup sûr aux innovations technologiques, à l'empire de l'ordre marchand, au show-biz, mais qui n'en est pas moins une manifestation du procès de personnalisation, une face de la transformation post-moderne de l'individu. De la même manière que les institutions deviennent flexibles et mouvantes, l'individu devient cinétique, aspire au rythme, à une participation de tout le corps et de tous les sens, participation aujourd'hui possible par la stéréophonie, le walkman, les sons cosmiques ou paroxystiques des musiques à l'âge de l'électronique. A la personnalisation sur mesure de la société correspond une personnalisation de l'individu se traduisant par le désir de sentir « plus », de planer, de vibrer en direct, d'éprouver des sensations immédiates, d'être mis en mouvement intégral dans une sorte de *trip* sensoriel et pulsionnel. Les performances techniques de la stéréophonie, les sons électriques, la culture du rythme inaugurée par le jazz et prolongée par le rock ont permis à la musique de devenir ce médium privilégié de notre temps parce qu'en consonance étroite avec le nouveau profil de l'individu personnalisé, narcissique, ayant soif d'immersion instantanée, soif de se « défoncer » non seulement aux rythmes des derniers tubes mais des musiques les plus diverses, les plus sophistiquées qui, à présent, sont à sa disposition constante.

La séduction post-moderne n'est ni un ersatz de communication absente ni un scénario destiné à occulter l'abjection des rapports marchands. Ce serait à nouveau la faire basculer dans une consommation d'objets et de signes artificiels, réinjecter du leurre là où existe avant tout une opération systématique de personnalisation, autrement dit d'atomisation du social ou d'élargissement en abîme de la logique individualiste. Faire de la séduction une « représentation illusoire du non-vécu » (Debord), c'est reconduire l'imaginaire des pseudo-besoins, l'opposition morale entre le réel et l'apparence, un réel objectif à l'abri de la séduction alors qu'elle se définit d'abord comme procès de transformation du réel et de l'individu. Loin d'être un agent de mystification et de passivité, la séduction est *destruction cool* du social par un procès d'isolation s'administrant non plus par la force brute ou le quadrillage réglementaire mais par l'hédonisme, l'information et la responsabilisation. Avec le règne des media, des objets et du sexe, chacun s'observe, se teste, se tourne davantage sur lui-même à l'affût de sa vérité et de son bien-être, chacun devient responsable de sa propre vie, doit gérer de façon optimale son capital esthétique, affectif, physique, libidinal, etc. Ici socialisation et désocialisation s'identifient, au comble du désert social se dresse l'individu souverain, informé, libre, prudent administrateur de sa vie : au volant, chacun boucle de lui-même sa ceinture de sécurité. Phase post-moderne de la socialisation, le procès de personnalisation est un nouveau type de contrôle social débarrassé des procès lourds de massification-réification-répression. L'intégration s'accomplit par persuasion en invoquant santé, sécurité et rationalité : publicités et sensibilisations médicales mais aussi conseils des associations de consommateurs. Bientôt le vidéotex présentera des « arbres de décision », des systèmes questions-réponses permettant au consommateur de faire connaître à l'ordinateur ses propres critères afin d'effectuer un choix rationnel et néanmoins personnalisé. La séduction n'est plus libertine.

A coup sûr, tout ne date pas d'aujourd'hui. Depuis des siècles, les sociétés modernes ont inventé l'idéologie de l'individu libre, autonome et semblable aux autres. Parallèlement, ou avec d'inévitables décalages historiques, s'est mise en place une économie libre fondée sur l'entrepreneur indépendant et le marché, de même que des régimes politiques démocratiques. Cela étant, dans la vie quotidienne, le mode de vie, la sexualité, l'individualisme jusqu'à une date récente s'est trouvé barré dans son expansion par des armatures idéologiques dures, des institutions, des mœurs encore traditionnelles ou disciplinaires-autoritaires. C'est cette ultime frontière qui s'effondre sous nos yeux à une vitesse prodigieuse. Le procès de personnalisation impulsé par l'accélération des techniques, par le management, par la consommation de masse, par les media, par les développements de l'idéologie individualiste, par le psychologisme, porte à son point culminant le règne de l'individu, fait sauter les dernières barrières. La société post-moderne, autrement dit la société généralisant le procès de personnalisation en rupture avec l'organisation moderne disciplinaire-coercitive, *réalise* en quelque sorte, dans le quotidien lui-même et par de nouvelles stratégies, l'idéal moderne de l'autonomie individuelle, fût-elle, à l'évidence, d'une teneur inédite.

Les charmes discrets du politique.

Le politique ne se tient pas à l'écart de la séduction. A commencer par la personnalisation imposée de l'image des leaders occidentaux : simplicité ostentatoire, l'homme politique apparaît en jean ou en pull-over, reconnaît humblement ses

36

limites et faiblesses, met en scène sa famille, ses bulletins de santé, sa jeunesse. En France, Giscard, après Kennedy ou P.-E. Trudeau, a été le symbole même d'une telle humanisation-psychologisation du pouvoir : un président à « échelle humaine » qui déclare ne pas vouloir sacrifier sa vie privée, prend le petit déjeuner avec les éboueurs, dîne en ville dans les familles françaises. Qu'on ne s'y trompe pas, la floraison des nouveaux media, la télé en particulier, pour capitale qu'elle soit en l'affaire, ne peut expliquer fondamentalement cette promotion de la personnalité, cette nécessité de se confectionner une telle image de marque. La politique personnalisée correspond à l'émergence de ces nouvelles *valeurs* que sont la cordialité, les confidences intimes, la proximité, l'authenticité, la personnalité, valeurs individualistes-démocratiques par excellence, déployées à une large échelle par la consommation de masse. La séduction : fille de l'individualisme hédoniste et psy, bien plus que du machiavélisme politique. Perversion des démocraties, intoxication, manipulation de l'électorat par un spectacle d'illusions ? Oui et non, car s'il est exact qu'il existe bien un marketing politique programmé et cynique, il est tout aussi vrai de dire que les vedettes politiques ne font que se mettre en phase avec l'habitus post-moderne de l'*homo democraticus*, avec une société déjà personnalisée désireuse de contact humain, réfractaire à l'anonymat, aux leçons pédagogiques abstraites, à la langue de bois, aux rôles distants et conventionnels. Quant à l'impact réel de la personnalisation design, on peut se demander s'il n'est pas considérablement surévalué par les publicistes et les politiques[1], largement séduits eux-mêmes par les mécanismes de la séduction du star sytem : dans la mesure où désormais toutes les têtes d'affiche s'y soumettent plus ou moins, l'effet s'annule par diffusion et saturation médiatique, la séduction apparaît comme une ambiance *soft*, impérative et sans surprise, qui distrait épidermiquement un public loin d'être aussi naïf et passif que se l'imaginent nos détracteurs actuels du « spectacle ».

Plus significatif encore de la séduction, la tendance présente des démocraties à jouer la carte de la décentralisation. Après l'unification nationale et la suprématie des administrations centrales, le récent pouvoir des conseils régionaux et élus locaux, les politiques culturelles régionales. L'heure est au désengagement de l'Etat, aux initiatives locales et régionales, à la reconnaissance des particularismes et identités territoriales; la nouvelle donne de la séduction démocratique humanise la nation, ventile les pouvoirs, rapproche les instances de décision des citoyens, redistribue une dignité aux périphéries. L'Etat national-jacobin amorce une reconversion centrifuge destinée à réduire les rigidités bureaucratiques, réévalue le « pays », promeut en quelque sorte une démocratie du contact, de la proximité au travers d'une reterritorialisation-personnalisation régionaliste. Simultanément s'agence une politique du patrimoine qui s'inscrit dans la même ligne que celle de la décentralisation ou de l'écologie : ne plus dévaster, déraciner ou inférioriser mais protéger et mettre en valeur les richesses régionales, mémoriales,

1. R. G. Schwartzenberg, *L'Etat spectacle*, Flammarion, 1977.

naturelles. La nouvelle politique muséographique a son pendant dans la politique de régionalisme administratif et culturel mettant en œuvre un même développement des forces et entités excentrées, un même dispositif de dialogue entre présent et passé, entre population et terroir. Ce n'est pas un effet de nostalgie d'une société dévastée par la conquête du futur, encore moins un show média-politique; plus obscurément, mais plus profondément il s'agit d'une personnalisation du présent par la sauvegarde du passé, une humanisation des objets et monuments anciens analogue à celle des institutions publiques et relations interindividuelles. Nullement imposé du dehors, nullement conjoncturel, cet intérêt muséographique est en consonance avec la sensibilité post-moderne en quête d'identité et de communication, guère passionnée par l'avenir historique, accablée à l'idée des destructions irréversibles. Anéantir les vestiges c'est comme ravager la nature; une même répulsion s'empare de nos esprits curieusement aptes aujourd'hui à doter d'une âme, à psychologiser toute réalité, hommes, pierres, plantes, environnement. L'effet patrimoine est indissociable de l'adoucissement des mœurs, du sentiment croissant de respect et de tolérance, d'une psychologisation sans limites.

L'autogestion dont l'œuvre consiste à supprimer les rapports bureaucratiques de pouvoir, à faire de chacun un sujet politique autonome, représente un autre versant de la séduction. Abolition de la séparation dirigeant-exécutant, décentralisation et dissémination du pouvoir, c'est à la liquidation de la mécanique du pouvoir classique et de son ordre linéaire que s'emploie l'autogestion, système cybernétique de distribution et de circulation de l'information. L'autogestion, c'est la mobilisation et le traitement optimal de toutes les sources d'information, l'institution d'une banque universelle de données où chacun est en permanence émetteur et récepteur, c'est l'informatisation politique de la société. Il faut désormais vaincre l'entropie constitutive des organisations bureaucratiques, réduire les blocages de l'information, les secrets et désaffections. La séduction ne fonctionne pas au mystère, elle fonctionne à l'information, au feed-back, à l'illumination sans reste du social à l'instar d'un *strip-tease* intégral et généralisé. Dans ces conditions, il n'est pas étonnant que maints courants écologistes se rallient à l'autogestion. Rejetant la prédominance de l'espèce humaine et l'unilatéralité du rapport entre l'homme et la nature conduisant à la pollution et à l'expansion aveugle, l'écologie substitue à la mécanique lourde de la croissance la régulation cybernétique, la communication, le feed-back dans lequel la nature n'est plus un trésor à piller, une force à exploiter mais un interlocuteur à écouter et respecter. Solidarité des espèces vivantes, protection et santé de l'environnement, toute l'écologie repose sur un procès de personnalisation de la nature, sur la prise en compte de cette unité irremplaçable, inéchangeable, finie, fût-elle planétaire, qu'est la nature. Corrélativement, c'est à la responsabilisation de l'homme que travaille l'écologie en élargissant le champ des devoirs, du social au planétaire : si l'écologie s'emploie effectivement à freiner et arrêter le procès illimité de l'expansion économique, elle contribue en revanche à une expansion du *sujet*. Refusant le modèle productiviste, l'écologie appelle de ses vœux une mutation technologique, l'emploi de techniques douces, non polluantes et, chez les plus radicaux, une reconversion totale des méthodes et unités de travail : réimplantation et redissémination des unités industrielles et de la population, petits ateliers autogérés, intégrés à des communautés à échelle humaine, de taille réduite. La cosmogonie écologique n'a pas réussi à échapper aux charmes de l'humanisme. Réduction des rapports hiérarchiques et de la température historique, personnalisation, croissance du sujet, la séduction a déployé sa panoplie jusque dans les espaces verts de la nature.

Le P.C.F. lui-même n'est pas en reste et prend le train en marche en abandonnant la dictature du prolétariat, ultime dispositif sanglant de l'ère révolutionnaire et de la téléologie de l'histoire. La séduction abolit la Révolution et l'usage de la force, détruit les grandes finalités historiques mais aussi émancipe le Parti de l'autoritarisme stalinien et de sa sujétion au grand Centre; dès lors le P.C.F. peut commencer à admonester timidement Moscou, et « tolérer » les critiques de ses intellectuels sans pratiquer purges et exclusions. La lutte finale n'aura pas lieu : grande faiseuse de synthèses, de rassemblement, la séduction, à l'instar d'Eros, opère par liaison, cohésion et rapprochement. A la guerre de classe se substituent la *drague* par statistiques, le compromis historique, l'union du peuple de France. Voulez-vous flirter avec moi ? Seule la Révolution *fascine* parce que du côté de Thanatos, de la discontinuité, de la déliaison. La séduction, elle, a rompu tous les liens qui l'unissaient encore, dans le dispositif donjuanesque, à la mort, à la subversion. Sans aucun doute, le P.C.F. reste-t-il dans son organisation et son idéologie le parti le moins prêt à succomber aux clins d'œil de la séduction, le parti le plus rétro, le plus attaché au moralisme, au centralisme, au bureaucratisme, c'est même cette rigidité congénitale qui, en partie, est à l'origine des échecs électoraux retentissants que l'on connaît. Mais, par ailleurs, le P.C.F. se présente comme un parti dynamique et responsable, s'identifiant de plus en plus à un organisme gestionnaire sans mission historique, ayant repris à son compte, après de longues hésitations, les vecteurs clés de la séduction, management, enquêtes par sondages, recyclages réguliers, etc. jusqu'à l'architecture de son siège, immeuble de verre sans secret, vitrine illuminée aux lumières des métamorphoses « in » de l'appareil. Formation de compromis entre la séduction et l'ère révolue de la révolution, le P.C. joue simultanément des deux cartes se condamnant avec obstination au rôle de séducteur honteux et malheureux. Même profil concernant *leur* marxisme, pour parler comme Lénine. Soit la vogue de l'althussérisme : rigueur et austérité du concept, anti-humanisme théorique, le marxisme affiche une image de marque dure, sans concession, aux antipodes de la séduction. Mais en s'engageant dans la voie de l'articulation des concepts, le marxisme simultanément entre dans sa phase de *désarmement* : son but n'est plus la formation révolutionnaire d'une conscience de classe unifiée et disciplinée, mais la formation d'une conscience épistémologique. La séduction triste du marxisme a revêtu le complet cintré des hommes de « science ».

Sexduction.

Autour de l'inflation érotique actuelle et du porno, une sorte de dénonciation unanime réconcilie les féministes, les moralistes, les esthètes, scandalisés par l'avilissement de l'être humain au rang d'objet et par le sexe-machine faisant disparaître les rapports de séduction dans une débauche répétitive et sans mystère. Mais si l'essentiel n'était pas là, si le porno n'était lui-même qu'une figure de la séduction? Que fait-il en effet sinon lever l'ordre archaïque de la Loi et de l'Interdit, sinon abolir l'ordre coercitif de la Censure et du refoulement au profit d'un tout-voir, tout-faire, tout-dire qui définit le travail même de séduction? C'est encore le point de vue moral qui rabat le porno sur la réification et l'ordre industriel ou sériel du sexe : ici tout est permis, il faut aller toujours plus loin, chercher des dispositifs inouïs, de nouvelles combinaisons dans une libre disposition du corps, une libre entreprise dans le sexe qui fait du porno, contrairement à ce qu'en disent ses détracteurs, un agent de déstandardisation et de subjectivisation du sexe et par le sexe, au même titre que tous les mouvements de libération sexuelle. Diversification libidinale, constellation de « petites annonces » singulières : après l'économie, l'éducation, le politique, la séduction annexe le sexe et le corps selon le même impératif de personnalisation de l'individu. A l'heure du libre-service libidinal, le corps et le sexe deviennent des instruments de subjectivisation-responsabilisation, il faut accumuler les expériences, exploiter son capital libidinal, innover dans les combinaisons. Tout ce qui ressemble à de

43

l'immobilité, à de la stabilité doit disparaître au profit de l'expérimentation et de l'initiative. Ainsi produit-on un sujet, non plus par discipline mais par personnalisation du corps sous l'égide du sexe. Votre corps c'est vous, il est à soigner, aimer, exhiber; plus rien à voir avec la machine. La séduction élargit l'être-sujet en donnant une dignité et une intégrité au corps jadis occulté : nudisme, seins nus sont les symptômes spectaculaires de cette mutation par laquelle le corps devient *personne* à respecter, à choyer au soleil. Le *jerk* est un autre symptôme de cette émancipation : si, avec le rock ou le twist, le corps était encore soumis à certaines règles, avec le jerk toutes les contraintes des figures codées tombent, le corps n'a plus qu'à *s'exprimer* et devenir, à l'instar de l'Inconscient, langage singulier. Sous les spots des night-clubs, gravitent des sujets autonomes, des êtres actifs, plus personne n'invite personne, les filles ne font plus « tapisserie » et les « types » ne monopolisent plus l'initiative. Ne restent que des monades silencieuses dont les trajectoires aléatoires se croisent dans une dynamique de groupe muselée par l'envoûtement de la sono.

Que se passe-t-il quand le sexe devient politique, quand les rapports sexuels se traduisent en rapport de forces, en rapport de pouvoir ? En dénonçant la femme-marchandise, en appelant à la mobilisation de masse autour d'un « programme commun », en se constituant en mouvement spécifique excluant les hommes, le néo-féminisme n'introduit-il pas une ligne dure, manichéenne, irréductible en cela au procès de séduction ? N'est-ce pas ainsi du reste que les groupes féministes veulent apparaître ?

Autre chose de plus fondamental pourtant est en jeu : ainsi, au travers du combat pour l'avortement libre et gratuit, c'est le droit à l'autonomie et à la responsabilité en matière de procréation qui est visé; il s'agit de sortir la femme de son statut de passivité et de résignation devant les aléas de la procréation. Disposer de soi, choisir, ne plus être rivé à la machine reproductrice, au destin biologique et social, le néo-féminisme est une figure du procès de personnalisation. Avec les récentes campagnes contre le viol, une publicité inédite est apparue autour d'un phénomène jadis tenu secret et honteux, comme si plus rien ne devait rester occulté, conformément à l'impératif de transparence et d'éclairage systématique du présent qui régit nos sociétés. Par cette réduction des ombres et obscurités, le mouvement de libération des femmes, quelle que soit sa radicalité, fait partie intégrante du strip-tease généralisé des temps modernes. Information, communication, ainsi va la séduction. Soucieux, d'autre part, de ne pas dissocier le politique de l'analytique, le néo-féminisme est porté par une volonté délibérée de psychologisation comme le révèlent les petits groupes dits de *self-help* ou d'*autoconscience* où les femmes s'auscultent, s'analysent, se parlent à la recherche de leurs désirs et de leurs corps. C'est le « vécu » qui désormais est premier : gare au théorique, au conceptuel, c'est le pouvoir, la machine mâle et impérial. « Commissions d'expériences personnelles » : l'émancipation, la recherche d'une identité propre passe par l'expression et la confrontation des expériences existentielles.

Tout aussi caractéristique est la question du « discours féminin » en quête d'une différence, d'une affirmation dégagée du référentiel masculin. Dans ses versions les plus radicales, il s'agit de sortir de l'économie du logos, de la cohérence discursive, en posant le féminin dans une autodétermination, une « auto-affection » (Luce Irigaray) débarrassée de tout centrisme, de tout phallocentrisme comme ultime position panoptique de pouvoir. Plus importante que la réinscription d'un territoire marqué est la fluctuation de ce lieu même, l'impossibilité de le circonscrire et de l'identifier : jamais identique à soi, à rien, « sorte d'univers en expansion auquel nulles limites ne pourraient être fixées et qui ne serait pas pour autant incohérence »[1], le féminin est pluriel, tout en fluidité, contiguïté et proximité, ignore le « propre » et donc la position de sujet. Il n'y a même plus à élaborer un autre concept de féminité, lequel ne ferait que reprendre la machine théorique-phallique et reconduire l'économie du Même et de l'Un. Pour se définir, l'hyperféminisme revendique le *style*, la syntaxe Autre, « tactile » et fluide, sans sujet ni objet. Comment ne pas reconnaître dans cette économie des fluides, dans cette multiplicité conductible, le travail même de la séduction qui partout abolit le Même, le Centre, la linéarité et procède à la dilution des rigidités et des « solides »? Loin de représenter une involution, la suspension de la volonté théorique n'est qu'un stade ultime de la rationalité psychologique; loin de s'identifier au refoulé de l'histoire, le féminin ainsi défini est un produit et une manifestation de la séduction post-moderne libérant et déstandardi-

1. L. Irigaray, *Ce sexe qui n'en est pas un*, Ed. de Minuit, 1977, p. 30.

sant dans le même mouvement l'identité personnelle et le sexe : « La femme a des sexes un peu partout. Elle jouit d'un peu partout[1]. » Rien de plus faux dès lors que de partir en guerre contre cette mécanique des fluides accusée de rétablir l'image archaïque et phallocratique de la femme[2]. C'est l'inverse qui est vrai : *sexduction* généralisée, le néo-féminisme ne fait qu'exacerber le procès de personnalisation, il agence une figure inédite du féminin, polymorphe et sexuée, émancipée des rôles et identités strictes de groupes, en consonance avec l'institution de la société ouverte. Tant au niveau théorique que militant, le néo-féminisme travaille au recyclage de l'être-féminin par sa mise en valeur tous azimuts, psychologique, sexuelle, politique, linguistique. Il s'agit avant tout de responsabiliser et psychologiser la femme en liquidant une dernière « part maudite », autrement dit, promouvoir la femme au rang d'individualité à part entière, adaptée à des systèmes démocratiques hédonistes incompatibles avec des êtres attachés à des codes de socialisation archaïque faits de silence, de soumission prude, d'hystéries mystérieuses.

Qu'on ne s'y trompe pas, cette inflation d'analyses et de communications, cette prolifération de groupes de discussions ne mettront pas fin à l'isolation de la séduction. Il en va du féminisme comme du psychanalysme : plus ça interprète, plus les énergies refluent vers le Moi, l'inspectent et l'investissent de toutes parts; plus ça analyse,

1. L. Irigaray, *op. cit.*, p. 28.
2. C. Alzon, *Femme mythifiée, femme mystifiée*, P.U.F., 1978, pp. 25-42.

plus l'intériorisation et la subjectivisation de l'individu gagnent en profondeur; plus il y a d'Inconscient et d'interprétation, plus l'autoséduction s'intensifie. Machine narcissique incomparable, l'interprétation analytique est un agent de personnalisation par le désir et du même coup un agent de désocialisation, d'atomisation systématique et interminable au même titre que tous les agencements de la séduction. Sous l'égide de l'Inconscient et du Refoulement, chacun est renvoyé à lui-même dans son réduit libidinal, en quête de sa propre image démystifiée, privé même dans les derniers avatars lacaniens de l'autorité et de la vérité de l'analyste. Silence, mort de l'analyste, nous sommes tous analysants, simultanément interprétés et interprétants dans une circularité sans porte ni fenêtre. Don Juan est bien mort; une nouvelle figure, beaucoup plus inquiétante, s'est levée, Narcisse, subjugué par lui-même dans sa capsule de verre.

CHAPITRE II

L'indifférence pure

La désertion de masse.

A s'en tenir aux XIX⁰ et XX⁰ siècles, il faudrait évoquer, citer pêle-mêle, le déracinement systématique des populations rurales puis urbaines, les langueurs romantiques, le spleen dandy, Oradour, les génocides et ethnocides, Hiroshima dévasté sur 10 km² avec 75 000 morts et 62 000 bâtiments détruits, les millions de tonnes de bombes versées sur le Vietnam et la guerre écologique à coups d'herbicide, l'escalade du stock mondial d'armes nucléaires, Phnom Penh nettoyé par les Khmers rouges, les figures du nihilisme européen, les personnages morts-vivants de Beckett, l'angoisse, la désolation intérieure d'Antonioni, *Messidor* d'A. Tanner, l'accident d'Harrisburg, assurément la liste s'allongerait démesurément à vouloir inventorier tous les noms du désert. A-t-on jamais autant organisé, édifié, accumulé et, simultanément, a-t-on jamais été autant hanté par la passion du *rien*, de la table rase, de l'extermination totale ? En ce temps où les formes d'anéantissement prennent des dimensions planétaires, le désert, fin et moyen de la civilisation, désigne cette figure *tragique* que la modernité substitue à la réflexion métaphysique sur le néant. Le désert gagne, en lui nous lisons la menace absolue, la puissance du négatif, le symbole du travail mortifère des temps modernes jusqu'à son terme apocalyptique.

Ces formes d'anéantissement, appelées à se reproduire pendant un temps encore indéterminé, ne doivent pourtant pas occulter la présence d'un autre désert, de type inédit celui-là, échappant aux catégories nihilistes ou apocalyptiques et d'autant plus étrange qu'il occupe en silence l'existence quotidienne, la vôtre, la mienne, au cœur des métropoles contemporaines. Un désert paradoxal, sans catastrophe, sans tragique ni vertige, ayant cessé de s'identifier au néant ou à la mort : il n'est pas vrai que le désert contraigne à la contemplation des crépuscules morbides. Considérez en effet cette immense vague de désinvestissement par laquelle toutes les institutions, toutes les grandes valeurs et finalités ayant organisé les époques antérieures se trouvent peu à peu vidées de leur substance, qu'est-ce sinon une désertion de masse transformant le corps social en corps exsangue, en organisme *désaffecté ?* Inutile de vouloir réduire la question aux dimensions des « jeunes » : on ne se débarrasse pas d'une affaire de civilisation à coup de génération. Qui est encore épargné par ce raz de marée ? Ici comme ailleurs le désert croît : le savoir, le pouvoir, le travail, l'armée, la famille, l'Eglise, les partis, etc. ont déjà globalement cessé de fonctionner comme des principes absolus et intangibles, à des degrés différents plus personne n'y croit, plus personne n'y investit quoi que ce soit. Qui croit encore au travail quand on connaît les taux d'absentéisme et de *turn over*[1], quand la frénésie des vacances, des week-ends, des loisirs ne cesse de se développer, quand la retraite devient une aspiration de masse, voire un idéal; qui croit encore à la famille quand le taux de divorces ne cesse d'augmenter, quand les vieux sont chassés dans les maisons de retraite, quand les parents veulent rester « jeunes » et réclament le concours des « psy », quand les couples deviennent « libres », quand l'avortement, la contraception, la stérilisation sont légalisés; qui croit encore à l'armée quand tous les moyens sont mis en avant pour être réformé, quand échapper au service militaire n'est plus un déshonneur; qui croit encore aux vertus de l'effort, de l'épargne, de la conscience professionnelle, de l'autorité, des sanctions? Après l'Eglise qui n'arrive même plus à recruter ses officiants, c'est le syndicalisme qui connaît une même chute d'influence : en France, en trente ans, on passe de 50 % de travailleurs syndiqués à 25 % aujourd'hui. Partout l'onde de désaffection se propage, débarrassant les institutions de leur grandeur antérieure et simultanément de leur puissance de mobilisation émotionnelle. Et pourtant le système fonctionne, les institutions se reproduisent et se développent mais en roue libre, à vide, sans adhérence ni sens, de plus en plus contrôlées par les « spécialistes », les derniers prêtres, comme dirait Nietzsche, les seuls à vouloir encore injecter du sens, de la valeur, là où ne règne déjà plus qu'un désert apathique. De ce fait, si le système dans lequel nous vivons ressemble à ces capsules d'astronautes

1. Voir J. Rousselet, *L'Allergie au travail*, Ed. du Seuil, coll. « Points-actuels », pp. 41-42.

dont parle Roszak, c'est moins par la rationalité et la prévisibilité qui y règnent que par le vide émotionnel, l'apesanteur indifférente dans laquelle se déploient les opérations sociales. Et le *loft*, avant d'être cette mode d'habitation des entrepôts, pourrait bien être la loi générale qui régit notre quotidienneté, à savoir la vie dans les espaces désaffectés.

Apathie new-look.

Ceci ne doit pas être versé dans le registre des éternelles lamentations sur la décadence occidentale, mort des idéologies et « mort de Dieu ». Le nihilisme européen tel que l'a analysé Nietzsche, en tant que dépréciation morbide de toutes les valeurs supérieures et désert de sens, ne correspond plus à cette démobilisation de masse ne s'accompagnant ni de désespoir ni de sentiment d'absurdité. Tout d'*indifférence*, le désert postmoderne est aussi éloigné du nihilisme « passif » et de sa délectation morose sur l'inanité universelle que du nihilisme « actif » et de son autodestruction. Dieu est mort, les grandes finalités s'éteignent, mais *tout le monde s'en fout,* voilà la joyeuse nouvelle, voilà la limite du diagnostic de Nietzsche à l'endroit de l'assombrissement européen. Le vide du sens, l'effondrement des idéaux n'ont pas conduit comme on pouvait s'y attendre à plus d'angoisse, plus d'absurde, plus de pessimisme. Cette vision encore religieuse et tragique est contredite par la montée de l'apathie de masse dont les catégories d'essor et de décadence, d'affirmation et de négation, de santé et de maladie sont

52

incapables de rendre compte. Même le nihilisme
« incomplet » avec ses ersatz d'idéaux laïques a fait
son temps et notre boulimie de sensations, de
sexe, de plaisir ne cache rien, ne compense rien,
surtout pas l'abîme de sens ouvert par la mort de
Dieu. L'indifférence, pas la détresse métaphysique.
L'idéal ascétique n'est plus la figure dominante du
capitalisme moderne; la consommation, les loisirs,
la permissivité, n'ont plus rien à voir avec les
grandes opérations de la médication sacerdotale :
hypnotisation-estivation de la vie, crispation des
sensibilités au moyen d'activités machinales et
d'obéissances strictes, intensification des émotions
aiguillée par les notions de péché et de culpabilité[1]. Qu'en reste-t-il à l'heure où le capitalisme
fonctionne à la libido, à la créativité, à la personnalisation[2]? Le relâchement post-moderne liquide
l'assoupissement, l'encadrement ou le débordement nihiliste, la *décontraction* abolit la fixation
ascétique. Déconnecter le désir des agencements
collectifs, faire circuler les énergies, tempérer les
enthousiasmes et indignations se rapportant au

1. Nietzsche, *La Généalogie de la morale*, troisième dissertation.
2. En revanche, certains fragments posthumes de Nietzsche
décrivent avec une grande lucidité les signes caractéristiques de
l' « esprit moderne » : « la tolérance (pour '' inaptitude au non et
au oui ''); la *largeur de sympathie* (un tiers d'indifférence, un
tiers de curiosité, un tiers d'excitabilité morbide); l''' objectivité ''
(manque de personnalité, manque de volonté, inaptitude à
l''' amour ''); la '' liberté '' contre la règle (romantisme); la
'' vérité '' contre la falsification et le mensonge (naturalisme); la
'' scientificité '' (le '' *document humain* '' : en allemand le
roman-feuilleton et l'addition – substituée à la composition)... »
(printemps-automne 1887) *in* Fr. Nietzsche, *Le Nihilisme européen*, trad. franç., A. Kremer-Marietti, U.G.E., coll. « 10/18 »,
p. 242.

social, le système invite à la *détente*, au désengagement émotionnel.

Quelques grandes œuvres contemporaines, citons *La Femme gauchère* de P. Handke, *Palazzo mentale* de G. Lavaudant, *India song* de M. Duras, *Edison* de B. Wilson, l'hyperréalisme américain, sont déjà, peu ou prou, révélatrices de cet esprit du temps, laissant derrière elles l'angoisse et la nostalgie du sens, propres à l'existentialisme ou au théâtre de l'absurde. Le désert ne se traduit plus par la révolte, le cri ou le défi à la communication; rien qu'une indifférence au sens, une absence inéluctable, une esthétique froide de l'extériorité et de la distance, surtout pas de la distanciation. Les toiles hyperréalistes ne délivrent aucun message, ne veulent rien dire, leur vide cependant est aux antipodes du déficit de sens tragique aux yeux des œuvres antérieures. Il n'y a rien à dire, qu'importe, tout peut donc être peint avec le même léché, la même objectivité froide, carrosseries brillantes, reflets de vitrines, portraits géants, plis de tissus, chevaux et vaches, moteurs nickelés, villes panoramiques, sans inquiétude ni dénonciation. Par son indifférence au motif, au sens, au fantasme singulier, l'hyperréalisme devient *jeu pur* offert au seul plaisir du trompe-l'œil et du spectacle. Ne reste que le travail pictural, le jeu de la représentation vidé de son contenu classique, le réel se trouvant hors circuit par l'usage de modèles eux-mêmes représentatifs, essentiellement photographiques. Désinvestissement du réel et circularité hyperréaliste, au faîte de son accomplissement, la représentation, instituée historiquement comme espace humaniste, se métamorphose sur place en un dispositif glacé, machinique, débarrassé de l'échelle humaine par les agrandissements et accentuations des formes et couleurs : ni transgressé ni « dépassé », l'ordre de la représentation est en quelque sorte désaffecté dans la perfection même de son exécution.

Ce qui est vrai pour la peinture l'est également pour la vie quotidienne. L'opposition du sens et du non-sens n'est plus déchirante et perd de sa radicalité devant la frivolité ou la futilité de la mode, des loisirs, de la publicité. A l'ère du spectaculaire, les antinomies dures, celles du vrai et du faux, du beau et du laid, du réel et de l'illusion, du sens et du non-sens s'estompent, les antagonismes deviennent « flottants », on commence à comprendre, n'en déplaise à nos métaphysiciens et antimétaphysiciens, qu'il est désormais possible de vivre sans but ni sens, en séquence-flash et cela est nouveau. « N'importe quel sens vaut mieux que pas de sens du tout », disait Nietzsche, même cela n'est plus vrai aujourd'hui, le besoin de sens lui-même a été balayé et l'existence indifférente au sens peut se déployer sans pathétique ni abîme, sans aspiration à de nouvelles tables de valeurs; tant mieux, de nouvelles questions surgissent, libérées des rêveries nostalgiques et qu'au moins l'apathie new-look ait la vertu de décourager les folies mortifères des grands prêtres du désert.

L'indifférence croît. Nulle part le phénomène n'est aussi visible que dans l'enseignement où en quelques années, avec une vitesse éclair, le prestige et l'autorité des enseignants ont à peu près complètement disparu. Désormais le discours du Maître est désacralisé, banalisé, situé sur un pied d'égalité avec celui des media et l'enseignement une machine neutralisée par l'apathie scolaire faite d'attention dispersée et de scepticisme désinvolte envers le savoir. Grand désarroi des Maîtres. C'est cette désaffection du savoir qui est significative, beaucoup plus que l'ennui, du reste variable, des lycéens. De ce fait, le lycée ressemble moins à une caserne qu'à un désert (à ceci près que la caserne est elle-même un désert) où les jeunes végètent sans grande motivation ou intérêt. Il faut donc innover à tout prix : toujours plus de libéralisme, de participation, de recherche pédagogique et là est le scandale, car plus l'école se met à l'écoute des élèves et plus ceux-ci déshabitent sans bruit ni chahut ce lieu vide. Ainsi les grèves de l'après-68 ont-elles disparu, la contestation s'est éteinte, le lycée est un corps momifié et les enseignants un corps fatigué, incapable d'y réinsuffler de la vie.

C'est la même apathie qui se retrouve dans l'aire politique où il n'est pas rare de voir aux U.S.A. des pourcentages d'abstention de 40 à 45 %, fût-ce pour des élections présidentielles. Non pas qu'il y ait à proprement parler « dépolitisation »; les partis, les élections, « intéressent » toujours les citoyens mais au même titre (et plutôt moins du reste) que le tiercé, la météo du week-end ou les résultats sportifs. La politique est entrée dans l'ère du spectaculaire, liquidant la conscience rigoriste et idéologique au profit d'une curiosité dispersée, captée par tout et rien. D'où l'importance capitale que revêtent les media de masse aux yeux des politiques; n'ayant d'impact que véhiculée par l'information, la politique est contrainte d'adopter le style de l'animation, débats personnalisés, questions-réponses, etc., seul capable de mobiliser ponctuellement l'attention de l'électorat. Telle déclaration de ministre n'a pas plus de valeur que tel feuilleton, sans hiérarchie on passe du politique aux « variétés », la qualité de divertissement déterminant seule l'audience. Notre société ne connaît pas de préséance, de codifications définitives, de centre, rien que des stimulations et des *options* équivalentes en chaîne. De là résulte l'indifférence post-moderne, indifférence par excès, non par défaut, par hypersollicitation, non par privation. Qu'est-ce qui peut encore étonner ou scandaliser ? L'apathie répond à la pléthore d'informations, à leur vitesse de rotation ; sitôt enregistré, l'événement est oublié, chassé par d'autres encore plus spectaculaires. Toujours plus d'informations, toujours plus vite, les événements ont subi la même désaffection que les lieux et habitations : aux U.S.A., depuis la Seconde Guerre mondiale, un individu sur cinq, chaque année, change de lieu de résidence, 40 millions d'Américains se mettent en mouvement et changent d'adresse ; même le terroir, le « home » n'a pas résisté à la vague d'indifférence.

Sans doute, depuis quelques années, de nouveaux comportements sont apparus qui témoignent d'une sensibilité inédite : vivre et travailler au pays devient une revendication populaire, même aux U.S.A. une proportion de plus en plus large d'individus manifeste une résistance à changer de ville pour des raisons professionnelles ; depuis les années soixante-dix, les problèmes de l'environnement et de la nature sensibilisent une population qui dépasse les seuls militants ; les media de leur côté ne cessent de mettre à la une la redécouverte actuelle des « valeurs ». Tel serait le post-modernisme, le ré-investissement du régional, de la nature, du spirituel, du passé. Après le déracinement moderne, le régionalisme et l'écologie et davantage le « retour des valeurs » qui d'ailleurs change tous les six mois, oscillant du religieux à la famille, de la tradition au romantisme, dans la même indifférence générale faite de curiosité et de tolérance. Tous ces phénomènes post-modernes ne sont ni de même échelle ni de même teneur; cela étant, ils traduisent tous, à leur niveau, un changement significatif par rapport à une première phase de modernisme hot. L'heure est à l'équilibre, au qualitatif, au développement de la personne, à la préservation des patrimoines naturels et culturels. Mais qu'on ne s'y trompe pas, le régionalisme, l'écologie, le « retour du sacré », tous ces mouvements, loin d'être en rupture, ne font que parachever la logique de l'indifférence. D'abord en ce que les grandes valeurs du modernisme se trouvent à leur tour épuisées, désormais le progrès, la croissance, le cosmopolitisme, la vitesse, la mobilité tout comme la Révolution se sont vidés de leur substance. La modernité, le futur n'enthousiasment plus personne. Est-ce au bénéfice de nouvelles valeurs ? Mieux vaudrait dire au bénéfice d'une personnalisation et libération de l'espace privé qui absorbe tout dans son orbite, y compris les valeurs transcendantes. Le moment post-moderne est bien davantage qu'une mode, il révèle le procès de l'indifférence pure en ce que tous les goûts, tous les comportements peuvent cohabiter sans s'exclure, tout peut être choisi à loisir, le plus opérationnel comme le plus ésotérique, le nouveau comme l'ancien, la vie simple-écologiste comme la vie hypersophistiquée, dans un temps dévitalisé sans repère stable, sans coordonnée majeure. Pour

58

le plus grand nombre, les questions publiques, l'écologie y compris, deviennent *ambiance*, mobilisent un temps et disparaissent aussi vite qu'elles sont apparues. La résurgence de la famille laisse pour le moins perplexe quand de plus en plus de couples désirent vivre sans enfant, *child-free*, quand un enfant sur quatre dans les centres urbains américains est élevé par un seul parent. Le retour du sacré est lui-même emporté par la célérité et la précarité des existences individuelles livrées à elles seules. L'indifférence pure désigne l'apothéose du temporaire et du syncrétisme individualiste. On peut ainsi être simultanément cosmopolite et régionaliste, rationaliste dans son travail et disciple intermittent de tel gourou oriental, vivre à l'heure permissive et respecter, à la carte d'ailleurs, les prescriptions religieuses. L'individu post-moderne est déstabilisé, il est en quelque sorte « ubiquiste ». Le post-modernisme n'est en fait qu'un cran supplémentaire dans l'escalade de la personnalisation de l'individu voué au self-service narcissique et aux combinaisons kaléidoscopiques indifférentes.

Dans ces conditions, il est clair que l'indifférence actuelle ne recouvre que très partiellement ce que les marxistes appellent *aliénation*, fût-elle élargie. Celle-ci, on le sait, est inséparable des catégories d'objet, de marchandise, d'altérité, et donc du procès de réification, tandis que l'apathie se déploie d'autant plus qu'elle concerne des *sujets* informés et éduqués. La désertion, pas la réification : plus le système donne de responsabilités et informe, plus il y a de désinvestissement, c'est ce paradoxe qui empêche d'assimiler aliénation et indifférence quand bien même celle-ci se manifeste par l'ennui et la monotonie. Par-delà le « dessaisissement » et la misère quotidienne, l'indifférence désigne une nouvelle conscience, non une inconscience, une disponibilité, non une « extériorité », une dispersion, non une « dépréciation ». Indifférence ne signifie pas passivité, résignation ou mystification, il faut rompre définitivement avec cette chaîne d'identifications marxistes. L'absentéisme, les grèves sauvages, le *turn over* révèlent que le désinvestissement du travail va de pair avec de nouvelles formes de combativité et de résistance. L'homme cool n'est ni le décadent pessimiste de Nietzsche ni le travailleur opprimé de Marx, il ressemble davantage au téléspectateur essayant « pour voir » les uns après les autres les programmes du soir, au consommateur remplissant son caddy, au vacancier hésitant entre un séjour sur les plages espagnoles et le camping en Corse. L'aliénation analysée par Marx, résultant de la mécanisation du travail, a fait place à une apathie induite par le champ vertigineux des possibles et le libre-service généralisé; alors commence l'indifférence pure, débarrassée de la misère et de la « perte de réalité » des débuts de l'industrialisation.

Indifférence opérationnelle.

Le procès de désertion ne résulte aucunement d'un quelconque déficit ou d'une carence de sens. Effet imputable au procès de personnalisation, l'errance apathique est à mettre au compte de l'*atomisation* programmée qui régit le fonctionnement de nos sociétés : des media à la production, des transports à la consommation, plus aucune « institution » n'échappe à cette stratégie de la séparation, aujourd'hui scientifiquement expérimentée et, de surcroît, appelée à connaître un développement considérable avec les progrès de la télématique. Dans un système organisé selon le principe de l'isolation « douce », les idéaux et valeurs publiques ne peuvent que décliner, seule demeure la quête de l'ego et de son intérêt propre, l'extase de la libération « personnelle », l'obsession du corps et du sexe : hyper-investissement du privé et conséquemment démobilisation de l'espace public. Avec la sociabilité autoclave commence la démotivation généralisée, le repli autarcique illustré par la passion de consommer mais aussi bien par la vogue de la psychanalyse et des techniques relationnelles : quand le social est désaffecté, le désir, la jouissance, la communication deviennent les seules « valeurs » et les « psy » les grands prêtres du désert. L'ère « psy » commence avec la désertion de masse et la libido est un flux du désert.

Loin de représenter une crise majeure du système annonçant à plus ou moins long terme sa faillite, la désertion sociale n'est que son accomplissement extrême, sa logique fondamentale comme si, après les choses, le capitalisme se devait de rendre les hommes également indifférents. Il n'y a pas ici échec ou résistance au système, l'apathie n'est pas un défaut de socialisation mais une nouvelle socialisation souple et « économique », une décrispation nécessaire au fonctionnement du capitalisme moderne en tant que système *expérimental* accéléré et systématique. Fondé sur l'agencement incessant de combinaisons inédites, le capitalisme trouve dans l'indifférence une condition idéale à son expérimentation, laquelle peut ici s'accomplir avec un minimum de résistance. Tous les dispositifs deviennent possibles dans un temps minimal, l'inconstance et l'innovation capitalistes ne rencontrent plus les adhérences et fidélités traditionnelles, les combinaisons se font et se défont de plus en plus vite, le système du « pourquoi pas » devient pur à l'instar de l'indifférence, désormais systématique et opérationnelle. L'apathie rend ainsi possible l'*accélération* des expérimentations, de toutes les expérimentations et non de la seule exploitation. L'indifférence au service du profit ? C'est oublier qu'elle touche tous les secteurs et qu'à ce titre tout recentrement laisse échapper l'essentiel, soit sa généralisation. Instrument d'aucune instance particulière, l'indifférence est métapolitique, méta-économique, elle permet au capitalisme d'entrer dans sa phase de fonctionnement opérationnel.

Dans ce cas, comment comprendre l'action des partis, des syndicats, de l'information qui ne cessent, semble-t-il, de combattre l'apathie et pour ce faire, sensibilisent, mobilisent, informent tous azimuts ? Pourquoi faut-il qu'un système dont le fonctionnement exige l'indifférence, s'efforce continûment de faire participer, d'éduquer, d'intéresser ? Contradiction du système ? Bien davantage, simulacre de contradiction pour autant que ce sont précisément ces organisations qui produisent l'apathie de masse et ce, directement, par leur *forme* même; inutile d'imaginer des plans machiavéliques, leur travail s'y emploie sans médiation. Plus les hommes politiques s'expliquent et s'exhibent à la télé, plus tout le monde se marre, plus les syndicats distribuent de tracts et moins on les lit, plus les profs veulent faire lire, moins les élèves lisent. Indifférence par saturation, information et isolation. Agents directs de l'indifférence, on comprend pourquoi le système reproduit de façon élargie les appareils de sens et de responsabilisation dont l'œuvre consiste à produire un engagement vide : pensez ce que vous voulez de la télé mais branchez-la, votez pour nous, payez vos cotisations, suivez le mot d'ordre de grève, partis et syndicats n'ont d'autre exigence que cette « responsabilité » indifférente. Engagement rhétorique qui n'en est pas moins nécessaire à la reproduction des pouvoirs bureaucratiques modernes. L'indifférence ne s'identifie pas à l'absence de motivation, elle s'identifie au peu de motivation, à l' « anémie émotionnelle » (Riesman), à la déstabilisation des comportements et jugements désormais « flottants » à l'instar des fluctuations de l'opinion publique. L'homme indifférent ne s'accroche à rien, n'a pas de certitude absolue, s'attend à tout et ses opinions sont susceptibles de modifications rapides : pour atteindre un tel degré de socialisation, les bureaucrates du savoir et du pouvoir ont à déployer des trésors d'imagination et des tonnes d'informations.

Il reste que, passé un seuil « critique », les pouvoirs ne restent pas inactifs face à certaines formes de désaffection telles que l'absentéisme ou les grèves sauvages, la dénatalité, la drogue, etc. Est-ce à dire que l'indifférence, contrairement à ce qui a été dit jusqu'alors, soit un dispositif antagoniste du système ? Oui et non, car si ces désertions introduisent bien à la longue un dysfonctionnement intolérable, celui-ci ne résulte pas d'un excès d'indifférence mais bien d'un *défaut* d'indifférence. Marginaux, déserteurs, jeunes grévistes enragés sont encore « romantiques » ou sauvages, leur désert chaud est à l'image de leur désespoir et de leur fureur de vivre autrement. Nourrie d'utopies et de passions, l'indifférence ici reste « impure » bien que sortant du même lit froid de profusion et d'atomisation. Il faudra donc encore plus d'encadrement, d'animation et d'éducation pour refroidir ces nomades : le désert est devant nous, à inscrire parmi les grandes conquêtes à venir, aux côtés de l'espace et de l'énergie.

Nul doute également qu'avec sa mobilisation de masse et sa « prise de parole », Mai 68 ne soit la plus significative des résistances macroscopiques au désert des métropoles. A l'information se substituaient les groupes dans les rues et les graffiti, à l'augmentation du niveau de vie, l'utopie d'une autre vie; les barricades, les « occupations » sauvages, les discussions interminables réintroduisaient l'enthousiasme dans l'espace urbain. Mais, simultanément, comment ne pas y relever la désertion et l'indifférence travaillant le monde contemporain : « révolution sans finalité », sans programme, sans victime ni traître, sans encadrement politique, Mai 68, en dépit de son utopie vivante, reste un mouvement laxiste et décontracté, la première révolution indifférente, preuve qu'il n'y a pas à désespérer du désert.

Conduisant au surinvestissement de l'existentiel (dans le foule de 1968, surgissent les mouvements radicaux de libération des femmes et des homosexuels) ainsi qu'à la dilution des statuts et oppositions rigides, le procès de personnalisation défait la forme des personnes et identités sexuelles, agence des combinaisons inattendues, produit davantage de plantes inconnues et étranges; qui peut prévoir ce que voudra dire dans quelques décennies femme, enfant, homme, selon quelles figures bigarrées vont-ils se distribuer? Le désinvestissement des rôles et identités institués, des disjonctions et exclusions « classiques », fait de notre temps un paysage aléatoire, riche de singularités complexes. Que signifiera « politique »? Déjà le politique et l'existentiel cessent d'appartenir à des sphères séparées, les frontières se brouillent, les priorités basculent, des enjeux inédits apparaissent aux repères moins « durs » : l'uniformité, la monotonie, ne menacent pas le désert, nous n'avons pas à pleurer sur lui.

Le « flip ».

Qu'advient-il lorsque la vague de désertion, cessant d'être circonscrite au social envahit la sphère privée jusqu'alors épargnée? Que se passe-t-il quand la logique du désinvestissement n'épargne plus rien? Le suicide serait-il le terminal du désert? Mais toutes les statistiques révèlent que, contrairement à une opinion répandue, le taux global de suicide ne cesse de décliner, comparé à celui de la fin du siècle dernier : en France, le taux de suicide global passe de 260 (pour un million d'habitants) en 1913 à 160 en 1977 et, plus significativement encore, le taux de suicide dans la région parisienne atteint 500 pour un million d'habitants dans la dernière décennie du XIXe siècle tandis qu'il tombe à 105 en 1968[1]. Le suicide devient en quelque sorte « incompatible » avec l'ère de l'indifférence : par sa solution radicale ou tragique, son investissement extrême de la vie et de la mort, son défi, le suicide ne correspond plus au laxisme post-moderne[2]. A l'horizon du désert se profile moins l'autodestruction, le désespoir définitif qu'une pathologie de masse, de plus en plus banalisée, la dépression, le « ras le bol », le *flip*, expressions du procès de désinvestissement et d'indifférence par l'absence de théâtralité spectaculaire d'une part, par l'oscillation permanente et indifférente qui s'instaure de façon endémique entre excitabilité et dépressivité d'autre part. Toutefois l'apaisement lisible au travers de la régression du suicide ne permet pas de soutenir la thèse optimiste d'E. Todd reconnaissant, dans cette inflexion, le signe global d'une anxiété moindre, d'un « équilibre » supérieur de l'homme contemporain. C'est oublier que l'angoisse peut se distribuer selon d'autres dispositifs tout aussi « instables ». La thèse du « progrès » psychologique est insoutenable face à l'extension et la généralisation des états dépressifs, jadis réservés en priorité aux classes bourgeoises[3]. Plus personne ne peut se targuer d'y échapper, la désertion sociale a entraîné une démocratisation sans précédent du mal de vivre, fléau désormais diffus et endémique. Aussi bien, l'homme cool n'est-il pas plus « solide » que l'homme du dressage puritain ou disciplinaire.

1. Chiffres cités par E. Todd, in *Le Fou et le prolétaire*, Laffont, p. 183 et p. 205.
2. Cette question est nuancée et discutée plus longuement dans le chapitre VI.
3. E. Todd, *ibid.*, pp. 71-87.

Ce serait plutôt l'inverse. Dans un système désaffecté, il suffit d'un événement modique, d'un rien, pour que l'indifférence se généralise et gagne l'existence même. Traversant seul le désert, se portant lui-même sans aucun appui transcendant, l'homme d'aujourd'hui se caractérise par la *vulnérabilité*. La généralisation de la dépressivité est à mettre au compte non des vicissitudes psychologiques de chacun ou des « difficultés » de la vie actuelle, mais bien de la désertion de la *res publica*, ayant nettoyé le terrain jusqu'à l'avènement de l'individu pur, Narcisse en quête de lui-même, obsédé par lui seul et, ce faisant, susceptible de défaillir ou de s'effondrer à tout moment, face à une adversité qu'il affronte à découvert, sans force extérieure. L'homme décontracté est désarmé. Les problèmes personnels prennent ainsi une dimension démesurée et plus on s'y penche, aidé ou non par les « psy », moins on les résout. Il en va de l'existentiel comme de l'enseignement ou du politique : plus il est sujet à traitement et auscultation, plus il devient insurmontable. Qu'est-ce qui aujourd'hui n'est pas sujet à dramatisation et stress ? Vieillir, grossir, enlaidir, dormir, éduquer les enfants, partir en vacances, tout fait problème, les activités élémentaires sont devenues impossibles.

« Pas vraiment une idée, mais une sorte d'illumination... Oui c'est ça, Bruno, va-t'en. Laisse-moi seule. » *La Femme gauchère*, le roman de P. Handke raconte l'histoire d'une jeune femme qui *sans raison*, sans but, demande à son mari de la laisser seule avec son fils de huit ans. Exigence inintelligible de solitude qu'il ne faut surtout pas rabattre sur une volonté d'indépendance ou de libération féministe. Tous les personnages se sentant également seuls, le roman ne peut se réduire à un drame personnel; au demeurant, quelle grille psychologique ou psychanalytique serait susceptible d'expliciter ce qui précisément est présenté comme échappant au sens? Métaphysique de la séparation des consciences et du solipsisme? Peut-être, mais son intérêt est ailleurs; *La Femme gauchère* décrit la solitude de cette fin du XXᵉ siècle mieux que l'essence intemporelle de la déréliction. La solitude indifférente des personnages de P. Handke n'a plus rien à voir avec la solitude des héros de l'âge classique ni même avec le spleen de Baudelaire. Le temps où la solitude désignait les âmes poétiques et d'exception est révolu, tous les personnages ici la connaissent avec la même inertie. Nulle révolte, nul vertige mortifère ne l'accompagne, la solitude est devenue un *fait,* une banalité de même indice que les gestes quotidiens. Les consciences ne se définissent plus par le déchirement réciproque; la reconnaissance, le sentiment d'incommunicabilité, le conflit ont fait place à l'apathie et l'intersubjectivité elle-même se trouve désinvestie. Après la désertion sociale des valeurs et institutions, c'est la relation à l'Autre qui selon la même logique succombe au procès de désaffection. Le Moi n'habite plus un enfer peuplé d'autres ego rivaux ou méprisés, le relationnel s'efface sans cris, sans raison, dans un désert d'autonomie et de neutralité asphyxiantes. La liberté, à l'instar de la guerre, a propagé le désert, l'étrangeté absolue à autrui. « Laisse-moi seule », désir et douleur d'être seul. Ainsi est-on au bout du désert; déjà atomisé et séparé, chacun se fait l'agent actif du désert, l'élargit et le creuse, incapable qu'il est de « vivre » l'Autre. Non content de produire l'isolation, le système engendre son désir, désir impossible qui, sitôt accompli, se révèle intolérable : on demande à être seul, toujours plus seul et simultanément on ne se supporte pas soi-même, seul à seul. Ici le désert n'a plus ni commencement ni fin.

CHAPITRE III

Narcisse ou la stratégie du vide

Chaque génération aime se reconnaître et trouver son identité dans une grande figure mythologique ou légendaire qu'elle réinterprète en fonction des problèmes du moment : Œdipe comme emblème universel, Prométhée, Faust ou Sisyphe comme miroirs de la condition moderne. Aujourd'hui, c'est Narcisse qui, aux yeux d'un nombre important de chercheurs, tout particulièrement américains, symbolise le temps présent : « Le narcissisme est devenu l'un des thèmes centraux de la culture américaine[1]. » Tandis que le livre de

1. Chr. Lasch, *The Culture of Narcissism*, New York, Warner Books, 1979, p. 61. Sur la thématique narcissique, outre les travaux de R. Sennett, Chr. Lasch cite ceux de : Jim Hougan, *Decadence : Radical nostalgia, narcissism and decline in the seventies*, New York, Morrow, 1975; Peter Marin, « The new narcissism », *Harper's*, oct. 1975; Edwin Schur, *The Awareness Trap : self-absorption instead of social change*, New York, Quadrangle, N. Y. Times, 1976, ainsi qu'un nombre important de travaux d'inspiration psy (cf., notes pp. 404-407), notamment P. L. Giovachinni, *Psychoanalysis of Character Disorders*, New York, Jason Aronson, 1975; H. Kohut, *The Analysis of the self*, New York, International Universities Press, 1971; O. F. Kernberg, *Borderline conditions and pathological narcissism*, New York, Jason Aronson, 1975.
Depuis la rédaction de ce texte, le livre de Chr. Lasch a été

R. Sennett[1], *Les Tyrannies de l'intimité (T.I.)*, vient d'être traduit en français, *The Culture of Narcissism (C.N.)* devient un véritable best-seller sur tout le continent U.S. Au-delà de la mode et de son écume et quelques caricatures que l'on puisse faire ici ou là de ce néo-narcissisme, son apparition sur la scène intellectuelle présente l'intérêt majeur de nous contraindre à enregistrer dans toute sa radicalité la *mutation* anthropologique qui s'accomplit sous nos yeux et que chacun de nous ressent bien en quelque manière, fût-ce confusément. Un nouveau stade de l'individualisme se met en place : le narcissisme désigne le surgissement d'un profil inédit de l'invididu dans ses rapports avec lui-même et son corps, avec autrui, le monde et le temps, au moment où le « capitalisme » autoritaire cède le pas à un capitalisme hédoniste et permissif. L'âge d'or de l'individualisme, concurrentiel au niveau économique, sentimental au niveau domestique[2], révolutionnaire au niveau politique et artistique, prend fin, un individualisme pur se déploie, débarrassé des ultimes valeurs sociales et morales qui coexistaient encore avec le règne glorieux de l'*homo œconomicus*, de la famille, de la révolution et de l'art; émancipée de tout encadrement transcendant, la sphère privée elle-même change de sens, livrée qu'elle est aux

traduit chez Laffont, sous le titre : *Le Complexe de Narcisse*, 1980. Les pages indiquées ici sont celles de l'édition américaine.

1. Richard Sennett, *Les Tyrannies de l'intimité*, traduit par Antoine Berman et Rebecca Folkman, Paris, Ed. du Seuil, 1979.

2. Edward Shorter, *Naissance de la famille moderne*, Ed. du Seuil, trad. franç., 1977.

seuls désirs changeants des individus. Si la modernité s'identifie avec l'esprit d'entreprise, avec l'espoir futuriste, il est clair que le narcissisme inaugure, par son indifférence historique, la postmodernité, l'ultime phase de l'*homo aequalis*.

Narcisse sur mesure.

Après l'agitation politique et culturelle des années soixante, qui pouvait encore apparaître comme un investissement de masse de la chose publique, c'est une désaffection généralisée qui ostensiblement se déploie dans le social, avec pour corollaire le reflux des intérêts sur des préoccupations purement personnelles et ce, indépendamment de la crise économique. La dépolitisation et la désyndicalisation prennent des proportions jamais atteintes, l'espérance révolutionnaire et la contestation étudiante ont disparu, la contreculture s'épuise, rares sont les causes encore capables de galvaniser à long terme les énergies. La *res publica* est dévitalisée, les grandes questions « philosophiques », économiques, politiques ou militaires soulèvent à peu près la même curiosité désinvolte que n'importe quel fait divers, toutes les « hauteurs » s'effondrent peu à peu, entraînées qu'elles sont dans la vaste opération de neutralisation et banalisation sociales. Seule la sphère privée semble sortir victorieuse de ce raz de marée apathique; veiller à sa santé, préserver sa situation matérielle, se débarrasser de ses « complexes », attendre les vacances : vivre sans idéal, sans but transcendant est devenu possible. Les films de Woody Allen et le succès qu'ils remportent sont le symbole même de cet hyper-investissement de l'espace privé; ainsi qu'il le déclare lui-même, « *political solutions don't work* » (cité par Chr. Lasch, p. 30), à bien des égards cette formule traduit le nouvel esprit du temps, ce néo-narcissisme naissant de la désertion du politique. Fin de l'*homo politicus* et avènement de l'*homo psychologicus*, à l'affût de son être et de son mieux-être.

Vivre au présent, rien qu'au présent et non plus en fonction du passé et du futur, c'est cette « perte du sens de la continuité historique » (*C.N.*, p. 30), cette érosion du sentiment d'appartenance à une « succession de générations enracinées dans le passé et se prolongeant dans le futur » qui, selon Chr. Lasch, caractérise et engendre la société narcissique. Aujourd'hui nous vivons pour nous-mêmes, sans nous soucier de nos traditions et de notre postérité : le sens historique se trouve déserté au même titre que les valeurs et institutions sociales. La défaite au Vietnam, l'affaire du Watergate, le terrorisme international mais aussi la crise économique, la raréfaction des matières premières, l'angoisse nucléaire, les désastres écologiques (*C.N.*, pp. 17 et 28) ont entraîné une crise de confiance envers les leaders politiques, un climat de pessimisme et de catastrophe imminente qui expliquent le développement des stratégies narcissiques de « survie », promettant la santé physique et psychologique. Quand le futur apparaît menaçant et incertain, reste le repli sur le présent, qu'on ne cesse de protéger, aménager et recycler dans une jeunesse sans fin. Simultanément à la mise entre parenthèses du futur, c'est à la « dévaluation du passé » que procède le système, avide qu'il est

73

de larguer les traditions et territorialités archaïques et d'instituer une société sans ancrage ni opacité; avec cette indifférence au temps historique se met en place le « narcissisme collectif », symptôme social de la crise généralisée des sociétés bourgeoises, incapables d'affronter le futur autrement que dans le désespoir.

Sous couvert de modernité, l'essentiel n'est-il pas en train de nous filer entre les doigts? A vouloir rabattre, selon une sacro-sainte tradition marxiste, le narcissisme sur la « banqueroute » (*C.N.*, p. 18) du système et l'interpréter sous le signe de la « démoralisation », ne fait-on pas encore la part trop belle, d'une part à la « prise de conscience », d'autre part à la situation conjoncturelle? En fait, le narcissisme contemporain se déploie dans une absence étonnante de nihilisme tragique; c'est dans une apathie frivole qu'il apparaît massivement, en dépit des réalités catastrophiques largement exhibées et commentées par les media. Qui, à l'exception des écologistes, a la conscience permanente de vivre un âge apocalyptique? La « thanatocratie » se développe, les catastrophes écologiques se multiplient sans pour cela engendrer un sentiment tragique de « fin du monde ». On s'habitue sans déchirement au « pire » que l'on consomme dans les media; on s'installe dans la crise qui, semble-t-il, ne modifie guère les désirs de bien-être et de loisirs. La menace économique et écologique n'a pas réussi à pénétrer en profondeur la conscience indifférente d'aujourd'hui; il faut s'y résoudre, le narcissisme n'est en rien l'ultime repli d'un Moi désenchanté par la « décadence » occidentale et se jetant à corps perdu dans la jouissance égoïste. Ni version nouvelle du « divertisse-

74

ment » ni aliénation – l'information n'a jamais été aussi développée –, le narcissisme abolit le tragique et apparaît comme une forme inédite d'apathie faite de sensibilisation épidermique au monde et simultanément d'indifférence profonde à son égard : paradoxe qu'explique partiellement la pléthore d'informations dont nous sommes assaillis et la rapidité avec laquelle les événements massmédiatisés se chassent les uns les autres, empêchant toute émotion durable.

On n'expliquera jamais, d'autre part, le narcissisme à partir d'une accumulation d'événements et drames conjoncturels : si le narcissisme est bien, comme nous invite à le penser Chr. Lasch, une conscience radicalement inédite, une structure constitutive de la personnalité post-moderne, il faut l'appréhender comme la résultante d'un procès global régissant le fonctionnement social. Nouveau profil cohérent de l'individu, le narcissisme ne peut résulter d'une constellation disparate d'événements ponctuels, fût-elle doublée d'une magique « prise de conscience ». En fait, c'est de la désertion généralisée des valeurs et finalités sociales, entraînée par le procès de personnalisation que surgit le narcissisme. Désaffection des grands systèmes de sens et hyper-investissement du Moi vont de pair : dans des systèmes à « visage humain » fonctionnant au plaisir, au bien-être, à la déstandardisation, tout concourt à la promotion d'un individualisme pur, autrement dit psy, débarrassé des encadrements de masse et tendu vers la mise en valeur généralisée du sujet. C'est la révolution des besoins et son éthique hédoniste qui, en atomisant en douceur les individus, en vidant peu à peu les finalités sociales de leur signification profonde, a permis au discours psy de se greffer sur le social, de devenir un nouvel ethos de masse; c'est le « matérialisme » exacerbé des sociétés d'abondance qui, paradoxalement, a rendu possible l'éclosion d'une culture centrée sur l'expansion subjective, non par réaction ou « supplément d'âme », mais par isolation à la carte. La vague du « potentiel humain » psychique et corporel n'est que l'ultime moment d'une société s'arrachant à l'ordre disciplinaire et parachevant la privatisation systématique déjà opérée par l'âge de la consommation. Loin de dériver d'une « prise de conscience » désenchantée, le narcissisme est l'effet du croisement d'une logique sociale individualiste hédoniste impulsée par l'univers des objets et signes, et d'une logique thérapeutique et psychologique élaborée dès le XIXᵉ siècle à partir de l'approche psychopathologique.

Le zombie et le psy.

Simultanément à la révolution informatique, les sociétés post-modernes connaissent une « révolution intérieure », un immense « mouvement de conscience » (« *awareness movement* », *C.N.*, pp. 43-48), un engouement sans précédent pour la connaissance et l'accomplissement de soi, comme en témoigne la prolifération des organismes psy, techniques d'expression et de communication, méditations et gymnastiques orientales. La sensibilité politique des années soixante a fait place à une « sensibilité thérapeutique »; même les plus durs (surtout eux) parmi les ex-leaders contestataires succombent aux charmes du *self-examination* :

tandis que Rennie Davis abandonne le combat radical pour suivre le gourou Maharaj Ji, Jerry Rubin rapporte qu'entre 1971 et 1975, il a pratiqué avec délice la *gestalt-therapie*, la bioénergie, le *rolfing*, les massages, le jogging, *tai chi*, Esalen, l'hypnotisme, la danse moderne, la méditation, *Silva Mind Control*, Arica, l'acupuncture, la thérapie reichienne (cité par Chr. Lasch, pp. 43-44). Au moment où la croissance économique s'essouffle, le développement psychique prend le relais, au moment où l'information se substitue à la production, la consommation de conscience devient une nouvelle boulimie : yoga, psychanalyse, expression corporelle, zen, théraphie primale, dynamique de groupe, méditation transcendantale; à l'inflation économique répond l'inflation psy et la formidable poussée narcissique qu'elle engendre. En canalisant les passions sur le Moi, promu ainsi au rang de nombril du monde, la thérapie psy, fût-elle colorée de corporéité et de philosophie orientale, génère une figure inédite de Narcisse, identifié désormais à l'*homo psychologicus*. Narcisse obsédé par lui-même ne rêve pas, n'est pas frappé de narcose, il *travaille* assidûment à la libération du Moi, à son grand destin d'autonomie et d'indépendance : renoncer à l'amour, « *to love myself enough so that I do not need another to make me happy* », tel est le nouveau programme révolutionnaire de J. Rubin (cité par Chr. Lasch, p. 44).

Dans ce dispositif psy, l'inconscient et le refoulement occupent une position stratégique. Par la méconnaissance radicale qu'ils instituent sur la vérité du sujet, ils sont des opérateurs cruciaux du néo-narcissisme : poser le leurre du désir et la barre du refoulement est une *provocation* qui déclenche une irrésistible tendance à la reconquête de la vérité du Moi : « Là où ça était, je dois advenir. » Le narcissisme est une réponse au défi de l'inconscient : sommé de se retrouver, le Moi se précipite dans un travail interminable de libération, d'observation et d'interprétation. Reconnaissons-le, l'inconscient, avant d'être imaginaire ou symbolique, théâtre ou machine, est un agent provocateur dont l'effet principal est un processus de personnalisation sans fin : chacun doit « tout dire », se libérer des systèmes de défense anonymes faisant obstacle à la continuité historique du sujet, personnaliser son désir par les associations « libres » et aujourd'hui par le non-verbal, le cri et le sentiment primal. D'autre part, tout ce qui pouvait fonctionner comme déchets (le sexe, le rêve, le lapsus, etc.) va se trouver recyclé dans l'ordre de la subjectivité libidinale et du sens. En élargissant de la sorte l'espace de la personne, en incluant toutes les scories dans le champ du sujet, l'inconscient ouvre la voie à un narcissisme sans limites. Narcissisme total que révèle d'une autre manière les derniers avatars psy où le mot d'ordre n'est plus à l'interprétation mais au silence de l'analyste : libéré de la parole du Maître et du référentiel de vérité, l'analysant est livré à lui seul dans une circularité régie par la seule autoséduction du désir. Lorsque le signifié cède la place aux jeux du signifiant et le discours lui-même à l'émotion directe, lorsque les référents extérieurs tombent, le narcissisme ne rencontre plus d'obstacles et peut s'accomplir dans toute sa radicalité.

Ainsi l'autoconscience s'est-elle substituée à la conscience de classe, la conscience narcissique à la conscience politique, substitution qu'il ne faut surtout pas rabattre sur l'éternel débat de la diversion à la lutte des classes. L'essentiel est ailleurs. Bien davantage instrument de socialisation, le narcissisme, par son auto-absorption, permet une radicalisation de la désaffection de la sphère publique et par là même une adaptation fonctionnelle à l'isolation sociale, tout en en reproduisant la stratégie. En faisant du Moi la cible de tous les investissements, le narcissisme s'attache à ajuster la personnalité à l'atomisation feutrée engendrée pas les systèmes personnalisés. Pour que le désert social soit viable, le Moi doit devenir la préoccupation centrale : la relation est détruite, qu'importe, puisque l'individu est en mesure de s'absorber en lui-même. Ainsi le narcissisme accomplit-il une étrange « humanisation » en creusant la fragmentation sociale : solution économique à la « dispersion » généralisée, le narcissisme, dans une circularité parfaite, adapte le Moi au monde dont il naît. Le dressage social ne s'effectue plus par contrainte disciplinaire ni même par sublimation, il s'effectue par autoséduction. Le narcissisme, nouvelle technologie de contrôle souple et autogéré, socialise en désocialisant, met les individus en accord avec un social pulvérisé, en glorifiant le règne de l'épanouissement de l'Ego pur.

Mais le narcissisme trouve peut-être sa plus haute fonction dans le délestage des contenus rigides du Moi que la demande inflationnelle de vérité sur soi accomplit inéluctablement. Plus le Moi est investi, objet d'attention et d'interprétation, plus l'incertitude et l'interrogation croissent. Le Moi devient un miroir *vide* à force d' « informations », une question sans réponse à force d'associations et d'analyses, une structure ouverte et

79

indéterminée qui appelle en retour encore plus de thérapie et d'anamnèse. Freud ne s'y trompait pas qui, dans un texte célèbre, se comparait à Copernic et Darwin, pour avoir infligé l'un des trois grands « démentis » à la mégalomanie humaine. Narcisse n'est plus immobilisé devant son image fixe, il n'y a même plus d'image, rien qu'une quête interminable du Soi, un procès de déstabilisation ou flottaison psy à l'instar de la flottaison monétaire ou de l'opinion publique : Narcisse s'est mis en orbite. Le néo-narcissisme ne s'est pas contenté de neutraliser l'univers social en vidant les institutions de leurs investissements émotionnels, c'est le Moi aussi bien qui se trouve cette fois décapé, vidé de son identité, paradoxalement par son hyperinvestissement. Comme l'espace public se vide émotionnellement par excès d'informations, de sollicitations et d'animations, le Moi perd ses repères, son unité, par excès d'attention : le Moi est devenu un « ensemble flou ». Partout c'est la disparition du réel lourd, c'est la *désubstantialisation*, ultime figure de la déterritorialisation, qui commande la post-modernité.

C'est à la même dissolution du Moi qu'œuvre la nouvelle éthique permissive et hédoniste : l'effort n'est plus à la mode, ce qui est contrainte ou discipline austère est dévalorisé au bénéfice du culte du désir et de son accomplissement immédiat, tout se passe comme s'il s'agissait de porter à son point ultime le diagnostic de Nietzsche sur la tendance moderne à favoriser la « faiblesse de volonté », soit l'anarchie des impulsions ou tendances et, corrélativement, la perte d'un centre de gravité hiérarchisant le tout : « La pluralité et la désagrégation des impulsions, le manque de système entre elles aboutit à une " volonté faible "; la coordination de celles-ci sous la prédominance de l'une d'entre elles aboutit à une " volonté forte "[1]. » Associations libres, spontanéité créatrice, non-directivité, notre culture de l'expression, mais aussi notre idéologie du bien-être stimulent la dispersion au détriment de la concentration, le temporaire au lieu du volontaire, travaillent à l'émiettement du Moi, à l'annihilation des systèmes psychiques organisés et synthétiques. Le manque d'attention des élèves, dont tous les enseignants aujourd'hui se plaignent, n'est qu'une des formes de cette nouvelle conscience cool et désinvolte, en tout point semblable à la conscience téléspectatrice, captée par tout et rien, excitée et indifférente à la fois, sursaturée d'informations, conscience optionnelle, disséminée, aux antipodes de la conscience volontaire, « intro-déterminée ». La fin de la volonté coïncide avec l'ère de l'indifférence pure, avec la disparition des grands buts et grandes entreprises pour lesquels la vie mérite d'être sacrifiée : « tout, tout de suite » et non plus *per aspera ad astra*[2]. « Eclatez-vous », lit-on parfois en graffiti; pas de crainte à avoir, le système s'y emploie, le Moi a déjà été pulvérisé en tendances partielles selon le même procès de désagrégation qui a fait éclater la socialité en un conglomérat de molécules personnalisées. Et le social atone est l'exacte réplique du Moi indifférent, à la volonté défaillante, nouveau zombie traversé de

1. Nietzsche, *Le Nihilisme européen*, fragments posthumes réunis et traduits par A. Kremer-Marietti, U.G.E., coll. « 10/18 », p. 207.
2. « Par-delà les obstacles, vers les étoiles », cité par D. Riesman, *La Foule solitaire*, Arthaud, 1964, p. 164.

messages. Inutile d'être désespéré, l' « affaiblisse-ment de la volonté » n'est pas catastrophique, ne prépare pas une humanité soumise et aliénée, n'annonce en rien la montée du totalitarisme : l'apathie désinvolte représente bien davantage un rempart contre les sursauts de religiosité histori-que et les grands desseins paranoïaques. Obsédé par lui seul, à l'affût de son accomplissement personnel et de son équilibre, Narcisse fait obstacle aux discours de mobilisation de masse; au-jourd'hui, les appels à l'aventure, au risque politi-que restent sans écho; si la révolution s'est trouvée déclassée, il ne faut incriminer aucune « trahison » bureaucratique : la révolution s'éteint sous les spots séducteurs de la personnalisation du monde. Ainsi l'ère de la « volonté » disparaît-elle : mais nul besoin de recourir, à l'instar de Nietzsche, à une quelconque « décadence ». C'est la logique d'un système expérimental fondé sur la célérité dans l'agencement des combinaisons, qui exige l'élimi-nation de la « volonté », comme obstacle à son fonctionnement opérationnel. Un centre « volon-taire » avec ses certitudes intimes, sa force intrin-sèque, représente encore un foyer de résistance à l'accélération des expérimentations : mieux vaut l'apathie narcissique, un Moi labile, seul capable de marcher en mouvement synchrone avec une expérimentation systématique et accélérée.

Liquidant les rigidités « intro-déterminées » in-compatibles avec les systèmes « flottants », le narcissisme travaille aussi bien à la dissolution de l' « extro-détermination » qui, aux yeux de Ries-man, était la personnalité riche d'avenir, mais qui s'est vite révélée n'être qu'une ultime personnalité de masse, correspondant au stade inaugural des systèmes de consommation et intermédiaire entre l'individu disciplinaire-volontaire (intro-déterminé) et l'individu narcissique. Au moment où la logique de la personnalisation réorganise l'intégralité des secteurs de la vie sociale, l'extro-détermination, avec son besoin d'approbation de l'Autre, son comportement orienté par l'Autre, fait place au narcissisme, à une auto-absorption réduisant la dépendance du Moi envers les autres. R. Sennett a partiellement raison : « Les sociétés occidentales sont en train de passer d'un type de société à peu près dirigée par les autres à une société dirigée de l'intérieur » (*T.I.*, p. 14). A l'heure des systèmes à la carte, la personnalité ne doit plus être de type grégaire ou mimétique, elle doit approfondir sa différence, sa singularité : le narcissisme représente ce dégagement de l'emprise de l'Autre, cette rupture avec l'ordre de la standardisation des premiers temps de la « société de consommation ». Liquéfaction de l'identité rigide du Moi et suspension du primat du regard de l'Autre, dans tous les cas, c'est bien comme agent du procès de personnalisation que fonctionne le narcissisme.

On commet une grave erreur à vouloir rendre compte de la « sensibilité thérapeutique » à partir d'une quelconque ruine de la personnalité entraînée par l'organisation bureaucratique de la vie : « Le culte de l'intimité ne tire pas son origine de l'affirmation de la personnalité mais de sa chute » (*C.N.*, p 69). La passion narcissique ne procède pas de l'aliénation d'une unité perdue, ne compense pas un manque de personnalité, elle génère un nouveau type de personnalité, une nouvelle conscience, toute en indétermination et fluctuation. Que le Moi devienne un espace « flottant », sans fixation ni repère, une disponibilité pure, adaptée à l'accélération des combinaisons, à la fluidité de nos systèmes, telle est la fonction du narcissisme, instrument souple de ce recyclage psy permanent, nécessaire à l'expérimentation postmoderne. Et, simultanément, en expurgeant du Moi les résistances et stéréotypies, le narcissisme rend possible l'assimilation des modèles de comportements mis au point par tous les orthopédistes de la santé physique et mentale : en instituant un « esprit » plié à la *formation permanente*, le narcissisme coopère à la grande œuvre de gestion scientifique des corps et des âmes.

L'érosion des repères du Moi est l'exacte réplique de la dissolution que connaissent aujourd'hui les identités et rôles sociaux, jadis strictement définis, intégrés qu'ils étaient dans des oppositions réglées : ainsi les statuts de la femme, de l'homme, de l'enfant, du fou, du civilisé, etc., sont entrés dans une période d'indéfinition, d'incertitude, où l'interrogation sur la nature des « catégories » sociales ne cesse de se développer. Mais alors que l'érosion des formes de l'altérité est à mettre au compte, du moins en partie, du procès démocratique, soit du travail de l'*égalité* dont la tendance consiste, ainsi que l'a remarquablement montré M. Gauchet, à réduire tout ce qui figure l'altérité sociale ou la différence de substance entre les êtres par l'institution d'une *similitude* indépendante des données visibles[1], ce que nous avons appelé la désubstantialisation du Moi procède en premier chef du procès de personnalisation. Si le mouve-

1. Marcel Gauchet, « Tocqueville, l'Amérique et nous », *Libre*, n° 7, pp. 83-104.

ment démocratique dissout les repères traditionnels de l'autre, le vide de toute dissemblance
substantielle en posant une identité entre les individus, quelles que soient par ailleurs leur différences apparentes, le procès de personnalisation narcissique, quant à lui, fait vaciller les repères du
Moi, le vide de tout contenu définitif. Le règne de
l'égalité a transformé de fond en comble l'appréhension de l'altérité comme le règne hédoniste et
psychologique transforme de fond en comble l'appréhension de notre propre identité. Davantage :
l'explosion psy survient au moment même où
toutes les figures de l'altérité (pervers, fou, délin-
quant, femme, etc.) se trouvent contestées et basculent dans ce que Tocqueville appelle l' « égalité
des conditions ». N'est-ce pas précisément lorsque
l'altérité sociale fait massivement place à l'identité,
la différence à l'égalité, que le problème de l'identité propre, *intime* cette fois, peut surgir ? N'est-ce
pas parce que le procès démocratique est désormais généralisé, sans borne ou limite assignable,
que peut surgir la vague de fond psychologique ?
Lorsque le rapport à soi supplante le rapport à
l'autre, le phénomène démocratique cesse d'être
problématique ; à ce titre, le déploiement du narcissime signifierait la désertion du règne de l'égalité
qui, cependant, n'en poursuivra pas moins son
œuvre. En ayant résolu la question d'autrui (qui
aujourd'hui n'est plus reconnu, objet de sollicitude
et d'interrogation ?), l'égalité a nettoyé le terrain et
permis le surgissement de la question du Moi ;
désormais, l'authenticité l'emporte sur la réciprocité, la connaissance de soi sur la reconnaissance.
Mais, simultanément à cette disparition sur la
scène sociale de la figure de l'Autre, réapparaît

une nouvelle *division*, celle du conscient et de l'inconscient, le clivage psychique, comme si la division se devait d'être reproduite en permanence, fût-ce sous un mode psychologique, afin que l'œuvre de socialisation puisse se poursuivre. « Je est un Autre » amorce le procès narcissique, la naissance d'une nouvelle altérité, la fin de la familiarité du Soi avec Soi, quand mon vis-à-vis cesse d'être un absolument Autre : l'identité du Moi vacille quand l'identité entre les individus est accomplie, quand tout être devient un « semblable ». Déplacement et reproduction de la division, en s'intériorisant le conflit assume toujours une fonction d'intégration sociale[1], cette fois moins au travers de la conquête de la dignité par la lutte des classes qu'au travers de la visée de l'authenticité et de la vérité du désir.

Le corps recyclé.

A vouloir assimiler, à la manière de R. Sennett, le narcissisme au psychologisme, on est vite confronté à la difficulté majeure que représente le cortège de sollicitudes et de soins dont est entouré désormais le corps, promu de ce fait au rang de véritable objet de culte. Investissement narcissique du corps lisible directement au travers de mille pratiques quotidiennes : angoisse de l'âge et des rides (*C.N.*, pp. 351-367); obsessions de la santé, de la « ligne », de l'hygiène; rituels de contrôle *(check-up)* et d'entretien (massages, sauna, sports, régimes); cultes solaires et thérapeutiques (surcon-

1. M. Gauchet, *ibid.*, p. 116.

sommation de soins médicaux et de produits phar-
maceutiques), etc. Incontestablement, la représentation sociale du corps a subi une mutation dont la
profondeur peut être mise en parallèle avec
l'ébranlement démocratique de la représentation
d'autrui; c'est de l'avènement de ce nouvel imaginaire social du corps que résulte le narcissisme. De
même que l'appréhension de l'altérité d'autrui
disparaît au bénéfice du règne de l'identité entre
les êtres, de même le corps a perdu son statut
d'altérité, de *res extensa*, de matérialité muette, au
profit de son identification avec l'être-sujet, avec la
personne. Le corps ne désigne plus une abjection
ou une machine, il désigne notre identité profonde
dont il n'y a plus lieu d'avoir honte et qui peut dès
lors s'exhiber nu sur les plages ou dans les spectacles, dans sa vérité naturelle. En tant que personne, le corps gagne la dignité; on se doit de le
respecter, c'est-à-dire veiller en permanence à son
bon fonctionnement, lutter contre son obsolescence, combattre les signes de sa dégradation par
un recyclage permanent chirurgical, sportif, diététique, etc. : la décrépitude « physique » est devenue une turpitude.

Chr. Lasch l'indique bien, la peur moderne de
vieillir et de mourir est constitutive du néo-narcissisme : le désintérêt envers les générations futures
intensifie l'angoisse de la mort, tandis que la
dégradation des conditions d'existence des personnes âgées et le besoin permanent d'être valorisé,
admiré pour sa beauté, son charme, sa célébrité
rendent la perspective du vieillissement intolérable
(*C.N.*, pp. 354-357). De fait, c'est le procès de
personnalisation qui, en évacuant systématique-
ment toute position transcendante, engendre une

existence purement actuelle, une subjectivité totale sans but ni sens, livrée au vertige de son autoséduction. L'individu, enfermé dans son ghetto de messages, affronte désormais sa condition mortelle sans aucun appui « transcendant » (politique, moral ou religieux). « Ce qui révolte à vrai dire contre la douleur ce n'est pas la douleur en soi, mais le non-sens de la douleur », disait Nietzsche : il en va de la mort et de l'âge comme de la douleur, c'est leur non-sens contemporain qui en exacerbe l'horreur. Dans des systèmes personnalisés, il ne reste dès lors qu'à durer et s'entretenir, accroître la fiabilité du corps, gagner du temps et gagner contre le temps. La personnalisation du corps appelle l'impératif de jeunesse, la lutte contre l'adversité temporelle, le combat en vue de notre identité à conserver sans hiatus ni panne. Rester jeune, ne pas vieillir : même impératif de fonctionnalité pure, même impératif de recyclage, même impératif de désubstantialisation traquant les stigmates du temps afin de dissoudre les hétérogénéités de l'âge.

Comme toutes les grandes dichotomies, celle du corps et de l'esprit s'est estompée; le procès de personnalisation, plus particulièrement ici, l'expansion du psychologisme, gomme les oppositions et hiérarchies rigides, brouille les repères et identités marqués. Le procès de psychologisation est un agent de déstabilisation, sous son registre tous les critères vacillent et fluctuent dans une incertitude généralisée; ainsi le corps cesse-t-il d'être relégué dans un statut de positivité matérielle s'opposant à une conscience acosmique et devient un espace indécidable, un « objet-sujet », un mixte flottant de sens et de sensible, comme disait Merleau-Ponty.

Avec l'expression corporelle et la danse moderne (celle de Nikolaïs, Cunningham, Carolyn Carlson), avec l'eutonie et le yoga, avec la bioénergie, le rolfing, la gestalt-therapie, où le corps commence-t-il, où finit-il? Ses frontières reculent, deviennent floues; le « mouvement de conscience » est simultanément une redécouverte du corps et de ses puissances subjectives. Le corps psychologique s'est substitué au corps objectif et la prise de conscience du corps par lui-même est devenue une finalité même du narcissisme : faire exister le corps pour lui-même, stimuler son autoréflexivité, reconquérir l'intériorité du corps, telle est l'œuvre du narcissisme. Si le corps et la conscience s'échangent, si le corps, à l'instar de l'inconscient, parle, il faut l'aimer et l'écouter, il faut qu'il s'exprime, qu'il communique, de là émane la volonté de redécouvrir son corps du dedans, la recherche forcenée de son idiosyncrasie, soit le narcissisme même, cet agent de psychologisation du corps, cet instrument de conquête de la subjectivité du corps par toutes les techniques contemporaines d'expression, concentration et relaxation.

Humanisation, subjectivisation, R. Sennett a raison, nous sommes bien dans une « culture de la personnalité » à condition de préciser que le corps lui-même devient un sujet et, comme tel, à placer dans l'orbite de la libération, voire de la révolution, sexuelle bien sûr, mais aussi esthétique, diététique, sanitaire, etc., sous l'égide de « modèles directifs »[1]. Ne pas omettre que, simultanément à

1. J. Baudrillard parle à juste titre d'un « narcissisme dirigé »; cf. *L'Echange symbolique et la mort*, Gallimard, 1976, pp. 171-173.

une fonction de personnalisation, le narcissisme accomplit une mission de *normalisation* du corps : l'intérêt fébrile que nous portons au corps n'est nullement spontané et « libre », il obéit à des impératifs sociaux, tels que la « ligne », la « forme », l'orgasme, etc. Le narcissisme joue et gagne sur tous les tableaux fonctionnant à la fois comme opérateur de déstandardisation et comme opérateur de standardisation, celle-ci ne se donnant jamais du reste comme telle mais se pliant aux exigences minimales de la personnalisation : la normalisation post-moderne se présente toujours comme l'unique moyen d'être vraiment soi-même, jeune, svelte, dynamique[1]. Il en va de l'exaltation du corps comme de l'inflation psy : c'est à délester le corps des tabous et pesanteurs archaïques et le rendre ainsi perméable aux normes sociales que s'emploie le narcissisme. Parallèlement à la désubstantialisation du Moi, la désubstantialisation du corps, soit l'élimination de la corporéité sauvage ou statique par un travail ne s'accomplissant plus comme jadis selon une logique ascétique par défaut, mais au contraire selon une logique pléthorique brassant informations et normes. Le narcissisme, par l'attention pointilleuse qu'il porte au corps, par son souci permanent de fonctionnalité optimale, fait tomber les résistances « traditionnelles » et rend le corps disponible pour toutes les expérimentations. Le corps, à l'instar de

1. Le procès de personnalisation a annexé la *norme* elle-même comme il a annexé la production, la consommation, l'éducation ou l'information. A la norme dirigiste ou autoritaire s'est substituée la norme « indicative », souple, les « conseils pratiques », les thérapies « sur mesure », les campagnes d'information et de sensibilisation par films humoristiques et publicités souriantes.

la conscience, devient un espace flottant, un espace dé-localisé, livré à la « mobilité sociale » : nettoyer les lieux, faire le vide par saturation, abattre les noyaux réfractaires à l'infiltration des normes, ainsi procède le narcissisme dont on voit combien il est naïf de le voir poindre selon les termes de R. Sennett avec l' « érosion des rôles publics », c'est-à-dire le désinvestissement de tout ce qui est convention, artifice ou usage, considéré désormais comme « quelque chose de sec, de formel, sinon de factice » (*T.I.*, p. 12), et comme ce qui fait obstacle à l'expression de l'intimité et de l'authenticité du Moi. Quelle que soit par ailleurs la validité partielle de cette thèse, celle-ci ne résiste pas à l'épreuve de l'idolâtrie codée du corps, dont R. Sennett curieusement ne dit mot : si le narcissisme est bien porté par une vague de désaffection, ce sont les valeurs et finalités « supérieures » qui sont concernées, nullement les rôles et codes sociaux. Rien moins que le degré zéro du social, le narcissisme procède d'un hyper-investissement de codes et fonctionne comme type inédit de contrôle social sur les âmes et les corps.

Un théâtre discret.

Avec ce que R. Sennett appelle la « condamnation morale de l'impersonnalité » qui équivaut à l'érosion des rôles sociaux, commence le règne de la personnalité, la culture psychomorphique et l'obsession moderne du Moi dans son désir de révéler son être vrai ou authentique. Le narcissisme ne désigne pas seulement la passion de la connaissance de soi mais aussi la passion de la révélation intime du Moi comme en témoignent l'inflation actuelle des biographies et autobiographies ou la psychologisation du langage politique. Les conventions nous paraissent répressives, « les questions impersonnelles ne suscitent notre intérêt que lorsque nous les envisageons – à tort – sous un angle personnalisé » (*T.I.*, p. 15); tout doit être psychologisé, dit à la première personne : il faut s'impliquer soi-même, révéler ses propres motivations, livrer en toute occasion sa personnalité et ses émotions, exprimer son sentiment intime, faute de quoi on sombre dans le vice impardonnable de froideur et d'anonymat. Dans une société « intimiste » qui mesure tout à l'aune de la psychologie, l'authencitité et la sincérité deviennent, comme Riesman l'avait déjà noté, des vertus cardinales, et les individus, absorbés qu'ils sont par leur moi intime, se trouvent de plus en plus incapables de « jouer » des rôles sociaux : nous sommes devenus des « acteurs privés d'art » (*T.I.*, p. 249). Avec son obsession de vérité psychologique, le narcissisme affaiblit la capacité de jouer avec la vie sociale, rend impossible toute distance entre ce que l'on ressent et ce que l'on exprime : « La capacité d'être expressif se perd, parce que l'on essaie d'identifier son apparence à son être profond et parce qu'on lie le problème de l'expression effective à celui de l'authenticité de celle-ci » (*T.I.*, p. 205). Et là réside le piège, car plus les individus se libèrent des codes et coutumes en quête d'une vérité personnelle, et plus leurs relations deviennent « fratricides » et asociales. En exigeant toujours plus d'immédiateté et de proximité, en assaillant l'autre sous le poids des confidences personnelles, on ne respecte plus la distance nécessaire au respect de la vie privée des autres : l'intimisme est tyrannique et « incivil ». « La civilité est l'activité qui protège le moi des autres, et lui permet donc de jouir de la compagnie d'autrui. Le port du masque est l'essence même de la civilité... Plus il y aura de masques, plus la mentalité '' urbaine '' revivra, ainsi que l'amour de l'urbanité » (*T.I.*, p. 202). La sociabilité exige des barrières, des règles impersonnelles qui seules peuvent protéger les individus les uns des autres; là où, au contraire, règne l'obscénité de l'intimité, la communauté vivante vole en éclats et les rapports humains deviennent « destructeurs ». La dissolution des rôles publics et la compulsion d'authenticité ont engendré une incivilité se manifestant, d'une part, par le rejet des relations anonymes avec les « inconnus » dans la ville et le repli douillet dans notre ghetto intime, d'autre part, par le rétrécissement du sentiment d'appartenance à un groupe et corrélativement l'accentuation des phénomènes d'exclusion. Finie la conscience de classe, on fraternise désormais sur la base du quartier, de la région ou des sentiments communs : « L'acte même de partager renvoie de plus en plus à des opérations d'exclusion ou, à l'inverse, d'inclusion... La fraternité n'est plus que l'union d'un groupe sélectif qui rejette tous ceux qui ne font pas partie de lui... La fragmentation et les divisions internes sont le produit de la fraternité moderne » (*T.I*, p. 203).

Disons-le sans détour, l'idée que le narcissisme affaiblisse l'énergie ludique et se révèle incompatible avec la notion de « rôle » ne résiste pas à l'examen. Certes, les conventions rigides qui encadraient les conduites ont été entraînées dans le procès de personnalisation qui partout tend à la déréglementation et à l'assouplissement des cadres stricts; en ce sens, il est vrai que les individus refusent les contraintes « victoriennes » et aspirent à plus d'authenticité et de liberté dans leurs rapports. Mais cela ne signifie pas que l'individu se trouve livré à lui-même, débarrassé de toute codification sociale. Le procès de personnalisation n'abolit pas les codes, il les dégèle, tout en imposant de nouvelles règles adaptées à l'impératif de produire précisément une *personne* pacifiée. Tout dire, peut-être, mais sans cri, dites ce que vous voulez, mais pas de passage à l'acte; davantage, c'est cette libération du discours, fût-elle accompagnée de violence verbale, qui contribue à faire régresser l'usage de la violence physique : surinvestissement du verbe intime et corrélativement désaffection de la violence physique, par ce déplacement, le strip-tease psy se révèle un instrument de contrôle et de pacification sociale. Plus qu'une réalité psychologique actuelle, l'authenticité est une valeur sociale, comme telle nulle part libre d'exploser sans contrainte : la débauche de révélation sur soi doit se plier à de nouvelles normes, que ce soit le cabinet de l'analyste, le genre littéraire ou le « sourire familier » de l'homme politique à la télé. De toute façon, l'authenticité doit correspondre à ce que nous attendons d'elle, aux signes codés de l'authenticité : une manifestation trop exubérante, un discours trop théâtral n'a plus d'effet de sincérité, laquelle doit adopter le style cool, chaleureux et communicationnel; au-delà ou en deçà, c'est histrion, c'est la névrose. Il faut s'exprimer sans réserve (même ceci, du reste, doit être considérablement nuancé, nous le verrons), librement, mais dans un cadre préétabli. Il y a quête d'authenticité, nullement spontanéité : Narcisse n'est pas un acteur atrophié, les facultés expressives et ludiques ne sont ni plus ni moins développées aujourd'hui qu'hier. Voyez la prolifération de toutes les petites « combines » de la vie quotidienne, les ruses et « triches » dans le monde du travail : l'art de la dissimulation, les masques n'ont rien perdu de leur efficacité. Voyez combien la sincérité est « interdite » face à la mort : on se doit de cacher la vérité au mourant, on se doit de ne pas afficher sa douleur lors du décès d'un proche et feindre l'« indifférence », dit Ariès[1] : « La discrétion apparaît comme la forme moderne de la dignité[2]. » Le narcissisme se définit moins par l'explosion libre des émotions que par le renfermement sur soi, soit la « discrétion », signe et instrument de *self-control*. Surtout pas d'excès, de débordement, de tension conduisant hors de soi; c'est le repli sur soi, la « réserve » ou l'intériorisation qui caractérise le narcissisme, pas l'exhibition « romantique ».

Par ailleurs, loin d'exacerber les exclusions et d'engendrer le sectarisme, le psychologisme a des effets inverses : c'est à désamorcer les antagonismes rigides, les excommunications et contradictions que travaille la personnalisation. Le laxisme prend le pas sur le moralisme ou le purisme, l'indifférence sur l'intolérance. Trop absorbé par lui-même, Narcisse renonce aux militantismes religieux, désinvestit les grandes orthodoxies, ses

1. Ph. Ariès, *Essais sur l'histoire de la mort en Occident*, Ed. du Seuil, 1975, p. 187.
2. *Ibid.*, p. 173.

adhésions sont de mode, fluctuantes, sans grande motivation. Ici comme ailleurs, la personnalisation conduit au désinvestissement du conflit, à la *détente*. Dans des systèmes personnalisés, les schismes, les hérésies n'ont plus de sens : lorsqu'une société « valorise le sentiment subjectif des acteurs et dévalorise le caractère objectif de l'action » (*T.I.*, p. 21), elle met en œuvre un procès de désubstantialisation des actions et doctrines dont l'effet immédiat est une décrispation idéologique et politique. En neutralisant les *contenus* au bénéfice de la séduction psy, l'intimisme généralise l'indifférence, enclenche une stratégie de désarmement aux antipodes du dogmatisme des exclusions.

La thèse de R. Sennett, eu égard aux relations intersubjectives, n'est guère plus convaincante : « Plus les gens sont intimes, plus leurs relations deviennent douloureuses, fratricides et asociales » (*T.I*, p. 274). Les conventions rituelles empêchaient-elles donc les hommes de s'entre-tuer et de se déchirer ? La culture publique ignorait-elle à ce point la cruauté et la haine ? A-t-il fallu attendre l'ère intimiste pour que la lutte des consciences connaisse son plein essor ? S'il est clair qu'il n'est pas possible d'adhérer à un tel manichéisme naïf (masques = civilité; authenticité = incivilité), si visiblement au rebours de l'apathie narcissique, il n'en reste pas moins qu'un problème subsiste à l'endroit précisément de cette dramatisation du conflit : qu'est-ce qui pousse à une telle représentation catastrophique ? Qu'est-ce qui en fait une idée dominante de notre temps ?

Apocalypse now ?

Même constat tragique chez Chr. Lasch, doublé cette fois d'un discours nettement apocalyptique; plus la société présente d'elle-même une image tolérante, plus, en fait, le conflit s'intensifie et se généralise : ainsi est-on passé de la guerre des classes à la « guerre de tous contre tous » (*C.N.*, p. 125). Dans l'univers économique d'abord, règne une rivalité pure, vidée de toute signification morale ou historique : le culte du *self-made man* et de l'enrichissement comme signe de progrès individuel et social est fini, désormais la « réussite » n'a plus qu'une signification psychologique : « La recherche de la richesse n'a d'autre objet que d'exciter l'admiration ou l'envie » (*C.N.*, p. 118). Dans nos systèmes narcissiques, chacun courtise ses supérieurs pour gagner de l'avancement, désire être envié plus que respecté et notre société, indifférente au futur, se présente comme une jungle bureaucratique où règne la manipulation et la concurrence de tous contre tous (*C.N.*, pp. 114-117). La vie privée elle-même n'est plus un refuge et reproduit cet état de guerre généralisé : des experts en communication rédigent des traités psychologiques pour assurer aux individus une position dominante dans les cocktails, tandis que de nouvelles stratégies, comme l'*assertiveness therapy*, cherchent à débarrasser les sujets des sentiments d'anxiété, de culpabilité et d'infériorité utilisés fréquemment par leurs vis-à-vis pour parvenir à leurs fins. Les relations humaines, publiques et privées sont devenues des rapports de domination, des rapports conflictuels fondés sur la séduction froide et l'intimidation. Enfin, sous l'influence du néo-féminisme, les rapports entre l'homme et la femme se sont considérablement détériorés, délivrés qu'ils sont des règles pacifiantes de la courtoisie. La femme, avec ses exigences sexuelles et ses capacités orgastiques vertigineuses – les travaux de Masters et Johnson, K. Millett, M.J. Sherfey posent la femme comme « insatiable » –, devient pour l'homme une partenaire menaçante, intimidante et génératrice d'angoisse : « Le spectre de l'impuissance hante l'imagination contemporaine » (*C.N.*, p. 345), cette impuissance masculine qui, selon les derniers rapports, augmenterait, en raison de la peur de la femme et de sa sexualité libérée. Dans ce contexte, l'homme nourrit une haine sans frein contre la femme, comme en témoigne le traitement de celle-ci dans les films actuels avec leur fréquence de scènes de viols (*C.N.*, p. 324). Simultanément, le féminisme développe, chez la femme, la haine de l'homme, assimilé qu'il est à un ennemi, source d'oppression et de frustration; ayant toujours plus d'exigences envers l'homme qui se trouve incapable d'y pourvoir, la haine et la récrimination s'étendent dans ce *sexual warfare* caractéristique de notre temps.

Chr. Lasch, en rejetant les théories de Riesman et de Fromm, coupables, à ses yeux, d'avoir exagéré la capacité de socialisation des pulsions agressives par la société permissive, ne fait que retomber dans la représentation dominante, massmédiatique de la montée de la violence dans le monde moderne : la guerre est à nos portes, nous vivons sur un baril de poudre, voyez le terrorisme international, les crimes, l'insécurité dans les villes, la violence raciale dans les rues et les écoles, les hold-up, etc. (*C.N.*, p. 130). L'état de nature de Hobbes se trouve ainsi au terme de l'Histoire : la bureaucratie, la prolifération des images, les idéologies thérapeutiques, le culte de la consommation, les transformations de la famille, l'éducation permissive ont engendré une structure de la personnalité, le narcissisme, allant de pair avec des relations humaines de plus en plus barbares et conflictuelles. Ce n'est qu'apparemment que les individus deviennent plus sociables et plus coopératifs; derrière l'écran de l'hédonisme et de la sollicitude, chacun exploite cyniquement les sentiments des autres et recherche son propre intérêt sans aucun souci des générations futures. Curieuse conception que ce narcissisme, présenté comme structure psychique inédite et qui se trouve en fait repris dans les filets de l' « amour-propre » et du désir de reconnaissance déjà perçus par Hobbes, Rousseau et Hegel comme responsables de l'état de guerre. Si le narcissisme représente bien un nouveau stade de l'individualisme – c'est cette hypothèse qui est fructueuse dans les travaux américains actuels, beaucoup plus que leurs contenus, trop enclins à un catastrophisme simpliste –, il faut poser qu'il s'accompagne d'un rapport original à l'Autre, comme il implique une relation inédite au corps, au temps, à l'affect, etc.

Cette transformation de la dimension intersubjective est déjà largement apparente, tant en ce qui concerne l'espace public que l'espace privé. Le primat de la sociabilité publique et la lutte pour les signes manifestes de la reconnaissance commencent à s'effacer corrélativement à la montée de la personnalité psy. Le narcissisme tempère la jungle humaine par le désinvestissement qu'il opère des rangs et hiérarchies sociales, par la réduction du désir d'être admiré et envié de ses semblables. Profonde révolution silencieuse du rapport inter-personnel : ce qui importe à présent c'est d'être soi absolument, de s'épanouir indépendamment des critères de l'Autre; la réussite visible, la quête de la cotation honorifique ont tendance à perdre leur pouvoir de fascination, l'espace de la rivalité inter-humaine fait place peu à peu à une relation publique neutre où l'Autre, vidé de toute épais-seur, n'est plus ni hostile ni concurrentiel mais *indifférent*, désubstantialisé, à l'instar des person-nages de P. Handke et de Wim Wenders. Tandis que l'intérêt et la curiosité envers les problèmes personnels de l'Autre, fût-il un étranger pour moi, ne cessent de croître (succès du « courrier du cœur », des confidences sur les ondes, des biogra-phies) comme il se doit dans une société fondée sur l'individu psychologique, l'Autre comme pôle de référence anonyme se trouve désaffecté au même titre que les institutions et valeurs supérieu-res. Certes, l'ambition sociale est loin de s'être estompée identiquement pour tous : ainsi des catégories entières (dirigeants et cadres d'entrepri-ses, hommes politiques, artistes, intelligentsia) continuent de lutter âprement pour gagner le prestige, la gloire ou l'argent; mais qui ne voit simultanément qu'il s'agit avant tout de groupes appartenant, à des degrés divers, à ce qu'on peut bien appeler une « élite » sociale, se réservant en quelque sorte le privilège de reconduire un ethos de rivalité nécessaire au développement de nos sociétés. En revanche, pour un nombre croissant d'individus, l'espace public n'est plus le théâtre où s'agitent les passions « arrivistes »; ne reste que la volonté de se réaliser à part et de s'intégrer dans des cercles conviviaux ou chaleureux, lesquels deviennent les satellites psy de Narcisse, ses branchements privilégiés : la déchéance de l'intersubjectivité publique ne conduit pas au seul rapport de soi à soi, elle va de pair avec l'investissement émotionnel des espaces privés qui, pour être instable, n'en est pas moins effectif. C'est ainsi qu'en court-circuitant le désir de reconnaissance, en tempérant les désirs d'élévation sociale, le narcissisme poursuit d'une autre manière, de l'intérieur en l'occurrence, le processus d'égalisation des conditions. L'*homo psychologicus* aspire moins à se hisser au-dessus des autres qu'à vivre dans un environnement détendu et communicationnel, dans des milieux « sympa », sans hauteur, sans prétention excessive. Le culte du relationnel personnalise ou psychologise les formes de sociabilité, érode les ultimes barrières anonymes séparant les hommes, il est ce faisant un agent de la révolution démocratique travaillant continûment à la dissolution des distances sociales.

Cela étant, il va de soi que la lutte pour la reconnaissance ne disparaît pas, plus exactement elle se privatise, se manifestant en priorité dans les circuits intimes, dans les problèmes relationnels; le désir de reconnaissance a été colonisé par la logique narcissique, il se transistorise, devenant de moins en moins compétitif, de plus en plus esthétique, érotique, affectif. Le conflit des consciences se personnalise, c'est moins le classement social qui est en jeu que le désir de plaire, de séduire et ce, le plus longtemps possible, le désir également d'être écouté, accepté, sécurisé, aimé. C'est pourquoi l'agressivité des êtres, la domination et la servitude se lisent moins aujourd'hui dans les rapports et conflits sociaux que dans les relations sentimentales de personne à personne. D'un côté, la scène publique et les conduites individuelles ne cessent de se pacifier par auto-absorption narcissique; de l'autre, l'espace privé se psychologise, perd ses amarres conventionnelles et devient une dépendance narcissique où chacun n'y trouve plus que ce qu'il « désire » : le narcissisme ne signifie pas la forclusion d'autrui, il désigne la transcription progressive des réalités individuelles et sociales dans le code de la subjectivité.

En dépit de ses déclarations de guerre fracassantes et de son appel à la mobilisation générale, le néo-féminisme, de son côté, ne trouve pas sa vérité dans cette intensification, finalement superficielle, de la lutte des sexes. Le rapport de forces qui semble définir pour l'heure les rapports entre sexes est peut-être l'ultime soubresaut de la division traditionnelle des sexes et simultanément le signe de son effacement. L'exacerbation du conflit n'est pas l'essentiel et restera probablement circonscrite aux générations « intermédiaires », celles ébranlées, déconcertées par la révolution féministe. En stimulant une interrogation systématique sur la « nature » et le statut de la femme, en recherchant l'identité perdue de celle-ci, en refusant toute position préétablie, le féminisme déstabilise les oppositions réglées et brouille les repères stables : commence véritablement la fin de l'antique division anthropologique et de ses conflits concomitants. Non pas la guerre des sexes, mais la *fin du monde du sexe* et de ses oppositions codées. Plus le fémisnisme questionne l'être du féminin, plus celui-ci s'efface et se perd dans l'incertitude; plus la femme fait tomber des pans entiers de son statut traditionnel, plus la virilité elle-même perd son identité. Aux classes relativement homogènes du sexe, se substituent des individus de plus en plus aléatoires, des combinaisons jusqu'alors improbables d'activité et de passivité, des myriades d'êtres hybrides sans appartenance forte de groupe. C'est l'identité personnelle qui devient problématique, c'est à être soi-même, par-delà les oppositions constituées du monde du sexe, qu'œuvre fondamentalement le néo-féminisme. Même s'il réussit, pour longtemps encore, à mobiliser le combat des femmes par un discours militaire et unitaire, qui ne voit déjà que l'enjeu est ailleurs : un peu partout, les femmes se réunissent entre elles, parlent, écrivent, liquidant par ce travail d'auto-conscience leur identité de groupe, leur prétendu narcissisme d'autrefois, leur éternelle « vanité corporelle » dont les affublait encore Freud. La séduction féminine, mystérieuse ou hystérique, fait place à une autoséduction narcissique qu'hommes et femmes partagent à égalité, séduction fondamentalement *transsexuelle*, à l'écart des distributions et attributions respectives du sexe. La guerre des sexes n'aura pas lieu : loin d'être une machine de guerre, le féminisme est bien davantage une machine de déstandardisation du sexe, une machine s'employant à la reproduction élargie du narcissisme.

24 000 watts.

A la guerre de chacun contre tous, s'ajoute une guerre intérieure menée et amplifiée par le développement d'un Surmoi dur et punitif, résultant des transformations de la famille, telles que l' « absence » du père et la dépendance de la mère envers les experts et conseillers psychopédagogiques (*C.N.*, chap. VII). La « disparition » du père, du fait de la fréquence des divorces, conduit l'enfant à imaginer la mère castratrice du père : c'est dans ces conditions qu'il nourrit le rêve de le remplacer, d'être le phallus, en gagnant la célébrité ou en s'attachant à ceux qui représentent le succès. L'éducation permissive, la socialisation croissante des fonctions parentales, qui rendent difficile l'intériorisation de l'autorité familiale, ne détruisent pourtant pas le Surmoi, ils en transforment le contenu dans un sens toujours plus « dictatorial » et féroce (*C.N.*, p. 305). Le Surmoi se présente actuellement sous la forme d'impératifs de célébrité, de succès qui, s'ils ne sont pas accomplis, déchaînent une critique implacable contre le Moi. Ainsi s'explique la fascination exercée par les individus célèbres, stars et idoles, vivement stimulée par les media qui « intensifient les rêves narcissiques de célébrité et de gloire, encouragent l'homme de la rue à s'identifier aux stars, à haïr le " troupeau " et lui fait accepter de plus en plus difficilement la banalité de l'existence quotidienne » (*C.N.*, pp. 55-56) : l'Amérique est devenue une nation de « fans ». De même que la prolifération des conseillers médico-psychologiques détruit la confiance des parents dans leur capacité éducative et augmente leur anxiété, de même les images du bonheur associées à celles de la célébrité ont pour effet d'engendrer de nouveaux doutes et angoisses. En activant le développement d'ambitions démesurées et en en rendant l'accomplissement impossible, la société narcissique favorise le dénigrement et le mépris de soi. La société hédoniste n'engendre qu'en surface la tolérance et l'indulgence, en réalité, jamais l'anxiété, l'incertitude, la frustration n'ont connu une telle ampleur. Le narcissisme se nourrit davantage de la haine du Moi que de son admiration (*C.N.*, p. 72).

Culte de la célébrité? Mais ce qui est beaucoup plus significatif, c'est au contraire la chute de vénération que connaissent les vedettes et grands de ce monde. Le destin des « étoiles » du cinéma court parallèlement à celui des grands leaders politiques et penseurs « philosophiques ». Les figures imposantes du savoir et du pouvoir s'éteignent, pulvérisées qu'elles sont par un procès de personnalisation ne pouvant tolérer plus longtemps la manifestation ostentatoire d'une telle inégalité, d'une telle distance. Le même moment voit la dissolution des discours sacrés marxistes et psychanalytiques, la fin des géants historiques, la fin des stars pour qui on se suicidait et simultanément la multiplication des petits maîtres penseurs, le silence du psychanalyste, les étoiles d'un été, les causeries intimistes des hommes politiques. Tout ce qui désigne un absolu, une hauteur trop imposante disparaît, les célébrités perdent leur aura tandis que leur capacité de galvaniser les masses s'émousse. Les vedettes ne tiennent plus longtemps l'affiche, les nouvelles « révélations » éclip-

sant celles d'hier selon la logique de la personnalisation, laquelle est incompatible avec la sédimentation, toujours susceptible de reproduire une sacralité impersonnelle. A l'obsolescence des objets
répond l'obsolescence des stars et gourous; la
personnalisation implique la multiplication et l'accélération dans la rotation des « figures à la une »
afin qu'aucune ne puisse plus s'ériger en idole
inhumaine, en « monstre sacré ». C'est au travers
de l'excès d'images et de leur célérité que s'accomplit la personnalisation : l' « humanisation » vient
avec l'inflation galopante de la mode. Ainsi y a-t-il
de plus en plus de « vedettes » et de moins en
moins d'investissement émotionnel sur elles; la
logique de la personnalisation génère une indifférence aux idoles, faite d'engouement passager et
de désaffection instantanée. Le temps est moins à
la dévotion de l'Autre qu'à l'accomplissement et à
la transformation de soi, ce que disent, chacun
dans leurs langages et à des degrés divers, les
mouvements écologiques, le féminisme, la culture
psy, l'éducation cool des enfants, la mode « pratique », le travail intermittent ou à temps partiel.

Désubstantialisation des grandes figures de l'Altérité et de l'Imaginaire, concomitante d'une
désubstantialisation du réel par le même procès
d'accumulation et d'accélération. Partout le réel
doit perdre sa dimension d'altérité ou d'épaisseur
sauvage : restauration des quartiers anciens, protection des sites, animation des villes, éclairage
artificiel, « plateaux paysagers », air conditionné, il
faut assainir le réel, l'expurger de ses ultimes
résistances en en faisant un espace sans ombre,
ouvert et personnalisé. Au principe de réalité s'est
substitué le principe de transparence qui trans-

forme le réel en un lieu de *transit*, un territoire où le déplacement est impératif : la personnalisation est une mise en circulation. Que dire de ces banlieues interminables qu'on ne peut que fuir ? Climatisé, sursaturé d'informations, le réel devient irrespirable et condamne cycliquement au voyage : « changer d'air », aller n'importe où, mais bouger, traduit cette indifférence dont est affecté désormais le réel. Tout notre environnement urbain et technologique (parking souterrain, galeries marchandes, autoroutes, gratte-ciel, disparition des places publiques dans les villes, jets, voitures, etc.) est agencé pour accélérer la circulation des individus, entraver la fixité et donc pulvériser la socialité : « L'espace public est devenu un dérivé du mouvement » (*T.I.*, p. 23), nos paysages « décapés par la vitesse », dit bien Virilio, perdent leur consistance ou indice de réalité[1]. Circulation, information, illumination travaillent à une même anémisation du réel qui à son tour renforce l'investissement narcissique : une fois le réel inhabitable, reste le repli sur soi, le refuge autarcique qu'illustre bien la nouvelle vogue des décibels, « casques » et concerts pop. Neutraliser le monde par la puissance sonore, se renfermer sur soi, se défoncer et sentir son corps aux rythmes des amplis, désormais les bruits et voix de la vie sont devenus des *parasites*, il faut s'identifier avec la musique et oublier l'extériorité du réel. Déjà on peut voir ceci : des adeptes du jogging et du ski pratiquer leurs sports, écouteurs stéréo directement sur le

1. P. Virilio, « Un confort subliminal », *Traverses*, n° 14-15, p. 159. Sur la « contrainte à la mobilité », voir également P. Virilio, *Vitesse et politique*, Galilée, 1977.

tympan, des voitures équipées de petites chaînes avec ampli marchant à 100 W, des boîtes disco marchant à 4 000 W, des concerts pop où la sono atteint 24 000 W, toute une civilisation qui fabrique, comme le titrait dernièrement *Le Monde*, une « génération de sourds », des jeunes gens ayant perdu jusqu'à 50 % de leur capacité auditive. Une nouvelle indifférence au monde surgit, que n'accompagne même plus l'extase narcissique de la contemplation de soi, aujourd'hui Narcisse *se défoule*, enveloppé d'amplis, casqué, autosuffisant dans sa prothèse de sons « graves ».

Le vide.

« Si seulement je pouvais sentir quelque chose! » : cette formule traduit le « nouveau » désespoir qui frappe un nombre de plus en plus grand de sujets. Sur ce point, l'accord des psy semble général : depuis vingt-cinq ou trente ans, ce sont les désordres de type narcissique qui constituent la majeure partie des troubles psychiques traités par les thérapeutes, tandis que les névroses « classiques » du XIXᵉ siècle, hystéries, phobies, obsessions, sur lesquelles la psychanalyse a pris corps, ne représentent plus la forme prédominante des symptômes (*T.I*, p. 259 et *C.N.*, pp. 88-89). Les troubles narcissiques se présentent moins sous la forme de « troubles aux symptômes nets et bien définis que sous la forme de « troubles du caractère » caractérisés par un malaise diffus et envahissant, un sentiment de vide intérieur et d'absurdité de la vie, une incapacité à sentir les choses et les êtres. Les symptômes névrotiques qui correspondaient au capitalisme autoritaire et puritain ont fait place, sous la poussée de la société permissive, à des désordres narcissiques, informes et intermittents. Les patients ne souffrent plus de symptômes fixes mais de troubles vagues et diffus; la pathologie mentale obéit à la loi du temps dont la tendance est à la réduction des rigidités ainsi qu'à la liquéfaction des repères stables : à la crispation névrotique s'est substituée la flottaison narcissique. Impossibilité de sentir, vide émotif, la désubstantialisation ici est à son terme, révélant la vérité du procès narcissique, comme stratégie du vide.

Davantage : selon Chr. Lasch, c'est à un détachement émotionnel qu'aspireraient de plus en plus les individus, en raison des risques d'instabilité que connaissent de nos jours les relations personnelles. Avoir des relations interindividuelles sans attachement profond, ne pas se sentir vulnérable, développer son indépendance affective, vivre seul[1], tel serait le profil de Narcisse (*C.N.*, p. 339). La peur d'être déçu, la peur des passions incontrôlées traduisent au niveau subjectif ce que Chr. Lasch appelle *the flight from feeling* – « la fuite devant le sentiment » –, processus qui se lit aussi bien dans la protection intime que dans la séparation que toutes les idéologies « progressistes » veulent réaliser entre le sexe et le sentiment.

---

1. Entre 1970 et 1978, le nombre d'Américains entre quatorze et trente-quatre ans, vivant seuls, hors de toute situation familiale, a presque triplé, passant de un million et demi à 4 300 000. « Aujourd'hui, 20 % des foyers américains se réduisent à une personne vivant seule... près du cinquième des acheteurs sont désormais des célibataires » (Alvin Toffler, *La Troisième Vague*, Denoël, 1980, p. 265).

En prônant le *cool sex* et les relations libres, en condamnant la jalousie et la possessivité, il s'agit en fait de climatiser le sexe, de l'expurger de toute tension émotionnelle et de parvenir ainsi à un état d'indifférence, de détachement, non seulement afin de se protéger contre les déceptions amoureuses mais aussi afin de se protéger contre ses propres impulsions qui risquent toujours de menacer l'équilibre intérieur (*C.N.*, p. 341). La libération sexuelle, le féminisme, le porno travaillent à une même fin : dresser des barrières contre les émotions et tenir à l'écart les intensités affectives. Fin de la culture sentimentale, fin du *happy end*, fin du mélo et surgissement d'une culture cool où chacun vit dans un bunker d'indifférence, à l'abri de ses passions et de celles des autres.

Assurément Chr. Lasch a raison de souligner le reflux de la mode « sentimentale », détrônée qu'elle est par le sexe, la jouissance, l'autonomie, la violence spectaculaire. La sentimentalité a subi le même destin que la mort; il devient gênant d'exhiber ses émois, de déclarer ardemment sa flamme, de pleurer, de manifester avec trop d'emphase ses élans intérieurs. Comme pour la mort, la sentimentalité devient embarrassante; il s'agit de rester digne en matière d'affect, c'est-à-dire discret. Mais loin de désigner un procès anonyme de déshumanisation, le « sentiment interdit » est un effet du procès de personnalisation travaillant ici à l'éradication des signes rituels et ostentatoires du sentiment. Le sentiment doit parvenir à son stade personnalisé, en éliminant les syntagmes figés, la théâtralité mélo, le kitsch conventionnel. La pudeur sentimentale est commandée par un principe d'économie et de sobriété, constitutif du procès de personnalisation. De ce fait, c'est moins la fuite devant le sentiment qui caractérise notre temps, que la fuite devant les *signes* de la sentimentalité. Il n'est pas vrai que les individus recherchent un détachement émotionnel et se protègent contre l'irruption du sentiment; à cet enfer peuplé de monades insensibles et indépendantes, il faut opposer les clubs de rencontres, les « petites annonces », le « réseau », tous ces milliards d'espoirs de rencontres, de liaisons, d'amour, et qui précisément sont de plus en plus difficilement réalisés. C'est en cela que le drame est plus profond que le prétendu détachement cool : hommes et femmes aspirent toujours autant (peut-être n'y a-t-il jamais eu autant de « demande » affective qu'en ce temps de désertion généralisée) à l'intensité émotionnelle des relations privilégiées, mais plus l'attente est forte, plus le miracle fusionnel semble se faire rare et en tout cas *bref*[1]. Plus la ville développe les possibilités de rencontres, plus les individus se sentent seuls; plus les relations deviennent libres, émancipées des anciennes contraintes, plus la possibilité de connaître une relation intense se fait rare. Partout on retrouve la solitude, le vide, la difficulté à sentir, à être transporté *hors de soi;* d'où une fuite en avant

1. Le procès de déstandardisation précipite le cours des « aventures », les relations *répétitives*, avec leur inertie ou pesanteur, faisant injure à la disponibilité, à la « personnalité » vivante du sujet. Fraîcheur de vivre, il faut recycler ses affects, jeter tout ce qui vieillit : dans des systèmes déstabilisés, la seule « liaison dangereuse » est une liaison indéfiniment prolongée. D'où une chute et hausse de tension cyclique : du stress à l'euphorie, l'existence devient sismographique (cf. *Manhattan*, de W. Allen).

dans les « expériences » qui ne fait que traduire cette quête d'une « expérience » émotionnelle forte. Pourquoi ne puis-je donc aimer et vibrer ? Désolation de Narcisse, trop bien programmé dans son absorption en lui-même pour pouvoir être affecté par l'Autre, pour sortir de lui-même, et cependant insuffisamment programmé puisque encore désireux d'un relationnel affectif.

CHAPITRE IV

Modernisme et post-modernisme

Apparue au cours de la dernière décennie sur la scène artistique et intellectuelle et n'échappant pas tout à fait à un effet de mode, la notion assurément équivoque de post-modernisme présente cependant l'intérêt majeur, par rapport aux déclarations toujours fracassantes de la énième nouveauté décisive, d'inviter au contraire à un retour prudent à nos origines, à une mise en perspective historique de notre temps, à une interprétation en profondeur de l'ère dont nous sortons partiellement mais qui, à bien des égards, continue son œuvre, n'en déplaise aux hérauts naïfs de la coupure absolue. Si un nouvel âge de l'art, du savoir et de la culture s'annonce, la tâche s'impose de déterminer ce qu'il en est du cycle antérieur, le nouveau ici requiert la mémoire, le repérage chronologique, la généalogie.

Post-moderne : à tout le moins, la notion n'est pas claire, qui renvoie à des niveaux et sphères d'analyse difficiles parfois à faire coïncider. Epuisement d'une culture hédoniste et avant-gardiste ou surgissement d'une nouvelle puissance novatrice ? Décadence d'une époque sans tradition ou revitalisation du présent par une réhabilitation du passé? Continuité nouvelle manière dans la trame moderniste ou discontinuité? Péripétie dans l'histoire de l'art ou destin global des sociétés démocratiques? Nous avons refusé ici de circonscrire le post-modernisme dans un cadre régional, esthétique, épistémologique ou culturel : si apparaît une post-modernité, celle-ci doit désigner une vague profonde et générale à l'échelle du tout social, puisqu'il est vrai que nous vivons un temps où les oppositions rigides s'estompent, où les prépondérances deviennent floues, où l'intelligence du moment exige la mise en relief des corrélations et homologies. Hisser le post-modernisme au rang d'une hypothèse globale nommant le passage lent et complexe à un nouveau type de société, de culture et d'individu naissant du sein même et dans le prolongement de l'ère moderne, établir la teneur du modernisme, ses fils généalogiques et ses fonctions historiques principales, appréhender le renversement de logique qui peu à peu s'est opéré au cours du XXe siècle au bénéfice d'une prééminence de plus en plus accusée des systèmes souples et ouverts, telle a été notre visée et ce, en prenant pour fil d'Ariane les analyses de Daniel Bell dont le dernier ouvrage traduit en français[1] offre le mérite incomparable de fournir une théorie générale du fonctionnement du capitalisme à la lumière précisément du modernisme et de son après. Ce livre, contrairement au précédent[2], n'a

1. *Les Contradictions culturelles du capitalisme*, traduit par M. Matignon, P.U.F., 1979. Dans la suite du texte, les chiffres entre parenthèses renvoient aux pages de cet ouvrage.
2. *Vers la société post-industrielle*, traduit par P. Andler, Laffont, 1976.

pas joui en France du même écho positif : sans doute le propos néo-conservateur et puritain n'est-il pas étranger à cet accueil réservé. Mais plus encore, c'est le manque de construction, la rapidité dans l'argumentation, l'aspect parfois chaotique des analyses qui incontestablement desservent le plus des idées stimulantes, à bien des égards incontournables. Quels que soient ses défauts, cet ouvrage donne de l'air, interroge le rôle de la culture par rapport à l'économie est à la démocratie, sort l'interprétation de la culture des cloisonnements de l'érudition microscopique, s'emploie à élaborer une théorie articulant l'art et le mode de vie dans les sociétés capitalistes avancées; face à l'émiettement du savoir sociologique et au rétrécissement constant de nos vues sur le monde actuel, il faut examiner de très près les thèses de Daniel Bell, leur donner tout le développement qu'elles méritent, fût-ce assurément pour marquer avec insistance tout ce qui nous en sépare.

La culture antinomienne.

Depuis plus d'un siècle, le capitalisme est déchiré par une crise culturelle profonde, ouverte, qu'on peut résumer par un mot, le modernisme, soit cette nouvelle logique artistique à base de ruptures et discontinuités, reposant sur la négation de la tradition, sur le culte de la nouveauté et du changement. Le code du nouveau et de l'actualité trouve sa première formulation théorique chez Baudelaire pour qui le beau est inséparable de la

115

modernité, de la mode, du contingent[1], mais c'est surtout entre 1880 et 1930 que le modernisme prend toute son ampleur avec l'ébranlement de l'espace de la représentation classique, avec l'émergence d'une écriture dégagée des contraintes de la signification codée, puis avec les explosions des groupes et artistes d'avant-garde. Dès lors, les artistes ne cessent de détruire les formes et syntaxes instituées, s'insurgent violemment contre l'ordre officiel et l'académisme : haine de la tradition et rage de rénovation totale. Sans doute, toutes les grandes œuvres artistiques du passé ont-elles toujours innové en quelque manière, apportant ici et là des dérogations aux canons en usage, mais c'est seulement en cette fin de siècle que le changement devient révolution, rupture nette dans la trame du temps, discontinuité entre un avant et un après, affirmation d'un ordre résolument autre. Le modernisme ne se contente pas de produire des variations stylistiques et des thèmes inédits, il veut rompre la continuité qui nous lie au passé, instituer des œuvres absolument neuves. Mais le plus remarquable encore, c'est que la rage moderniste disqualifie, dans la même foulée, les œuvres les plus modernes : les œuvres d'avant-garde, sitôt produites, deviennent arrière-garde et sombrent dans le déjà-vu, le modernisme interdit le stationnement, contraint à l'invention perpétuelle, à la fuite en avant, telle est la « contradiction » immanente au modernisme : « La modernité est une sorte d'autodestruction créatrice... l'art moderne n'est pas seulement le fils de l'âge

---

1. Sur Baudelaire et la modernité, voir H. R. Jauss, *Pour une esthétique de la réception*, Gallimard, 1978, pp. 197-209.

critique, mais le critique de lui-même[1]. » Adorno le disait autrement, le modernisme se définit moins par des déclarations et manifestes positifs que par un processus de *négation*[2] sans limites et qui, de ce fait, ne s'épargne pas lui-même : la « tradition du nouveau » (H. Rosenberg), formule paradoxale du modernisme, détruit et dévalorise inéluctablement ce qu'elle institue, le neuf bascule aussitôt dans l'ancien, plus aucun contenu positif n'est affirmé, le seul principe qui commande l'art étant la forme même du changement. L'inédit est devenu l'impératif catégorique de la liberté artistique.

A cette contradiction dynamique du modernisme créatif s'est substituée une phase non moins contradictoire mais, qui plus est, fastidieuse et vidée de toute originalité. Le dispositif moderniste qui s'est incarné de façon exemplaire dans les avant-gardes est maintenant à bout de souffle, plus exactement aux yeux de Daniel Bell, il l'est depuis un demi-siècle. Les avant-gardes ne cessent de tourner à vide, incapables qu'elles sont d'innovation artistique majeure. La négation a perdu son pouvoir créateur, les artistes ne font que reproduire et plagier les grandes découvertes du premier tiers de ce siècle, nous sommes entrés dans ce que D. Bell appelle le post-modernisme, phase de déclin de la créativité artistique n'ayant plus pour ressort que l'exploitation extrémiste des principes modernistes. D'où la contradiction d'une culture dont la visée est de générer sans cesse de

1. O. Paz, *Point de convergence*, Gallimard, 1976, p. 16.
2. T. W. Adorno, *Théorie esthétique*, Klincksieck, 1974, p. 35.

l'absolument autre et qui, au terme de son procès, produit de l'identique, du stéréotype, une morne répétition. Sur ce point, D. Bell adopte le jugement d'O. Paz même s'il recule encore le moment de la crise : depuis des années, les négations de l'art moderne « sont des répétitions rituelles : la rébellion devenue procédé, la critique rhétorique, la transgression cérémonie. La négation a cessé d'être créatrice. Je ne dis pas que nous vivons la fin de l'art : nous vivons celle de l'*idée d'art moderne*[1]. Tarissement de l'avant-garde qui ne s'explique ni à partir du « métier perdu » ni à partir de la « société technicienne » : la culture du non-sens, du cri, du bruit, ne correspond pas au processus technicien, fût-ce comme son double négatif, n'est pas l'image de l'empire de la technique qui « est par soi évacuatrice de tout sens »[2]. D. Bell le note justement, dans nos sociétés les changements techno-économiques ne déterminent pas les changements culturels, le post-modernisme n'est pas le reflet de la société post-industrielle. L'impasse de l'avant-garde tient au modernisme, à une culture radicalement individualiste et jusqu'au-boutiste, au fond suicidaire, qui n'affirme comme valeur que la novation. Le marasme post-moderne résulte de la seule hypertrophie d'une culture finalisée par la négation de tout ordre stable.

Le modernisme n'est pas seulement rébellion contre lui-même, il est simultanément révolte contre toutes les normes et valeurs de la société bourgeoise : la « révolution culturelle » commence

1. O. Paz, *op. cit.*, p. 190.
2. J. Ellul, *L'Empire du non-sens*, P.U.F., 1980, p. 96.

118

ici en cette fin du XIXᵉ siècle. Loin de reproduire les valeurs de la classe économiquement dominante, les innovateurs artistiques de la seconde moitié du XIXᵉ et du XXᵉ siècle vont prôner, s'inspirant en cela du romantisme, des valeurs fondées sur l'exaltation du moi, sur l'authenticité et le plaisir, valeurs directement hostiles aux mœurs de la bourgeoisie centrées sur le travail, l'épargne, la modération, le puritanisme. De Baudelaire à Rimbaud et à Jarry, de V. Woolf à Joyce, de Dada au Surréalisme, les artistes novateurs radicalisent leurs critiques envers les conventions et institutions sociales, deviennent des contempteurs acharnés de l'esprit bourgeois, méprisant son culte de l'argent et du travail, son ascétisme, son rationalisme étroit. Vivre avec le maximum d'intensité, « dérèglement de tous les sens », suivre ses impulsions et son imagination, ouvrir le champ de ses expériences, « la culture moderniste est par excellence une culture de la personnalité. Elle a pour centre le '' moi ''. Le culte de la singularité commence avec Rousseau » (p. 141) et se prolonge avec le romantisme et son culte de la passion. Mais à partir de la seconde moitié du XIXᵉ siècle, le processus prend une dimension agonistique, les normes de la vie bourgeoise font l'objet d'attaques de plus en plus virulentes de la part d'une bohème en révolte. Ce faisant, un individualisme illimité et hédoniste apparaît, réalisant ce que l'ordre marchand avait contrecarré : « Alors que la société bourgeoise introduisait un individualisme radical dans le domaine économique et qu'elle était prête à supprimer tous les rapports sociaux traditionnels, elle redoutait les expériences de l'individualisme moderne dans le domaine de la culture »

(p. 28). Si la bourgeoisie a révolutionné la production et les échanges, en revanche, l'ordre culturel dans lequel elle s'est développée est demeuré disciplinaire, autoritaire, et si l'on s'en tient aux U.S.A., plus précisément puritain. C'est cette morale protestante-ascétique qui va subir, au cours des premières années du XXᵉ siècle, l'offensive des artistes novateurs.

Mais c'est avec l'apparition de la consommation de masse aux U.S.A. dans les années vingt que l'hédonisme, jusqu'alors l'apanage d'une petite minorité d'artistes ou d'intellectuels, va devenir le comportement général dans la vie courante, là réside la grande révolution culturelle des sociétés modernes. Si l'on envisage la culture sous l'angle du mode de vie, c'est le capitalisme lui-même et non le modernisme artistique qui va être l'artisan principal de la culture hédoniste. Avec la diffusion à une large échelle d'objets considérés jusqu'alors comme objets de luxe, avec la publicité, la mode, les media de masse et surtout le *crédit* dont l'institution sape directement le principe de l'épargne, la morale puritaine cède le pas à des valeurs hédonistes encourageant à dépenser, à jouir de la vie, à céder à ses impulsions : dès les années cinquante, la société américaine et même européenne est très largement axée autour du culte de la consommation, des loisirs et du plaisir. « L'éthique protestante fut minée non par le modernisme mais par le capitalisme lui-même. Le plus grand instrument de destruction de l'éthique protestante fut l'invention du crédit. Auparavant, pour acheter, il fallait d'abord économiser. Mais avec une carte de crédit, on pouvait immédiatement satisfaire ses désirs » (p. 31). Le style de vie moderne résulte non seulement des changements de sensibilité impulsés par les artistes il y a un siècle et plus, mais plus profondément encore des transformations du capitalisme il y a maintenant soixante ans.

S'est donc mise sur place, sous l'effet conjugué du modernisme et de la consommation de masse, une culture centrée sur l'accomplissement du moi, la spontanéité et la jouissance : l'hédonisme devient le « principe axial » de la culture moderne, dès lors en opposition ouverte avec la logique de l'économie et celle du politique, telle est l'hypothèse générale qui guide les analyses de D. Bell. La société moderne est clivée, elle n'a plus de caractère homogène et se présente comme l'articulation complexe de trois ordres distincts, le techno-économique, le régime politique, la culture, obéissant chacun à un principe axial différent, voire adverse. Ces sphères « ne sont pas en conformité les unes avec les autres et ont différents rythmes de changement. Elles obéissent à des normes différentes qui justifient des comportements différents et même opposés. Ce sont les discordances entre ces sphères qui sont responsables des diverses contradictions de la société » (pp. 20-21). L'ordre « techno-économique » ou « structure sociale » (organisation de la production, technologie, structure socioprofessionelle, répartition des biens et services) est régi par la *rationalité fonctionnelle*, c'est-à-dire par l'efficacité, la méritocratie, l'utilité, la productivité. En revanche, le principe fondamental qui règle la sphère du pouvoir et de la justice sociale est l'*égalité* : l'exigence d'égalité ne cesse de s'étendre (pp. 269-278), elle ne se rapporte plus seulement à l'égalité de tous devant la loi, au suffrage universel, à l'égalité des libertés publiques mais à l' « égalité des moyens » (revendication de l'égalité des chances, explosion de nouveaux droits sociaux touchant à l'instruction, à la santé, à la sécurité économique) et même à l' « égalité des résultats » (examens spéciaux pour les minorités afin de remédier à la disparité des résultats, demande d'une égale participation de tous dans les décisions concernant le fonctionnement des hôpitaux, universités, journaux ou quartiers : c'est l'âge de la « démocratie de participation »). Il s'ensuit une « disjonction des ordres », une tension structurelle entre trois ordres fondés sur des logiques antinomiques : l'*hédonisme*, l'*efficacité*, l'*égalité*. Dans ces conditions, il faut renoncer à considérer le capitalisme moderne comme un tout unifié, à la manière des analyses sociologiques dominantes : depuis plus d'un siècle, le divorce entre les sphères se creuse, la disjonction notamment entre la structure sociale et la « culture antinomienne »[1] de l'épanouissement de la liberté du moi se fait toujours plus profonde. Tant que le capitalisme s'est développé sous l'égide de l'éthique protestante, l'ordre techno-économique et la culture formaient un ensemble cohérent, favorable à l'accumulation du capital, au progrès, à l'ordre social, mais à mesure que l'hédonisme s'est imposé comme valeur ultime et légitimation du capitalisme, celui-ci a perdu son caractère de totalité organique, son consensus, sa volonté. La crise des sociétés modernes est avant tout culturelle ou spirituelle.

1. *Vers la société post-industrielle, op. cit.*, pp. 411-416.

Modernisme et valeurs démocratiques.

Pour D. Bell, l'analyse du modernisme doit s'appuyer sur deux principes solidaires. D'une part l'art moderne, défini comme expression du moi et révolte contre tous les styles régnants, est antinomique avec les normes cardinales de la société, l'efficacité et l'égalité. D'autre part, du fait même de cette discordance, il est vain de vouloir rendre compte de la nature du modernisme en termes de reflet social ou économique : « Les idées et les formes résultent d'une sorte de dialogue avec les idées et les formes antérieures, admises ou rejetées » (p. 64). Hostile aux théories organicistes et marxistes, D. Bell décrit le fonctionnement hétérogène des sociétés démocratiques, les logiques adverses qui les déchirent, l'autonomie et l'incompatibilité des structures. Là est l'intérêt de cette analyse multipliant les paramètres et refusant les formules simples de la modernité; là est également le point faible d'une problématique qui accuse par trop les discontinuités et antagonismes. A s'en tenir à de telles disjonctions, qui d'ailleurs sont moins structurelles que phénoménologiques, on perd la continuité historique dans laquelle la culture moderniste s'inscrit et notamment les liens qui l'unissent à l'égalité. Il faut prendre garde aux oppositions irréconciliables que livre le sociologue, seul un découpage historique plus large permet d'évaluer la teneur exacte des ruptures et discontinuités. L'analyse de la société moderne en termes de « disjonction des ordres » n'est que partiellement exact; faute d'une temporalité plus longue, on en vient à oublier que modernisme artistique et égalité, loin d'être discordants, font partie intégrante d'une même culture démocratique et individualiste.

Le modernisme n'est pas une rupture première et incomparable : dans sa rage de détruire la tradition et d'innover radicalement, le modernisme poursuit dans l'ordre culturel, avec un siècle d'écart, l'œuvre propre des sociétés modernes visant à s'instituer sur le mode démocratique. Le modernisme n'est qu'une face du vaste processus séculaire conduisant à l'avènement des sociétés démocratiques fondées sur la souveraineté de l'individu et du peuple, sociétés libérées de la soumission aux dieux, des hiérarchies héréditaires et de l'emprise de la tradition. Prolongement culturel du processus qui s'est manifesté avec éclat dans l'ordre politique et juridique à la fin du XVIIIᵉ siècle, parachèvement de l'entreprise révolutionnaire démocratique constituant une société sans fondement divin, pure expression de la volonté des hommes reconnus égaux. Désormais la société est vouée à s'inventer de part en part selon la raison humaine, non selon l'héritage du passé collectif, plus rien n'est intangible, la société s'approprie le droit de se guider elle-même sans extériorité, sans modèle décrété absolu. N'est-ce pas précisément cette même destitution de la prééminence du passé qui est à l'œuvre dans l'offensive des artistes novateurs ? De même que la révolution démocratique émancipe la société des forces de l'invisible et de son corrélat, l'univers hiérarchique, de même le modernisme artistique libère l'art et la littérature du culte de la tradition, du respect des Maîtres, du code de l'imitation. Arracher la société à son assujettissement aux puissances fondatrices exté-

124

rieures et non humaines, détacher l'art des codes de la narration-représentation, la même logique est à l'œuvre, instituant un ordre *autonome* ayant l'individu libre pour fondement. « Ce que cherche le nouvel art, c'est le renversement de la relation entre l'objet et le tableau, la subordination manifeste de l'objet au tableau », écrivait Malraux après Maurice Denis : la visée du modernisme c'est la « composition pure » (Kandinsky), l'accession à un univers de formes, de sons, de sens, libres et souverains, non soumis à des règles extérieures, qu'elles soient religieuses, sociales, optiques ou stylistiques. Nullement en contradiction avec l'ordre de l'égalité, le modernisme est la continuation par d'autres moyens de la révolution démocratique et de son travail de destruction des formations hétéronomes. Le modernisme institue un art détaché du passé, souvenairement maître de lui-même, il est une figure de l'égalité, la première manifestation de la démocratisation de la culture, quand bien même elle apparaît sous les traits élitaires d'un art séparé des masses.

On voit dans ces conditions la limite de l'approche sociologique analysant l'art comme « pratique classante », système régi par une logique de la différenciation statutaire et de la distinction : à partir de la fin du XIXᵉ siècle, c'est le processus moderniste qui éclaire la véritable fonction de l'art, non la contrainte symbolique et sociale de la reconnaissance et de la différence au travers de la consommation culturelle des groupes. A l'échelle de l'histoire, l'art moderne ne peut être réduit à un ordre distribuant des quartiers de noblesse culturelle, il est le moyen de promouvoir une culture expérimentale et libre aux frontières perpétuelle-

125

ment déplacées, une création ouverte et illimitée, un ordre de signes en révolution permanente, autrement dit une culture strictement individualiste, toute à inventer, parallèlement à un système politique fondé sur la seule souveraineté des volontés humaines. Le modernisme, vecteur de l'individualisation et de la mise en circulation continue de la culture, instrument d'exploration de nouveaux matériaux, de nouvelles significations et combinaisons.

De la même manière que l'art moderne prolonge la révolution démocratique, il prolonge, en dépit de son caractère subversif, une culture individualiste déjà présente ici et là dans maints comportements de la deuxième moitié du XIXᵉ siècle et début du XXᵉ : citons, sans ordre, la recherche du bien-être et des jouissances matérielles déjà répétée par Tocqueville, la multiplication des « mariages d'inclination » décidés par amour, le goût naissant pour le sport, la sveltesse et les danses nouvelles, l'émergence d'une mode vestimentaire accélérée, mais aussi la montée du suicide et la diminution des violences interindividuelles. Le modernisme artistique n'introduit pas une rupture absolue dans la culture, il parfait, dans la fièvre révolutionnaire, la logique du monde individualiste.

Le modernisme est d'essence démocratique : il détache l'art de la tradition et de l'imitation, simultanément il enclenche un processus de légitimation de tous les sujets. Manet rejette le lyrisme des poses, les agencements théâtraux et majestueux, la peinture n'a plus de sujet privilégié, n'a plus à idéaliser le monde, un modèle peut être chétif et indigne, les hommes peuvent apparaître affublés de jaquettes et redingotes noires, une nature morte est l'égale d'un portrait et plus tard l'esquisse d'un tableau. Avec les Impressionnistes, l'éclat antérieur des sujets fait place à la familiarité des paysages de banlieue, à la simplicité des berges de l'Ile-de-France, des cafés, rues et gares; les cubistes intégreront dans leurs toiles des chiffres, des lettres, des morceaux de papier, de verre ou de fer. Avec le ready-made, il importe que l'objet choisi soit absolument « indifférent », disait Duchamp, l'urinoir, le porte-bouteilles entrent dans la logique du musée, fût-ce pour en détruire ironiquement les fondements. Plus tard, les peintres pop, les Nouveaux Réalistes prendront pour sujet les objets, signes et déchets de la consommation de masse. L'art moderne assimile progressivement tous les sujets et matériaux, ce faisant il se définit par un procès de *désublimation*[1] des œuvres, correspondant exact de la désacralisation démocratique de l'instance politique, de la réduction des signes ostentatoires du pouvoir, de la sécularisation de la loi : le même travail de destitution des hauteurs et majestés est à l'œuvre, tous les sujets sont mis sur le même plan, tous les éléments peuvent entrer dans les créations plastiques et littéraires. Chez Joyce, Proust, Faulkner,

---

1. Le procès de désublimation tel que nous l'entendons ici ne correspond pas au sens que lui donne H. Marcuse. Dans *L'Homme unidimensionnel* (Ed. de Minuit, 1968), la désublimation désigne l'intégration des contenus oppositionnels de la culture supérieure dans le quotidien, l'assimilation et la banalisation des œuvres par une société qui diffuse à grande échelle les œuvres les plus hautes : la liquidation d'une culture distanciée en contradiction avec le réel est portée par la société du drugstore, de la télé, du microsillon. En réalité, la désublimation s'est mise en branle un siècle plus tôt.

plus aucun moment n'est privilégié, tous les faits se valent et sont dignes d'être décrits; « je voudrais tout y faire entrer dans ce roman », disait Joyce à propos d'*Ulysse*, la banalité, l'insignifiant, le trivial, les associations d'idées sont narrés sans jugement hiérarchique, sans discrimination, à égalité avec le fait important. Renoncement à l'organisation hiérarchique des faits, intégration de tous les sujets de n'importe quelle espèce, la signification imaginaire de l'égalité moderne a annexé la démarche artistique.

Même les visées contre les Lumières des avant-gardes sont encore des échos de la culture démocratique. Avec Dada, c'est l'art lui-même qui se saborde et exige sa destruction. Il s'agit d'abolir le fétichisme artistique, la séparation hiérarchique de l'art et de la vie au nom de l'homme total, de la contradiction, du processus créateur, de l'action, du hasard. On sait que les Surréalistes, Artaud et ensuite les happenings, les actions de l'anti-art chercheront également à dépasser l'opposition de l'art et de la vie. Mais qu'on y prenne garde, cette visée constante du modernisme, et non pas du post-modernisme, comme le dit D. Bell, n'est pas l'insurrection du désir, la revanche des pulsions contre le quadrillage de la vie moderne, c'est la culture de l'égalité qui ruine inéluctablement la sacralité de l'art et revalorise corrélativement le fortuit, les bruits, les cris, le quotidien. A plus ou moins long terme, tout gagne une dignité, la culture de l'égalité engendre une promotion, un recyclage universel des significations et objets mineurs. Sans doute, la révolte surréaliste n'est-elle pas prosaïque et se conçoit tout entière sous le signe du merveilleux, d'une vie autre, mais on ne peut ignorer que le « surréel » ne s'identifie pas à l'imaginaire pur ni à l'évasion romantique dans les voyages exotiques : c'est dans les rues de Paris ou au marché aux puces, dans les rapprochements insolites et coïncidences du quotidien que les signes les plus troublants sont à chercher. L'art et la vie sont ici et maintenant. Plus tard, J. Cage invitera à considérer comme musique n'importe quel bruit d'un concert, Ben arrive à l'idée d' « art total » : « Sculpture d'art total : soulevez n'importe quoi – Musique d'art total : écoutez n'importe quoi – Peinture d'art total : regardez n'importe quoi. » Fin de la suréminente hauteur de l'art lequel rejoint la vie et descend dans la rue, « la poésie doit être faite par tous, non par un », l'action est plus intéressante que le résultat, tout est art : le processus démocratique corrode les hiérarchies et cimaises, l'insurrection contre la culture, quelle que soit sa radicalité nihiliste, n'a été possible que par la culture de l'*homo aequalis*.

Si les artistes modernes sont au service d'une société démocratique, ils le font non par le travail silencieux propre à l'Ancien Régime mais en empruntant la voie de la rupture radicale, la voie extrémiste, celle des révolutions politiques modernes. Le modernisme, quelles que soient les intentions des artistes, doit se comprendre comme l'extension de la dynamique révolutionnaire à l'ordre culturel. Les analogies entre procès révolutionnaire et procès moderniste sont manifestes : même volonté d'instituer une coupure brutale et irréversible entre le passé et le présent; même dévalorisation de l'héritage traditionnel (« Je veux être comme un nouveau-né, ne savoir rien, absolument

129

rien de l'Europe... être presque un primitif »,
P. Klee); même surinvestissement ou sacralisation
laïque de l'ère nouvelle au nom du peuple, de
l'égalité, de la nation dans un cas, au nom de l'art
lui-même ou de l' « homme nouveau » dans l'autre; même procès jusqu'au-boutiste, même surenchère visible soit dans l'ordre idéologique et terri-
roriste soit dans la rage de pousser toujours plus
loin les innovations artistisques; même volonté de
défier les frontières nationales et d'universaliser le
monde nouveau (l'art d'avant-garde agence un
style cosmopolite); même constitution de groupes
« en avance », les militants, les artistes d'avant-
garde; même mécanisme manichéen engendrant
l'exclusion des plus proches : si la Révolution a
besoin de traîtres issus de ses propres rangs,
l'avant-garde, de son côté, considère ses devan-
ciers, ses contemporains ou l'art dans son ensemble comme imposture ou obstacle à la création
véritable. Si, comme le disait Tocqueville, la Révolution française a procédé à la manière des révolutions religieuses, il faudrait dire aussi bien que les
artistes modernes ont procédé à la manière des
révolutionnaires. Le modernisme est l'importation
du modèle révolutionnaire dans la sphère artistique. C'est pourquoi on ne peut souscrire aux
analyses d'Adorno qui, fidèle sur ce point à la
problématique marxiste, voit dans le modernisme
un processus « abstrait » analogue à la logique du
système de la valeur d'échange généralisée au
stade du grand capitalisme[1]. Le modernisme n'est
pas plus la reproduction de l'ordre de la marchandise que la Révolution française n'a été une « ré-

1. Adorno, *op. cit.*, p. 36.

volution bourgeoise »[1] : l'ordre économique, qu'on le comprenne en termes d'intérêts de classe ou de logique marchande, n'est pas apte à rendre intelligible la surenchère moderniste, la révolte contre la « religion fanatique du passé », l'enthousiasme envers la « magnificence radieuse du futur » *(Manifeste futuriste)*, la volonté de rénovation radicale. Le procès avant-gardiste est la logique même de la Révolution, avec son manichéisme aux antipodes du système réglé de la valeur, de l'accumulation et de l'équivalence. D. Bell le souligne à juste titre, la culture moderne est antibourgeoise. Davantage, elle est révolutionnaire, c'est-à-dire d'essence démocratique et comme telle inséparable, à l'instar des grandes révolutions politiques, de la signification imaginaire centrale, propre à nos sociétés, de l'individu libre et autosuffisant. Tout comme l'idéologie de l'individu a rendu irrémédiablement illégitime la souveraineté politique dont l'origine n'est pas humaine, de même c'est la nouvelle représentation des individus libres et égaux qui est à la base des secousses révolutionnaires de la sphère culturelle et de la « tradition du nouveau ».

On a souvent insisté, fort imprudemment d'ailleurs, sur le rôle crucial des bouleversements « philosophiques » (le bergsonisme, W. James, Freud) et scientifiques (géométries non euclidiennes, axiomatiques, théorie de la relativité) dans l'apparition de l'art moderne. Avec les analyses marxistes on n'a pas manqué de voir dans l'art moderne le reflet plus ou moins direct de l'aliénation capitaliste.

1. Toutes ces lignes doivent beaucoup aux analyses de Fr. Furet, cf. *Penser la Révolution française*, Gallimard, 1978.

Récemment encore, J. Ellul n'hésitait pas à affirmer que « toutes les particularités de l'art moderne » s'expliquaient à partir du milieu technicien[1]. P. Francastel rendait compte de la disparition de l'espace plastique euclidien à partir d'une nouvelle représentation des rapports entre l'homme et l'univers, autrement dit de nouvelles *valeurs* suscitées par la science et la technique et privilégiant la vitesse, le rythme, le mouvement[2]. Toutes ces analyses d'inégales profondeurs ne sont pas à mettre sur le même plan : il n'en reste pas moins qu'elles ne permettent aucunement d'expliquer la spécificité du modernisme, l'impératif du Nouveau et la tradition de la rupture. Pourquoi une telle multiplication rapprochée de groupes et de styles s'excluant mutuellement ? Pourquoi cette cascade d'interruptions et d'iconoclasmes ? Ni le triomphe de la technique ni ses valeurs concomitantes ne suffisent à expliquer la chaîne de ruptures qui caractérise l'art moderne, l'émergence d'un ordre esthétique défiant les règles de la perception et de la communication. Il en va ici comme pour les théories scientifiques, les mutations ne s'imposent pas inéluctablement, de nouveaux faits peuvent être interprétés dans l'ordre des systèmes en place, moyennant l'adjonction de paramètres supplémentaires. L'univers de la vitesse pouvait fournir de nouveaux thèmes – ce qu'il a fait d'ailleurs –, il n'exigeait pas des œuvres achronologiques, fragmentées, abstraites, pulvéri-

1. J. Ellul, *op. cit.*, p. 83.
2. P. Francastel, *Peinture et société*, « Idées/Art » Gallimard, 1965, 3ᵉ partie. Voir aussi *Art et Technique*, « Médiations », notamment pp. 170-179 et 210-216.

sant le sens et encore moins la nécessité de pousser sans cesse plus loin les dérogations et expérimentations. L'analyse sociologique trouve ici sa limite : comment voir dans l'art moderne l'effet des transformations scientifiques et techniques quand l'art qui prend corps refuse toute stabilisation, nie aussitôt ce qu'il a mis en place et agence des œuvres aussi bien figuratives qu'abstraites, oniriques que fonctionnalistes, expressionnistes que géométriques, formalistes qu'« anartistes » (Duchamp) : au moment où l'art devient cosmopolite, il n'a plus d'unité, y coexistent les tendances le plus résolument adverses. Ce n'est pas en partant de l'unité scientifique et technique du monde industriel que l'on pourra élucider la multidirectionnalité de l'art moderne.

Le modernisme n'a pu apparaître que porté par une logique sociale et idéologique à ce point souple qu'elle permit de produire contrastes, divergences et antinomies. On l'a déjà suggéré, c'est la révolution individualiste par laquelle, pour la première fois dans l'histoire, l'être individuel, égal à tout autre, est perçu et se perçoit comme fin dernière, se conçoit isolément et conquiert le droit de la libre disposition de soi, qui constitue le ferment du modernisme. Tocqueville l'avait déjà montré, l'individu tourné sur lui-même et se considérant à part brise la chaîne des générations, le passé et la tradition perdent leur prestige : l'individu reconnu libre n'est plus tenu à la vénération des anciens qui limitent son droit absolu d'être lui-même, le culte de la novation et de l'actuel est le strict corrélat de cette disqualification individualiste du passé. Toute Ecole faisant autorité définitive, toute sédimentation stylistique, toute fixation est vouée à être critiquée et dépassée dès que prévaut l'idéal de l'autonomie personnelle : la dévalorisation des styles régnants, la propension des artistes à changer de « manière », la multiplication des groupes sont inséparables d'une culture de l'individu libre, pure activité organisatrice dont l'idéal est de créer sans Maître et d'échapper au statisme, au stationnement répétitif. Le code du Nouveau est précisément l'instrument dont s'est dotée la société individualiste pour conjurer la sédentarité, la répétition, l'unité, la fidélité aux Maîtres et à soi-même et ce, en vue d'une culture libre, cinétique et plurielle.

La novation moderniste a ceci de particulier qu'elle s'allie avec le scandale et la rupture; surgissent ainsi des œuvres en contradiction avec l'harmonie et le sens, en divorce avec notre expérience familière de l'espace et du langage. Dans une société fondée sur la valeur irremplaçable, ultime, de chaque unité humaine, l'art agence des figures disloquées, abstraites, hermétiques; il apparaît *inhumain*. Ce paradoxe tient précisément dans notre représentation de l'individu qui « est quasi sacré, absolu; il n'y a rien au-dessus de ses exigences légitimes; ses droits ne sont limités que par les droits identiques des autres individus »[1]. Les modernes ont inventé l'idée d'une liberté sans borne qui permet d'expliquer ce qui nous sépare de l'humanisme classique. La Renaissance considérait que l'homme se déplaçait dans un univers immuable et géométrique doté d'attributs permanents. Le monde extérieur, même infini et ouvert à l'action, obéissait néanmoins à des lois fixes, éter-

---

1. L. Dumont, *Homo hierarchicus*, Gallimard, 1966, p. 17.

nelles que l'homme ne pouvait qu'enregistrer[1].
Avec les modernes, l'idée d'un réel imposant ses
lois se trouve incompatible avec la valeur de la
monade individuelle ontologiquement libre. Défi
aux lois, au réel, au sens, la liberté chez les
modernes ne saurait admettre des limites à son
exercice; elle se manifeste par un processus hyperbolique de négation des règles hétéronomes[2] et
corrélativement par une création autonome décré-
tant ses propres lois. Tout ce qui se pose dans une
indépendance intangible, tout ce qui implique une
soumission *a priori* ne peut résister à terme au
travail de l'autonomie individuelle. « J'ai voulu
établir le droit de tout oser », disait Gauguin : la
liberté n'est plus adaptation ou variation de la
tradition, elle exige la rupture et l'insoumission, la
destruction des lois et significations reçues, une
création souveraine, une invention sans modèle.
De même que l'homme moderne a conquis le droit
de disposer librement de lui-même dans sa vie
privée, de délibérer sur la nature du pouvoir et de
la loi, de même il conquiert le pouvoir démiurgi-
que d'organiser les formes librement, suivant les
lois internes propres à l'œuvre, au-delà des données préexistantes, « créer deviendra une opération consciente » (Kandinsky). Une société à inventer, une vie privée à administrer, une culture à

1. P. Francastel, *Peinture et société.*
2. Dans ces conditions, l'œuvre et le projet de Sade représen-
teraient une première manifestation exemplaire du modernisme :
« Ce qu'il (Sade) a poursuivi, c'est la souveraineté à travers
l'esprit de négation poussé à son point extrême. Cette négation,
tour à tour, il s'est servi des hommes, de Dieu, de la nature pour
l'éprouver. » Cf. M. Blanchot, *Lautréamont et Sade*, Ed. de
Minuit, 1963, p. 42.

créer et à déstabiliser, le modernisme ne peut s'appréhender indépendamment de l'individu libre et origine de lui-même. C'est la fracture de l'organisation « holiste », le renversement de la relation de l'individu à l'ensemble social, au profit de l'être individuel appréhendé comme libre et semblable aux autres qui a permis l'apparition d'un art dégagé des contraintes optiques et linguistiques, dégagé des codes de la représentation, de l'intrigue, de la vraisemblance et de la consonance.

Sans doute la liberté a-t-elle exigé des conditions économiques et sociales permettant aux artistes de s'affranchir de la tutelle financière et esthétique où les tenaient l'Eglise et l'aristocratie depuis le Moyen Age et la Renaissance. L'instrument de cette libération fut, on le sait, l'institution d'un marché artistique : à mesure que les artistes s'adressaient à un public plus étendu et diversifié, que la « clientèle » s'élargissait, que les œuvres entraient dans le cycle de la marchandise médiatisée par des institutions spécifiques de diffusion et promotion culturelles (théâtres, maisons d'édition, académies, salons, critiques d'art, galeries, expositions, etc.), la création artistique pouvait s'émanciper du système du mécénat, des critères extérieurs à elle-même et affirmer de plus en plus ouvertement sa souveraine autonomie[1]. Pour cruciale qu'elle soit, cette base matérielle de l'art moderne n'autorise pas un déterminisme occultant la force intrinsèque de la signification imaginaire de la liberté sans laquelle le modernisme est inconcevable. L'activité artistique s'inscrit dans un mouve-

1. P. Bourdieu, « Champ intellectuel et projet créateur », *Les Temps modernes*, n° 246, 1966.

ment social global et les artistes baignent dans des systèmes de valeurs qui excèdent la sphère artistique : impossible de comprendre l'insurrection artistique indépendamment de ces valeurs qui structurent et orientent le faire des individus et groupes. L'existence d'un marché littéraire et artistique ne peut expliquer à lui seul la rage expérimentale et déconstructrice des artistes : le marché rendait possible la création libre, il ne la rendait pas impérative, il rendait caducs les critères aristocratiques, il ne produisait pas en lui-même la valeur, l'exigence de l'innovation sans fin. Pourquoi un autre style ne s'est-il pas substitué à l'ancien ? Pourquoi cette valorisation du Nouveau, cette explosion de mouvements ? Comme on le sait, c'est à un nouveau conformisme que peut fort bien aboutir la logique du marché (la production cinématographique, la musique de variétés par exemple) : il reste toujours à expliquer pourquoi les artistes, une fois détachés du mécénat, sont entrés *en opposition* avec les critères du public, ont accepté la misère et l'incompréhension au nom de l'Art. Pour qu'advienne la passion moderniste du Neuf, il fallait qu'existent de nouvelles valeurs que les artistes n'ont pas inventées mais qu'ils avaient à « leur disposition », venant de l'organisation du tout collectif, valeurs enracinées dans la prééminence accordée à l'individu par rapport à la collectivité et dont l'effet majeur sera de dévaloriser l'institué, le principe du modèle quel qu'il soit. Idéologie individualiste qu'on ne peut réduire à la « concurrence pour la légitimité culturelle » : ce n'est ni la volonté d'originalité, ni la contrainte de se distinguer qui expliquent les grandes ruptures modernistes, même s'il est vrai qu'à partir d'un certain moment la création tourne à la compétition en vue de la seule différence statutaire. L'idéologie individualiste a eu un effet incomparablement plus profond que la lutte pour la reconnaissance artistique, elle est la force historique qui a dévalorisé la tradition et les formes d'hétéronomie, qui a déclassé le principe de l'imitation, qui a contraint à prospecter sans relâche, à inventer des combinaisons en rupture avec l'expérience immédiate. L'art moderne s'enracine dans le travail convergent de ces valeurs individualistes que sont la liberté, l'égalité, la révolution[1].

Modernisme et culture ouverte.

Nonobstant l'absence d'unité et le syncrétisme de l'art moderne, une tendance forte s'en dégage que D. Bell nomme l' « éclipse de la distance » (pp. 117-127), processus inédit recouvrant la nouvelle structure, la nouvelle finalité et la nouvelle réception des œuvres. Dans les arts plastiques, l'éclipse de la distance correspond à la destruction de l'espace scénographique euclidien, profond et homogène, constitué de plans sélectionnés, d'un contenu et d'un contenant face à un spectateur immobile tenu à une certaine distance. « Nous placerons désormais le spectateur au centre du

---

1. C''est l'*homo clausus*, désocialisé, dégagé du principe impérieux de suivre les prescriptions collectives, existant pour lui-même et égal aux autres, qui « travaille » ou « déconstruit » les formes, non le processus primaire ou l'énergie du désir. Sur l'interprétation « libidinale » du modernisme, J.-Fr. Lyotard, *Discours, Figure*, Klincksieck, 1971 et *Dérive à partir de Marx et Freud*, U.G.E., coll. « 10/18 », 1973.

tableau », déclaraient les Futuristes; dans les œuvres modernes, on ne contemple plus un objet éloigné, l'observateur est à l'intérieur même de l'espace et nombre de peintres s'emploieront à agencer des espaces ouverts, courbes ou « polysensoriels »[1] dans lesquels le regardeur est immergé. En littérature, même dissipation du point de vue unique et statique : le *Livre* chez Mallarmé, *Ulysse* de Joyce, le roman des années vingt n'est plus dominé par le regard omniscient et extérieur d'un auteur possédant de part en part l'âme de ses personnages, la continuité du récit est brisée, le fantasme et le réel s'entremêlent, l' « histoire » se raconte d'elle-même au fil des impressions subjectives et hasardeuses des personnages.

La conséquence de cet ébranlement de la scène représentative, c'est l' « éclipse de la distance » entre l'œuvre et le spectateur, soit la disparition de la contemplation esthétique et de l'interprétation raisonnée au profit de « la sensation, la simultanéité, l'immédiateté et l'impact » (p. 119) qui sont les grandes valeurs du modernisme. Impact d'une musique directe, violente, impulsant mouvement et déhanchement (swing, rock). Impact encore avec l'image géante dans la chambre noire du cinéma. Immédiateté dans les romans de V. Woolf, Proust, Joyce, Faulkner en quête de l'authenticité des consciences libérées des conventions sociales et livrées à une réalité elle-même changeante, morcelée et contingente. Simultanéisme des Cubistes ou d'Apollinaire. Culte de la sensation et de l'émotion directe chez les Surréalistes qui refusent une poésie purement formelle et envisa-

1. P. Francastel, *op. cit.*, pp. 195-212.

gent la beauté « exclusivement à des fins passion-nelles » (Breton). Les recherches des modernes ont eu pour but et effet de plonger le spectateur dans un univers de sensations, de tensions et de déso-rientation, ainsi opère l'éclipse de la distance, ainsi apparaît une culture à base de dramatisation, d'émotion et stimulation constantes. Ce qui conduit D. Bell à déclarer : « La culture moder-niste insiste sur le mode anti-intellectuel et les facultés anticognitives qui aspirent à retrouver les sources instinctuelles de l'expression » (p. 94).

A coup sûr, on peut tenir l'éclipse de la distance pour une des visées de l'art moderne, à condition de ne pas occulter son effet strictement inverse, son caractère hermétique, « intellectualiste », « in-transigeant », disait Adorno. Il est par trop simpli-ficateur de ne prendre en considération que les seules intentions des artistes, tout aussi significatif est l'accueil de ces œuvres qui, aujourd'hui comme hier, perturbent profondément le procès de communication et laissent le public pour le moins perplexe. Comment parler d'éclipse de la distance au sujet d'œuvres dont les constructions insolites, abstraites ou disloquées, dissonantes ou minimales ont provoqué le *scandale*, brouillent l'évidence de la communication, dérangeant l'or-dre reconnaissable de la continuité spatio-tempo-relle et conduisent de ce fait le spectateur moins à recevoir émotionnellement l'œuvre qu'à l'interro-ger de manière critique. Ce que Brecht a voulu réaliser d'un point de vue politique et didactique dans son théâtre épique, la peinture, la littérature, la musique l'avaient déjà accompli sans préoccupa-tion matérialiste et pédagogique. Sur ce point, il faut donner raison à Brecht; l'art moderne tout entier, du fait de ses productions expérimentales, est fondé sur l'effet de distanciation et provoque étonnement, suspicion ou rejet, interrogation sur les finalités de l'œuvre et de l'art lui-même. A cette distanciation du spectateur correspond, chez les créateurs, une interrogation croissante axée sur les fondements mêmes de l'art : qu'est-ce qu'une œuvre, qu'est-ce que peindre, pourquoi écrire? « Quelque chose comme les Lettres existe-t-il », se demande Mallarmé. L'art moderne, loin de renvoyer à une esthétique de la sensation brute, est inséparable d'une recherche originaire, d'une investigation portant sur les critères, les fonctions, les constituants ultimes de la création artistique, avec pour conséquence une ouverture permanente des frontières de l'art. C'est pourquoi manifestes, écrits, tracts, préfaces de catalogues vont devenir si fréquents à partir du début du XXᵉ siècle; jusqu'alors les artistes se contentaient d'écrire des romans et de peindre des tableaux, désormais ils expliquent au public la signification de leur travail, ils deviennent théoriciens de leurs pratiques. L'art qui a pour objectif la spontanéité et l'impact immédiat s'accompagne paradoxalement d'une excroissance discursive. Ce n'est pas là une contradiction, c'est le strict corrélat d'un art individualiste dégagé de toute convention esthétique et requérant de ce fait l'équivalent d'une grille de lecture, un supplément-mode d'emploi.

Culture moderniste, culture individualiste, cela n'autorise pas à assimiler l'œuvre à une confession personnelle; le modernisme « remanie la réalité ou se retire à l'intérieur du moi dont l'expérience personnelle devient la source de l'inspiration et des préoccupations esthétiques » (p. 119). L'œuvre

141

moderne n''est-elle pas, au contraire, en quête de tout ce qui rompt avec l'expérience subjective et volontaire, avec la perception et les significations conventionnelles ? Expérimentation qui repose sur le dépassement des limites du moi, sur l'exploration de ce qui excède l'intentionnel et le délibéré, l'art moderne est obsédé par l'œil et l'esprit à l'état sauvage (écriture automatique, dripping, cut up). Promotion de l'insolite, valorisation du non-concerté et de l'irrationnel, le travail démocratique de l'égalité poursuit son œuvre d'intégration et de reconnaissance universelle mais déjà sous une forme ouverte, fluide, « soluble », disait Breton. La culture moderniste, universaliste dans son projet, est simultanément régie par un processus de personnalisation, autrement dit par une tendance à réduire ou abolir la stéréotypie du moi, du réel et de la logique, par une tendance à dissoudre le monde des antinomies, celles de l'objectif ou du subjectif, du réel et de l'imaginaire, de la veille et du rêve, du beau et du laid, de la raison et de la folie et ce, pour émanciper l'esprit, échapper aux contraintes et tabous, affranchir l'imagination, repassionner l'existence et la création. Loin d'un retrait à l'intérieur du moi, il s'agit d'une visée révolutionnaire dirigée contre les barrières et dis- tinctions tyranniques de la « vie des chiens », une volonté de personnaliser radicalement l'individu, de faire naître un homme nouveau, de l'ouvrir à la vraie vie. Le procès de personnalisation dont l'œu- vre consiste à liquéfier les rigidités et à affirmer l'idiosyncrasie de l'individu se manifeste ici dans sa phase inaugurale révolutionnaire.

Même le roman qui apparaît au début de ce siècle ne peut être interprété comme traduction littérale de l'intimité et encore moins comme reflet brut du solipsisme psychologique. Michel Zéraffa l'a montré, le nouveau romanesque des années vingt, « à dominante subjective », n'est pas la confidence d'un moi, il est la conséquence de la nouvelle signification sociale-historique de l'individu dont l'existence est identifiée à la fugacité et à la contradiction des expériences immédiates[1]. Les romans du *stream* n'ont été possibles qu'en fonction d'une telle conception de l'individu privilégiant « le spasmodique, l'obscur, le fragmentaire, le manqué » (V. Woolf). Qu'on y prenne garde, ce n'est ni une observation psychologique plus fine, ni la sclérose des conventions bourgeoises, ni la déshumanisation du monde industriel et urbain qui ont pu conduire à cette nouvelle interprétation de la personne; sans doute ces facteurs ont-ils joué un rôle de catalyseur, mais si la spontanéité, les impressions fortuites, l'authenticité sont devenues des valeurs artistiques et intimes, c'est bien davantage en raison de l'idéologie de l'individu autonome et non social. Comment l'homme reconnu ontologiquement libre pouvait-il à la longue échapper à une appréhension informelle, indécise, fluide : comment pouvait-on écarter la signification instable et dispersée du sujet, cette manifestation existentielle et esthétique de la liberté? Un individu libre à terme est mobile, sans contours assignables; son existence est vouée à l'indétermination et à la contradiction. De surcroît, l'égalité sape la hiérarchie des facultés et des événements, dignifie chaque instant, légitime chaque impres-

1. Cf. M; Zéraffa, *La Révolution romanesque*, U.G.E., coll. « 10/18 », chap. II.

sion; l'individu peut apparaître, de ce fait, sous un aspect personnalisé, autrement dit fragmenté, discontinu, incohérent. Le roman chez V. Woolf, Joyce, Proust, Faulkner ne présente plus des personnages portraiturés, étiquetés, dominés par le romancier; désormais ils sont moins expliqués que livrés dans leurs réactions spontanées, les contours rigides du romanesque se dissolvent, le discursif fait place à l'associatif, la description objective à l'interprétation relativiste et changeante, la continuité aux ruptures brutales de séquences. Liquéfaction des repères fixes et des oppositions extériorité-intériorité, points de vue multiples et parfois indécidables (Pirandello), espaces sans limite ni centre, l'œuvre moderne, littéraire ou plastique, est *ouverte*. Le roman n'a plus ni commencement ni fin véritable, le personnage est « inachevé » à l'instar d'un intérieur de Matisse ou d'un visage de Modigliani. L'œuvre inachevée est la manifestation même du procès déstabilisateur de personnalisation, lequel substitue à l'organisation hiérarchisée, continue, discursive des œuvres classiques, des constructions heurtées à échelle variable, indéterminées par leur absence de repère absolu, étrangères aux contraintes de la chronologie.

Par sa recherche inlassable de nouveaux matériaux, de nouveaux agencements de signes sonores ou visuels, le modernisme détruit toutes les règles et conventions stylistiques; il en résulte des œuvres déstandardisées, personnalisées, au sens où la « communication » est de plus en plus indépendante de toute esthétique codée, qu'elle soit musicale, linguistique ou optique. Le modernisme personnalise la communication artistique plus qu'il ne la détruit, confectionne des « messages » improbables où le code est lui-même à la limite singulier. L'expression s'élabore sans code préétabli, sans langage commun, conformément à la logique d'un temps individualiste et libre. Simultanément, l'humour ou l'ironie deviennent des valeurs essentielles d'un art souverain qui n'a plus rien à respecter et qui, dès lors, s'ouvre au plaisir du détournement ludique. « L'humour et le rire – pas nécessairement la dérision dépréciative – sont mes outils de prédilection » (Duchamp), le délestage des codes s'accompagne d'une décrispation du sens, d'une personnalisation fantaisiste, ultime degré de la liberté artistique et de la désublimation des œuvres. La détente humoristique, élément crucial de l'œuvre ouverte. Même les artistes qui s'attacheront à dire que le sens est vain, qu'il n'y a rien à dire si ce n'est la vacuité elle-même, l'exprimeront encore dans la tonalité légère de l'humour (Beckett, Ionesco). L'art moderne n'évacue pas la fonction de communication, il la personnalise en désocialisant les œuvres, en créant des codes et messages sur mesure, en pulvérisant le public désormais disséminé, instable et circonscrit, en brouillant dans l'humour la division du sens et du non-sens, de la création et du jeu.

La réception des œuvres elle-même se personnalise, elle devient une expérience esthétique « non amarrée » (Kandinsky), polyvalente et fluide. Avec l'art moderne il n'y a plus de spectateur privilégié, l'œuvre plastique n'a plus à être contemplée d'un point de vue déterminé, l'observateur s'est dynamisé, il est un point de référence mobile. La perception esthétique exige du regardant un parcours, un déplacement imaginaire ou réel par lequel l'œuvre est recomposée en fonction des références et associations propres de l'observateur. Indéterminée, modifiable, l'œuvre moderne met ainsi en place une première forme de *participation* systématique, l'observateur est « appelé en quelque sorte à collaborer à l'œuvre du créateur », il en devient le « co-créateur »[1]. L'art moderne est ouvert, il requiert l'intervention manipulatrice de l'utilisateur, les résonances mentales du lecteur ou du spectateur, l'activité combinatoire et aléatoire de l'interprète musical. Cette participation réelle ou imaginaire, désormais constitutive de l'œuvre, tient-elle comme le pense Umberto Eco au fait que l'ambiguïté, l'indétermination, l'équivocité sont devenues des valeurs, de nouvelles finalités esthétiques ? « Il faut éviter qu'une interprétation univoque ne s'impose au lecteur », écrit U. Eco[2] : si toutes les œuvres d'art se prêtent à une multiplicité d'interprétations, seule l'œuvre moderne serait construite *intentionnellement* en vue de signes non univoques, seule elle rechercherait expressément le vague, le flou, la suggestion, l'ambiguïté. Est-ce bien là l'essentiel ? En fait, l'indétermination est davantage un résultat qu'une finalité délibérée, l'ambiguïté moderne est l'effet de ces nouvelles problématiques artistiques que sont l'adoption de plusieurs points de vue, l'émancipation du « poids inutile de l'objet » (Malevitch), la valorisation de l'arbitraire, du fortuit et de l'automatisme, de l'humour et des calembours, le refus des séparations classiques, celles de l'art et de la vie, de la

1. Liliane Brion-Guerry, « L'évolution des formes structurales dans l'architecture des années 1910-1914 », in *L'Année 1913*, Klincksieck, 1971, t. I, p. 142.
2. U. Eco, *L'Œuvre ouverte*, Ed. du Seuil, 1965, p. 22.

prose et de la poésie, du mauvais goût et du bon goût, du jeu et de la création, de l'objet usuel et de l'art. Le modernisme libère le spectateur ou le lecteur de la « suggestion dirigée » des œuvres antérieures parce que essentiellement il dissout les repères de l'art, explore toutes les possibilités, fait sauter toutes les conventions sans poser de limites *a priori*. L'esthétique « non directive » apparaît avec cette explosion, avec la déterritorialisation moderne. L'œuvre est ouverte parce que le modernisme lui-même est ouverture, soit destruction des encadrements et critères antérieurs, et conquête d'espaces de plus en plus inouïs.

Corrosion des antinomies, liquéfaction des cadres du romanesque, communication à code flexible ou sans code, participation active des spectateurs, le modernisme obéit déjà à un procès de personnalisation dans un temps où par ailleurs la logique sociale dominante est toujours disciplinaire. L'art moderne a ceci de crucial qu'il inaugure dans la fièvre révolutionnaire, à la charnière de notre siècle, un type de culture dont la logique est celle-là même qui l'emportera plus tard lorsque la consommation, l'éducation, la distribution, l'information glisseront vers une organisation à base de participation, sollicitation, subjectivisation, communication. D. Bell a vu le caractère anticipateur de la culture moderniste; il n'a pas vu que l'essentiel ne tenait pas dans l'apparition des contenus hédonistes mais dans l'émergence d'une forme sociale inédite, le procès de personnalisation, lequel ne cessera de gagner de nouvelles sphères au point de devenir la caractéristique fondamentale des sociétés présentes et à venir, sociétés personnalisées, mobiles et flottantes. L'art moderniste : pre-

147

mier dispositif déstabilisé et personnalisé, proto-type de l'*Open Society*, à ceci près que l'avant-garde obéissait simultanément à une logique hot ou révolutionnaire alors que le procès de person-nalisation qui annexera la vie sociale et individuelle minera la passion révolutionnaire et s'établira dans le registre cool programmé. Dans ces conditions, il faut réviser le credo cher aux années soixante : l'art moderne n'est pas l'Autre de l'univers de la consommation dirigée. Révolutionnaire, la logique profonde du modernisme n'en reste pas moins isomorphe à celle de la société post-moderne, participative, fluide, narcissique.

La personnalisation de la sphère artistique accomplie par les artistes d'avant-garde n'est pas sans analogie avec le travail de cet autre mouve-ment d'avant-garde, théorique celui-là, qu'est la psychanalyse. Art moderne et psychanalyse : à l'aube du XXᵉ siècle, la culture connaît le même processus de personnalisation agençant des dispo-sitifs ouverts. Avec la règle du « tout dire » et des associations libres, avec le silence de l'analyste et le transfert, la relation clinique se libéralise et s'introduit dans l'orbite souple de la personnalisa-tion. L'analyse devient « interminable » en accord avec la représentation moderne de l'individu, valeur ultime; le diagnostic dirigiste fait place à l'attention également flottante, plus rien n'est à exclure, la hiérarchie des significations s'effrite, toute représentation fait sens, y compris et surtout le non-sens. De même que dans l'art moderne l'essence et l'anecdotique sont traités identique-ment et que tous les sujets deviennent légitimes, de même toutes les scories humaines se trouvent recyclées dans la dimension anthropologique, tout parle, le sens et le non-sens cessent d'être antinomiques et hiérarchisés conformément au travail de l'égalité. Pièces constitutives de la culture moderne, l'Inconscient et le Refoulement sont des vecteurs de personnalisation, d'érosion des divisions de notre représentation anthropologique : le rêve, le lapsus, la névrose, l'acte manqué, le fantasme ne relèvent plus de sphères séparées, ils s'unifient en quelque sorte sous l'égide des « formations de l'inconscient » qui appellent une interprétation en « première personne » fondée sur les associations propres du sujet. Sans doute l'enfant, le sauvage, la femme, le pervers, le fou, le névrosé gardent-ils une spécificité, mais les territoires perdent leur hétérogénéité sous la poussée d'une problématique reconnaissant l'omnipotence de l'archéologie du désir, du refoulement et du processus primaire. La psychanalyse a personnalisé la représentation de l'individu en déstabilisant les oppositions rigides de la psychologie ou de la nosographie, en réintégrant dans le circuit anthropologique les déchets de la raison, en desserrant les repères et fondements du vrai.

Avant-garde artistique, avant-garde analytique; le même processus de personnalisation apparaît, accompagné il est vrai d'un processus discordant, hiérarchique et dur, révélant les liens qui unissent encore la culture ouverte au monde disciplinaire et autoritaire environnant. D'un côté les artistes d'avant-garde se détachent comme des bataillons d'élite annihilant toute tradition, entraînant l'histoire de l'art de révolution en révolution; de l'autre, la psychanalyse réinscrit sa pratique dans un rituel strict fondé sur la distance entre l'analyste et l'analysé. Qui plus est, la psychanalyse s'institu-

149

tionnalise dans une Association internationale ayant un maître incontesté à sa tête, exigeant la fidélité à Freud et l'obéissance aux dogmes, éliminant les traîtres et hérétiques, travaillant à faire des adeptes. Les avant-gardes artistiques et psychanalytiques sont des formations de compromis entre le monde personnalisé et le monde disciplinaire, tout se passe comme si l'avènement d'une logique ouverte, finalisée par l'individu singulier, n'avait pu apparaître qu'encadrée par la logique adverse, hiérarchique et coercitive, toujours prévalente dans le tout social.

Consommation et hédonisme : vers la société post-moderne.

La grande phase du modernisme, celle qui a vu se déployer les scandales de l'avant-garde, est achevée. Aujourd'hui, l'avant-garde a perdu sa vertu provocatrice, il n'y a plus de tension entre les artistes novateurs et le public parce que plus personne ne défend l'ordre et la tradition. La masse culturelle a institutionnalisé la révolte moderniste, « dans le domaine artistique rares sont ceux qui s'opposent à une liberté totale, à des expériences illimitées, à une sensibilité débridée, à l'instinct primant l'ordre, à l'imagination refusant les critiques de la raison » (p. 63). Transformation du public qui tient en ce que l'hédonisme qui était au tournant de ce siècle l'apanage d'un nombre réduit d'artistes antibourgeois est devenu, porté par la consommation de masse, la valeur centrale de notre culture : « La mentalité libérale qui prévaut aujourd'hui prend pour idéal culturel le mouvement moderniste dont la ligne idéologique conduit à la recherche de l'impulsion comme mode de conduite » (p. 32). C'est alors qu'on entre dans la culture post-moderne, cette catégorie désignant pour D. Bell le moment où l'avant-garde ne suscite plus d'indignation, où les recherches novatrices sont légitimes, où le plaisir et la stimulation des sens deviennent les valeurs dominantes de la vie courante. En ce sens, le post-modernisme apparaît comme la démocratisation de l'hédonisme, la consécration généralisée du Nouveau, le triomphe de « l'anti-morale et de l'anti-institutionnalisme » (p. 63), la fin du divorce entre les valeurs de la sphère artistique et celles du quotidien.

Mais post-modernisme signifie également avènement d'une culture extrémiste qui pousse « la logique du modernisme jusqu'à ses plus extrêmes limites » (p. 61). C'est au cours des années soixante que le post-modernisme révèle ses caractéristiques majeures avec son radicalisme culturel et politique, son hédonisme exacerbé; révolte étudiante, contre-culture, vogue de la marijuana et du L.S.D., libération sexuelle, mais aussi films et publications porno-pop, surenchère de violence et de cruauté dans les spectacles, la culture ordinaire se met au jour de la libération, du plaisir et du sexe. Culture de masse hédoniste et psychédélique qui n'est qu'apparemment révolutionnaire, « en réalité, c'était simplement une extension de l'hédonisme des années cinquante et une démocratisation du libertinage que pratiquaient depuis longtemps certaines fractions de la haute société » (p. 84). A ce titre les sixties marquent « un commencement et une fin » (p. 64). Fin du modernisme : les années soixante sont l'ultime manifestation de l'offensive lancée contre les valeurs puritaines et utilitaristes, l'ultime mouvement de révolte culturelle, de masse cette fois. Mais aussi bien, commencement d'une culture post-moderne, c'est-à-dire sans innovation et audace véritable, qui se contente de démocratiser la logique hédoniste, de radicaliser la tendance à privilégier « les penchants les plus bas plutôt que les plus nobles » (p. 130). On l'aura compris, c'est une répulsion néo-puritaine qui guide la radioscopie du post-modernisme.

En dépit de cette évidente limite et faiblesse, D. Bell met cependant l'accent sur l'essentiel en reconnaissant dans l'hédonisme et dans la consommation qui en est le vecteur l'épicentre du modernisme et du post-modernisme. Pour caractériser la société et l'individu moderne, point de référence plus cruciale que la consommation : « La véritable révolution de la société moderne survint au cours des années vingt quand la production de masse et une très forte consommation commencèrent à transformer la vie de la classe moyenne » (p. 84). Quelle révolution ? Pour D. Bell celle-ci s'identifie à l'hédonisme, à une révolution des valeurs mettant structurellement en crise l'unité de la société bourgeoise. On peut se demander toutefois si l'œuvre historique de la consommation ne se trouve pas en quelque sorte minimisée par une problématique l'assimilant à une révolution idéologique, à des contenus culturels en rupture. La révolution de la consommation qui ne parviendra à son plein régime qu'aux lendemains de la Seconde Guerre mondiale est en effet, selon nous, d'une portée plus profonde : elle réside essentiellement dans l'accomplissement définitif de la visée séculaire des

152

sociétés modernes, à savoir le contrôle total de la société et, d'autre part, la libération de plus en plus grande de la sphère privée livrée désormais au self-service généralisé, à la vitesse de la mode, au flottement des principes, rôles et statuts. En absorbant l'individu dans la course au niveau de vie, en légitimant la recherche de l'accomplissement de soi, en l'assaillant d'images, d'informations, de culture, la société du bien-être a généré une atomisation ou une désocialisation radicale, sans commune mesure avec celle mise en œuvre par la scolarisation obligatoire, la conscription, l'urbanisation et l'industrialisation du XIXᵉ siècle. L'ère de la consommation n'a pas seulement disqualifié l'éthique protestante, elle a liquidé la valeur et l'existence des coutumes et traditions, elle a produit une culture nationale et en fait internationale à base de sollicitation des besoins et d'informations, elle a arraché l'individu au local et plus encore à la stabilité de la vie quotidienne, au statisme immémorial des rapports avec les objets, les autres, le corps et soi-même. C'est la révolution du quotidien qui prend corps, après les révolutions économiques et politiques des XVIIIᵉ et XIXᵉ siècles, après la révolution artistique à la charnière de ce siècle. Un homme moderne désormais est ouvert aux nouveautés, apte à changer sans résistance de mode de vie, il est devenu cinétique : « La consommation de masse signifiait que l'on acceptait, dans l'important domaine du mode de vie, l'idée de changement social et de transformation personnelle » (p. 76). Avec l'univers des objets, de la publicité, des media, la vie quotidienne et l'individu n'ont plus de pesanteur propre, annexés qu'ils sont par le procès de la mode et de l'obso-

153

lescence accélérée : la réalisation définitive de l'individu coïncide avec sa désubstantialisation, avec l'émergence d'atomes flottants évidés par la circulation des modèles et de ce fait recyclables continûment. Tombe ainsi le dernier pan qui échappait encore à la pénétration bureaucratique, à la gestion scientifique et technique des comportements, au contrôle des pouvoirs modernes qui partout abolissent les formes traditionnelles de sociabilité et s'emploient à produire-organiser ce que doit être la vie des groupes et individus, jusque dans leurs désirs et intimités. Contrôle souple, non mécanique ou totalitaire; la consommation est un procès qui fonctionne à la séduction, les individus adoptent sans doute les objets, les modes, les formules de loisirs élaborés par les organisations spécialisées mais à leur gré, acceptant ceci non cela, combinant librement les éléments programmés. L'administration généralisée du quotidien ne doit pas faire oublier sa face corrélative, la constitution d'une sphère privée de plus en plus personnalisée et indépendante; l'ère de la consommation s'inscrit dans le vaste dispositif moderne de l'émancipation de l'individu d'une part, de la régulation totale et microscopique du social d'autre part[1]. La logique accélérée des objets et messages porte à son point culminant l'autodétermination des hommes dans leur vie privée tandis que, simultanément, la société perd son épaisseur autonome antérieure, de plus en plus objet d'une

1. De la même manière, l'autonomie personnelle est allée de pair avec l'accroissement du rôle de l'Etat moderne, cf. M. Gauchet, « Les droits de l'homme ne sont pas une politique », *Le Débat*, n° 3, 1980, pp. 16-21.

programmation bureaucratique généralisée : à mesure que le quotidien est élaboré de toutes pièces par les concepteurs et ingénieurs, l'éventail de choix des individus augmente, tel est l'effet paradoxal de l'âge de la consommation.

Consommation de masse : en dépit de son incontestable vérité, la formule n'est pas exempte d'ambiguïté. Sans doute l'accession de tous à la voiture ou à la télé, le blue-jean et le coca-cola, les migrations synchronisées du week-end ou du mois d'août désignent-ils une uniformisation des comportements. Mais on oublie trop souvent de considérer la face complémentaire et inverse du phénomène : l'accentuation des singularités, la personnalisation sans précédent des individus. L'offre en abîme de la consommation démultiplie les références et modèles, détruit les formules impératives, exacerbe le désir d'être soi-même à part entière et de jouir de la vie, transforme chacun en un opérateur permanent de sélection et de combinaison libre, elle est un vecteur de différenciation des êtres. Diversification extrême des conduites et goûts, amplifiée encore par la « révolution sexuelle », par la dissolution des cloisonnements socio-anthropologiques du sexe et de l'âge. L'ère de la consommation tend à réduire les différences instituées depuis toujours entre les sexes et générations et ce, au bénéfice d'une hyperdifférenciation des comportements individuels aujourd'hui affranchis des rôles et conventions rigides. A cela pourraient être objectés la révolte des femmes, la « crise des générations », la culture rock et pop, le drame des troisième et quatrième âges, tous problèmes invitant à penser notre temps sous le signe de l'exclusion, du fossé tranché entre les groupes.

155

Les sociologues n'ont d'ailleurs aucune difficulté, statistiques à l'appui, de montrer empiriquement de tels écarts; il reste que ce faisant on manque le plus intéressant, le processus de *melting pot*, l'effacement progressif des grandes entités et identités sociales au profit non pas de l'homogénéité des êtres mais d'une diversification atomistique incomparable. Le masculin et le féminin se brouillent, perdent leurs caractéristiques tranchées d'autrefois; l'homosexualité désormais de masse commence à ne plus être considérée comme une perversion, toutes les sexualités ou à peu près sont admises et forment des combinaisons inédites; le comportement des jeunes et des moins jeunes tend à se rapprocher, en quelques décennies, ceux-ci se sont recyclés à une vitesse surprenante au culte de la jeunesse, à l'âge psy, à l'éducation permissive, au divorce, aux tenues décontractées, aux seins nus, aux jeux et sports, à l'éthique hédoniste. Sans doute les multiples mouvements de revendication animés par les idéaux d'égalité ont-ils contribué à cette déstabilisation, mais c'est bien davantage la profusion des objets et la stimulation des besoins, les valeurs hédonistes et permissives jointes aux techniques de la contraception, bref le procès de personnalisation qui a permis ce desserrement cool des repères sociaux, la légitimation de tous les modes de vie, la conquête de l'identité personnelle, le droit d'être absolument soi-même, l'appétit de personnalité jusqu'à son terme narcissique.

Dans une société où même le corps, l'équilibre personnel, le temps libre sont sollicités par la pléthore des modèles, l'individu est contraint en permanence de choisir, de prendre des initiatives, de s'informer, de critiquer la qualité des produits, de s'ausculter et de se tester, de se maintenir jeune, de délibérer sur les actes les plus simples : quelle voiture acheter, quel film voir, où partir en vacances, quel livre lire, quel régime, quelle thérapie suivre ? La consommation astreint l'individu à se prendre en charge, elle le responsabilise, elle est un système de participation inéluctable contrairement aux vitupérations lancées contre la société du spectacle et de la passivité. A ce titre, l'opposition établie par Toffler entre consommateur de masse passif et « prosommateur » créatif et indépendant méconnaît trop cette fonction historique de la consommation. Quelle que soit sa standardisation, l'ère de la consommation s'est révélée et continue de se révéler un agent de personnalisation, c'est-à-dire de responsabilisation des individus, en les contraignant à choisir et changer les éléments de leur mode de vie. Il ne faut pas surévaluer la portée des phénomènes actuels de prise en charge directe par les intéressés de leurs propres affaires : la responsabilisation et la participation poursuivent seulement leur œuvre mais selon un dispositif plus personnalisé encore. Il est pour le moins imprudent d'affirmer que, dans ces conditions, les frontières entre production et consommation s'effacent[1]; le *do-it-yourself*, les ventes en *kit*, les groupes d'auto-assistance, le *self-care* n'indiquent pas la « fin imminente » de l'expansion du marché, de la spécialisation et des grands systèmes de distribution, ils ne font que personnaliser à l'extrême la logique de la consommation. Désormais le bricolage, la santé, les conseils sont eux-mêmes consommés mais dans

1. A. Toffler, *La Troisième Vague*, Denoël, 1980, p. 333.

l'orbite du self-service. Il n'y a pas d'illusion à se faire, la logique du marché, la spécialisation et la bureaucratisation des tâches n'arrêteront pas leur progression même si parallèlement se développent des îlots d'intervention créatrice, d'entraide et de réciprocité. Aussi bien, quoique dans un autre registre, il n'est pas possible de suivre D. Bell qui voit dans la consommation l'agent par excellence d'un néo-libertinisme débridé et impulsif. La société de consommation ne peut se réduire à la stimulation des besoins et à l'hédonisme, elle est inséparable de la profusion des informations, de la culture mass-médiatique, de la sollicitude communicationnelle. On consomme à haute dose et par flash des actualités, des émissions médicales, historiques ou technologiques, de la musique classique ou pop, des conseils touristiques, culinaires ou psy, des confessions privées, des films : l'hypertrophie, l'accélération des messages, de la culture, de la communication sont au même titre que l'abondance des marchandises partie intégrante de la société de consommation. L'hédonisme d'une part, l'information de l'autre. La société de consommation est fondamentalement un système d'ouverture et d'éveil, un moyen d'instruction souple, « digest » sans doute, mais permanent. Jouir de la vie, mais aussi se tenir au courant, « être branché », veiller à sa santé comme l'attestent l'obsession grandissante des problèmes de santé, l'inflation de demande médicale, la multiplication des ouvrages de vulgarisation et des magazines d'information, le succès des festivals, les foules de touristes caméra à la main défilant dans les musées et ruines historiques. Si la consommation évacue la culture puritaine et autoritaire, elle

ne le fait pas au bénéfice d'une culture irration-
nelle ou impulsive, plus profondément se met en
place un nouveau type de socialisation « ration-
nelle » du sujet, non certes par les contenus choisis
qui restent très largement soumis aux fluctuations
imprévisibles des personnalités, mais par l'impératif séducteur de s'informer, de se gérer soi-même,
de prévoir, de se recycler, de soumettre sa vie à la
règle de l'entretien et du test. L'ère de la consommation désocialise les individus et corrélativement
les socialise par la logique des besoins et de
l'information, socialisation sans contenu lourd,
socialisation à la mobilité. Le procès de personnalisation fait apparaître un individu informé et res-
ponsabilisé, dispatcher constant de lui-même.

Responsabilisation d'un genre nouveau, narcissique peut-on dire, pour autant qu'elle s'accompagne d'une part d'une démotivation pour la chose
publique, d'autre part d'une décrispation et déstabilisation de la personnalité. Les signes sont
innombrables : décontraction dans les rapports
interindividuels, culte de naturel, couples libres,
flambée de divorces, accélération dans les changements de goûts, valeurs et aspirations, éthique
tolérante et permissive, mais aussi explosion des
syndromes psychopathologiques, du stress, de la
déprime : un individu sur quatre connaîtra au
cours de sa vie une profonde dépression nerveuse,
un Allemand sur cinq se soigne pour des troubles
psy, un sur quatre souffre de troubles du sommeil.
Cela étant, rien de plus faux que d'y reconnaître
un « homme unidimensionnel », fût-ce sous l'éti-
quette d'une privatisation flottante. Le néo-narcissisme se définit par la désunification, par l'éclatement de la personnalité, sa loi est la coexistence

159

pacifique des contraires. A mesure que les objets et messages, prothèses psy et sportives envahissent l'existence, l'individu se désagrège en un patchwork hétéroclite, en une combinatoire polymorphe, image même du post-modernisme. Cool dans ses manières d'être et de faire, libéré de la culpabilité morale, l'individu narcissique est cependant enclin à l'angoisse et à l'anxiété; gestionnaire soucieux en permanence de sa santé et risquant sa vie sur les autoroutes ou en montagne; formé et informé dans un univers scientifique et perméable néanmoins, fût-ce épidermiquement, à tous les gadgets du sens, à l'ésotérisme, à la parapsychologie, aux médiums et gourous; décontracté par rapport au savoir et aux idéologies et simultanément perfectionniste dans les activités sportives ou de bricolage; allergique à l'effort, aux normes strictes et coercitives, il les recherche de lui-même dans les régimes d'amaigrissement, dans certaines pratiques sportives, dans le trekking, dans les retraites mystico-religieuses; discret devant la mort, contrôlé dans ses relations publiques et criant, vomissant, pleurant, invectivant dans les nouvelles thérapies psy; flottant, « in », produit par les modèles internationaux de la mode et réinvestissant les langues mineures périphériques, le terroir, certaines traditions religieuses ou populaires. C'est cela la personnalisation narcissique : la fragmentation disparate du moi, l'émergence d'un individu obéissant à des logiques multiples à l'instar des juxtapositions compartimentées des artistes pop ou des combinaisons plates et aléatoires d'Adami.

La consommation est une structure ouverte et dynamique : elle dégage l'individu de ses liens de dépendance sociale et accélère les mouvements d'assimilation et de rejet, elle produit des individus flottants et cinétiques, elle universalise les modes de vie tout en permettant un maximum de singularisation des hommes. Modernisme de la consommation régie par le procès de personnalisation, parallèle en cela à l'avant-garde artistique ou à la psychanalyse et s'opposant ensemble au modernisme prévalant dans les autres sphères. Car tel est le modernisme, un moment historique complexe s'ordonnant autour de deux logiques antinomiques, l'une rigide, uniforme, coercitive, l'autre flexible, optionnelle, séductrice. Logique disciplinaire et hiérarchique d'une part : l'ordre de la production fonctionne selon une structure bureaucratique stricte appuyée sur les principes de l'organisation scientifique du travail (les *Principles of scientific management* de Taylor datent de 1911); la sphère du politique a un idéal de centralisation et d'unification nationale, la Révolution et la lutte des classes en sont des pièces maîtresses; les valeurs consacrent l'épargne, le travail, l'effort; l'éducation est autoritaire et normalisatrice; l'individu lui-même est volontaire, « intro-déterminé ». Mais à partir de la fin du XIXᵉ siècle et de l'ère de la consommation se sont mis en place des systèmes régis par un procès autre, souple, pluriel, personnalisé. En ce sens on peut dire que la phase moderne de nos sociétés s'est caractérisée par la coexistence de deux logiques adverses avec l'évidente prééminence jusqu'aux années cinquante et soixante de l'ordre disciplinaire et autoritaire. On appelle, en revanche, société post-moderne, le renversement de cette organisation à dominance, au moment où les sociétés occidentales tendent de plus en plus à rejeter les structures uniformes et à généraliser les systèmes personnalisés à base de sollicitation, d'option, de communication, d'information, de décentralisation, de participation. L'âge post-moderne, à ce titre, n'est nullement l'âge paroxystique libidinal et pulsionnel du modernisme; nous penserions plutôt l'inverse, le temps post-moderne est la phase cool et désenchantée du modernisme, la tendance à l'humanisation sur mesure de la société, le développement des structures fluides modulées en fonction de l'individu et de ses désirs, la neutralisation des conflits de classe, la dissipation de l'imaginaire révolutionnaire, l'apathie croissante, la désubstantialisation narcissique, le réinvestissement cool du passé. Le post-modernisme est le processus et le moment historique où s'opère ce retournement de tendance au profit du procès de personnalisation, lequel ne cesse d'annexer de nouvelles sphères, d'ores et déjà l'éducation, l'enseignement, les loisirs, le sport, la mode, les relations humaines et sexuelles, l'information, les horaires, le travail, ce dernier secteur étant de loin le plus réfractaire au procès en cours. C'est d'ailleurs un renversement de tendance parallèle qui a conduit D. Bell à parler d'une société post-industrielle, c'est-à-dire d'une société fondée non plus sur la production en série de marchandises industrielles et sur la classe ouvrière mais sur le primat du savoir théorique dans le développement technique et économique, sur le secteur des services (information, santé, enseignement, recherche, activités culturelles, loisirs, etc.), sur la classe spécialisée des « professionnels et techniciens ». Société post-industrielle, société post-moderne : ces deux schémas ne se recouvrent pas, bien qu'ils désignent des mouvements de transformation historique concomitants; le premier insiste sur la nouvelle structure socio-professionnelle et sur le nouveau visage de l'économie dont le cœur est le savoir; le second, tel que nous l'employons, ne se limite pas, comme le fait D. Bell, au champ culturel mais insiste au contraire sur les effets et l'extension d'un nouveau mode de socialisation, le procès de personnalisation qui traverse désormais peu ou prou tous les secteurs de nos sociétés.

Loin d'être en discontinuité avec le modernisme, l'ère post-moderne se définit par la prolongation et la généralisation d'une de ses tendances constitutives, le procès de personnalisation, et corrélativement par la réduction progressive de son autre tendance, le procès disciplinaire. C'est pourquoi on ne peut adhérer aux problématiques récentes qui, au nom de l'indétermination et de la simulation[1] ou au nom de la délégitimation des métarécits[2] s'efforcent de penser le présent comme un moment absolument inédit dans l'histoire. A s'en tenir au temps court, en occultant le champ historique, on surévalue la coupure post-moderne, on perd de vue qu'elle poursuit toujours, fût-ce avec d'autres moyens, l'œuvre séculaire des sociétés modernes démocratiques-individualistes. De même que le modernisme artistique s'est révélé une manifestation de l'égalité et de la liberté, de même la société post-moderne, en érigeant le procès de

1. J. Baudrillard, *L'Echange symbolique et la mort*, Gallimard, 1976.
2. J.-Fr. Lyotard, *La Condition post-moderne*, Ed. de Minuit, 1979.

personnalisation en mode dominant, continue de réaliser les significations centrales du monde moderne. L'univers des objets, de l'information et de l'hédonisme parachève l' « égalité des conditions », élève le niveau de vie et cultive les masses, fût-ce sous le plus petit commun dénominateur, émancipe les femmes et les minorités sexuelles, unifie les âges avec l'impératif de jeunesse, banalise l'originalité, informe tous les individus, met sur le même plan le best-seller et le prix Nobel, traite identiquement le fait divers, les prouesses technologiques et les courbes économiques : les dissemblances hiérarchiques ne cessent de reculer au bénéfice du règne indifférent de l'égalité. A ce titre, la commutation des signes, l'ordre des simulacres n'est qu'un ultime stade dans le devenir des sociétés démocratiques. Il en va de même pour le savoir post-moderne et ses disséminations de règles : « la reconnaissance de l'hétéromorphie des jeux de langage »[1] entérine dans l'ordre épistémologique la logique de la personnalisation et travaille à démocratiser-déstandardiser le vrai, à égaliser les discours en liquidant la valeur du consensus universel, en posant comme principe la règle temporaire des « coups ». L'éclatement des grands récits : instrument de l'égalité et de l'émancipation de l'individu à présent libéré de la terreur des mégasystèmes, de l'uniformité du Vrai et voué ainsi à l'instabilité expérimentale des « contrats temporaires », en étroite congruence avec la déstabilisation et la particularisation narcissique. La dénonciation de l'impérialisme du Vrai est une figure exemplaire du post-modernisme : le procès

1. *Ibid.*, p. 107.

de personnalisation dissout une ultime rigidité et hauteur, et travaille à produire une tolérance cool par l'affirmation du droit aux différences, aux particularismes, aux multiplicités dans la sphère du savoir délesté de toute autorité suprême, de tout référentiel de réalité. Annexion de l'ordre linéaire-dirigiste du Vrai dans celui du flottement des hypothèses et des constellations de langages miniaturisés. C'est le même procès flexible qui libéralise les mœurs, démultiplie les groupes de revendication, déstandardise la mode et les comportements, agence le narcissisme et liquéfie le Vrai : l'opération savoir post-moderne, hétérogénéité et dispersion des langages, théories flottantes, n'est qu'une manifestation de l'ébranlement général fluide et pluriel qui nous fait sortir de l'âge disciplinaire et qui, ce faisant, creuse la logique de l'*homo clausus* occidental. C'est seulement dans cette large continuité démocratique et individualiste que se dessine l'originalité du moment postmoderne, à savoir la prédominance de l'individuel sur l'universel, du psychologique sur l'idéologique, de la communication sur la politisation, de la diversité sur l'homogénéité, du permissif sur le coercitif.

Tocqueville disait que les peuples démocratiques montraient « un amour plus ardent et plus durable pour l'égalité que pour la liberté[1] » : on est en droit de se demander si le procès de personnalisation n'a pas profondément modifié cette priorité. Sans doute l'exigence d'égalité continue-t-elle de se déployer, mais il y a une demande plus signifi-

1. A. de Tocqueville, *De la démocratie en Amérique*, Œuvres complètes, Gallimard, t. I, vol. II, pp. 101-104.

cative, plus impérative encore : c'est celle de la liberté individuelle. Le procès de personnalisation a engendré une explosion de revendications de liberté qui se manifeste dans tous les domaines, dans la vie sexuelle et familiale (sexe à la carte, éducation libérale, mode de vie *child-free*), dans l'habillement, dans la danse, dans les activités corporelles et artistiques (sport libre, improvisation, expression libre), dans la communication et l'enseignement (radios libres, travail indépendant), dans la passion pour les loisirs et l'accroissement du temps libre, dans les thérapies nouvelles ayant pour but la libération du moi. Même si les revendications des groupes continuent d'être formulées en termes d'idéal de justice, d'égalité et de reconnaissance sociale, c'est surtout en raison du désir de vivre plus libre qu'elles trouvent une audience de masse véritable. On tolère davantage aujourd'hui les inégalités sociales que les interdits touchant la sphère privée; on consent plus ou moins au pouvoir de la technocratie, on légitime les élites du pouvoir et du savoir mais on est réfractaire à la réglementation du désir et des mœurs. Le renversement de tendance au profit du procès de personnalisation a porté à son point culminant le désir de libération personnelle, a produit un renversement de priorité dans les aspirations; l'idéal d'autonomie individuelle est le grand gagnant de la condition post-moderne.

D. Bell a raison de souligner la place centrale qu'occupe l'hédonisme dans la culture moderne mais il ne voit pas les transformations qu'a subies cette valeur depuis les années soixante. Après une phase triomphante où en effet l'orgasme était à la une et la réussite s'identifiait à la course aux objets, on est entré dans une phase désenchantée, post-matérialiste où la qualité de la vie l'emporte sur les scores quantitatifs; l'hédonisme lui-même se personnalise et vire au narcissisme psy. Les années soixante sont sur ce point des années charnières. D'un côté les sixties parachèvent bien, comme le dit D. Bell, la logique hédoniste : opposition virulente au puritanisme, à l'autorité, au travail aliéné, culture de masse érotico-pornographique, irruption psychédélique. Mais d'un autre côté, cette décennie met en avant les idéaux cool, ceux-là même qui s'imposeront en priorité après les années de la contestation : critique de la boulimie consommatrice, critique de la vie urbaine et standardisée, critique des valeurs agressives et viriles, psychologisation du militantisme, intégration de l'auto-analyse et du moi dans la critique sociale, volonté de « changer la vie » en transformant directement ses relations avec soi et les autres. La jouissance illimitée, la débauche, le dérèglement des sens ne sont ni l'image ni le futur probable de nos sociétés, déjà l'enthousiasme psychédélique est tombé et le « désir » est passé de mode, le culte du développement spirituel, psy et sportif s'est subsitué à la contre-culture, le *feeling* au standing, la « vie simple », conviviale et écologique [1] a pris le pas sur la passion de l'avoir, la médecine alternative fondée sur la méditation, les herbes, la surveillance de son corps et de ses « biorythmes » révèlent la distance qui nous sépare de l'hédonisme hot, première manière. Le postmodernisme a tendance à affirmer l'équilibre, l'échelle humaine, le retour à soi, même s'il est

1. Th. Roszak, *L'Homme-planète*, stock, 1980, pp. 460-464.

vrai qu'il coexiste avec des mouvements durs et extrémistes (drogue, terrorisme, porno, punk). Le post-modernisme est syncrétique, simultanément cool et hard, convivial et vide, psy et maximaliste, ici encore c'est la cohabitation des contraires qui caractérise notre temps, non la prétendue culture débridée *hipdrug-rock*. L'âge héroïque de l'hédonisme est passé, ni les pages d'offre et demande érotique multi-service, ni l'importance du nombre des lecteurs de revues sexologiques, ni la publicité ouverte dont jouissent la plupart des « perversions » ne suffisent à accréditer l'idée d'une croissance exponentielle de l'hédonisme. Des signes moins visibles témoignent déjà d'une transformation notable de la valeur-jouissance : aux U.S.A. des groupes d'hommes revendiquent le droit d'être impuissants, la sexologie à peine décorée du mérite scientifique se voit accusée d'être directive, voire terroriste avec son impératif de jouir, des femmes, des hommes redécouvrent la vertu du silence et de la solitude, de la paix intérieure et de l'ascèse dans les communautés monastiques, ashrams ou lamaseries. Il en va de la jouissance comme des autres valeurs, elle n'échappe pas au procès de l'indifférence. La jouissance se vide de son contenu subversif, ses contours s'érodent, sa prééminence se banalise; elle entre dans le cycle de l'humanisation en raison inverse du langage technique hypertrophié dont elle s'affuble dans les revues spécialisées : désormais, il y a autant de revendication de sexe que de relation; demande érotique et demande communicationnelle, perversion et méditation s'interpénètrent ou coexistent sans heurt, sans contradiction. Dissémination des modes de vie, la jouissance n'est plus qu'une valeur relative, équivalente à la communication, à la paix intérieure, à la santé ou à la méditation; le post-modernisme a balayé la charge subversive des valeurs modernistes, c'est l'éclectisme de la culture qui règne.

Rien n'est plus étrange en ce temps planétaire que ce qu'on désigne par « retour du sacré » : succès des sagesses et religions orientales (zen, taoïsme, bouddhisme), des ésotérismes et traditions européennes (kabbale, pythagoricisme, théosophie, alchimie), étude intensive du Talmud et de la Torah dans les Yéchivot, multiplication des sectes; incontestablement, il s'agit là d'un phénomène très post-moderne en rupture déclarée avec les Lumières, avec le culte de la raison et du progrès. Crise du modernisme pris de doute sur lui-même, incapable de résoudre les problèmes fondamentaux de l'existence, incapable de respecter la diversité des cultures et d'apporter la paix et le bien-être de tous? Résurrection du refoulé occidental au moment où celui-ci n'a plus aucun sens à offrir? Résistance des individus et groupes devant l'uniformisation planétaire? Alternative à la terreur de la mobilité en revalorisant les croyances du passé[1]? Reconnaissons que nous ne sommes pas convaincus par ce type d'analyses. Il convient avant tout de remettre à sa juste place l'engouement actuel dont jouissent les multiples formes de sacralité. Le procès de personnalisation a pour effet une désertion sans précédent de la sphère sacrée, l'individualisme contemporain ne cesse de saper les fondements du divin : en France, en 1967, 81 % des jeunes de quinze à trente ans

1. P. Gaudibert, *Du culturel au sacré*, Casterman, 1981.

déclaraient croire en Dieu; en 1977 ils n'étaient plus que 62 %, en 1979, 45,5 % seulement des étudiants déclaraient croire en Dieu. Qui plus est, la religion elle-même est emportée par le procès de personnalisation : on est croyant, mais à la carte, on garde tel dogme, on élimine tel autre, on mêle les Evangiles avec le Coran, le zen ou le bouddhisme, la spiritualité s'est mise à l'âge kaléidoscopique du supermarché et du libre-service. Le « turn over », la déstabilisation a investi le sacré au même titre que le travail ou la mode : quelque temps chrétien, quelques mois bouddhiste, quelques années disciple de Krishna ou de Maharaj Ji. Le renouveau spirituel ne vient pas d'une absence tragique de sens, n'est pas une résistance à la domination technocratique, il est porté par l'individualisme post-moderne en en reproduisant la logique flottante. L'attraction du religieux est inséparable de la désubstantialisation narcissique, de l'individu flexible en quête de lui-même, sans balisage ni certitude – fût-ce dans la puissance de la science –, elle n'est pas d'un autre ordre que les engouements éphémères mais néanmoins puissants pour telle ou telle technique relationnelle, diététique ou sportive. Besoin de se retrouver soi-même ou de s'annihiler en tant que sujet, exaltation des rapports interpersonnels ou de la méditation personnelle, extrême tolérance et fragilité pouvant consentir aux impératifs les plus drastiques, le néo-mysticisme participe de la gadgétisation personnalisée du sens et de la vérité, du narcissisme psy, quelle que soit la référence à l'Absolu qui le sous-tend. Loin d'être antinomique avec la logique majeure de notre temps, la résurgence des spiritualités et ésotérismes de tout genre

170

ne fait que l'accomplir en augmentant l'éventail des choix et possibles de la vie privée, en permettant un cocktail individualiste du sens conforme au procès de personnalisation.

Epuisement de l'avant-garde.

Manifestation artistique du post-modernisme : l'avant-garde est à bout de course, piétine dans la répétition et substitue à l'invention la pure et simple surenchère. Les années soixante donnent le coup d'envoi du post-modernisme : en dépit de leur agitation, elles « n'ont pas accompli la moindre révolution dans le domaine de la forme esthétique » (p. 132), exception faite de quelques innovations dans le roman. Ailleurs, l'art singe les innovations du passé, la violence, la cruauté et le bruit en plus. Pour D. Bell, l'art perd alors toute mesure, nie définitivement les frontières de l'art et de la vie, refuse la distance entre le spectateur et l'événement, à l'affût de l'effet immédiat (actions, happenings, *Living theatre*). Les années soixante veulent « retrouver les racines primitives de l'impulsion » (p. 150); une sensibilité irrationaliste se donne libre cours exigeant toujours plus de sensations, de choc et d'émotions à l'instar du *Body art* et des spectacles rituels de H. Nietzsch. Les artistes refusent la discipline du métier, ont pour idéal le « naturel », la spontanéité, et se livrent à une improvisation accélérée (Ginsberg, Kerouac). La littérature prend pour thème privilégié la folie, les immondices, la dégradation morale et sexuelle (Burroughs, Guyotat, Selby, Mailer) : « La nouvelle sensibilité et une revanche des sens sur l'esprit » (p. 139), toutes les contraintes sont relâchées en vue d'une liberté orgiaque et obscène, en vue d'une glorification instinctuelle de la personnalité. Le post-modernisme n'est qu'un autre nom pour signifier la décadence morale et esthétique de notre temps. Idée au demeurant nullement originale, H. Read écrivant déjà au début des années cinquante : « L'œuvre des jeunes n'est que le reflet attardé des explosions vieilles de trente ou quarante ans. »

Dire que l'avant-garde est stérile depuis 1930 est assurément un jugement outré, inacceptable, auquel il serait trop facile d'opposer maints créateurs et mouvements riches en originalité. Cela étant, et quelle que soit l'exagération du propos, il soulève, tout particulièrement de nos jours, un vrai problème sociologique et esthétique. Dans l'ensemble, en effet, les ruptures se font de plus en plus rares, l'impression de déjà vu l'emporte sur celle de la nouveauté, les changements sont monotones, on n'a plus le sentiment de vivre une période révolutionnaire. Cette chute tendancielle du taux de créativité des avant-gardes coïncide d'ailleurs avec la difficulté même de se poser comme avant-garde : « La mode des '' ismes '' est maintenant passée » (p. 113), les manifestes fracassants du début du siècle, les grandes provocations ne sont plus au goût du jour. Essoufflement de l'avant-garde, cela ne signifie pas que l'art est mort, que les artistes n'ont plus d'imagination, mais que les œuvres les plus intéressantes se sont déplacées, ne cherchent plus à inventer des langages en rupture, sont davantage « subjectives », bricoleuses ou obsessionnelles et abandonnent les cimaises de la recherche pure du Neuf. A l'instar

172

des discours révolutionnaires durs ou du terrorisme politique, l'avant-garde tourne à vide, les expérimentations continuent mais avec des résultats pauvres, identiques ou inessentiels, les frontières transgressées le sont de manière infinitésimale, l'art connaît sa phase dépressive. En dépit de quelques vaines proclamations, la révolution permanente ne trouve plus son modèle dans l'art. Il n'est que de voir certains films « expérimentaux » pour s'en convaincre : à coup sûr, on sort du circuit commercial et de la narration-représentation, mais c'est pour tomber dans la discontinuité pour la discontinuité, dans l'extrémisme des plans-séquences où tout est immobile, dans l'expérimentation non comme recherche mais comme procédé. J.-M. Straub filme à perdre haleine la même route monotone, A. Warhol, déjà, avait filmé un homme en train de dormir pendant six heures trente et l'Empire State Building pendant huit heures, la durée du film étant celle-là même du temps réel. « Ready-made cinématographique », a-t-on pu dire; à cette différence près que le geste de Duchamp avait un enjeu majeur, subvertissait la notion d'œuvre, de métier et d'émotion artistique. Recommencer soixante ans après, la durée en plus mais l'humour en moins, l'opération de l'urinoir est le signe du désarroi, de la désubstantialisation de l'avant-garde. En fait, il y a davantage d'expérimentation, de surprise, d'audace dans le walkman, les jeux vidéo, la planche à voile, les films commerciaux à grand spectacle que dans tous les films d'avant-garde et toutes les déconstructions « tel queliennes » du récit et du langage. La situation post-moderne : l'art n'est plus un vecteur révolutionnaire, perd son statut de pion-

nier et de défricheur, il s'épuise dans un jusqu'au-
boutisme stéréotypé, ici comme ailleurs les héros
sont fatigués.

C'est d'ailleurs à ce même moment que fait
fortune outre-Atlantique et de plus en plus en
Europe la notion à proprement parler de « post-
modernisme » qu'il faut entendre, d'une part
comme critique de l'obsession de l'innovation et
de la révolution à tout prix, d'autre part comme
réhabilitation du refoulé du modernisme : la tradition, le local, l'ornementation. D'abord chez les
architectes, maintenant chez les peintres, il s'agit
de s'attaquer au concept d'avant-garde avec ce
qu'il contient d'élitisme, de terrorisme, d'austérité : post-modernisme ou encore post-avant-gar-
disme. Alors que le modernisme était exclusif, « le
post-modernisme est inclusif au point d'intégrer
jusqu'au purisme de son adversaire quand la chose
paraît justifiée »[1]. Post-modernisme au sens où il
ne s'agit plus de créer un nouveau style mais
d'intégrer tous les styles y compris les plus modernes : on tourne la page, la tradition devient source
vivante d'inspiration au même titre que le nouveau, l'art moderne tout entier apparaît lui-même
comme une tradition parmi d'autres. Il s'ensuit
que les valeurs jusqu'alors interdites de séjour sont
mises en avant, à contre-pied de la radicalité
moderniste : deviennent prééminents l'éclectisme,
l'hétérogénéité des styles au sein d'une même
œuvre, le décoratif, le métaphorique, le ludique, le
vernaculaire, la mémoire historique. Le post-
modernisme s'insurge contre l'unidimensionnalité

1. C. Jencks, *Le Langage de l'architecture post-moderne*,
Denoël, 1979, p. 7.

de l'art moderne et appelle de ses vœux des œuvres fantaisistes, insouciantes, hybrides : « Les édifices les plus représentatifs du post-modernisme témoignent en effet d'une dualité très nette, d'une schizophrénie délibérée[1]. » Revivalisme post-moderne inséparable sans doute de l'engouement général pour le rétro mais dont la théorisation explicite révèle que sa signification ne saurait s'épuiser dans une simple nostalgie du passé.

L'enjeu est autre : le post-modernisme n'a pour objet ni la destruction des formes modernes ni la résurgence du passé, mais la coexistence pacifique des styles, la décrispation de l'opposition tradition-modernité, le desserrement de l'antinomie local-international, la déstabilisation des engagements rigides pour la figuration ou l'abstraction, bref la décontraction de l'espace artistique parallèlement à une société où les idéologies dures ne prennent plus, où les institutions marchent à l'option et à la participation, où les rôles et identités se brouillent, où l'individu est flottant et tolérant. Il est trop réducteur d'y reconnaître l'éternelle stratégie du capital avide de commercialisation rapide ou même une figure du « nihilisme passif », comme l'a écrit un critique contemporain. Le post-moder-nisme est l'enregistrement et la manifestation du procès de personnalisation qui, incompatible avec toutes les formes d'exclusion et de dirigisme, subs-titue le libre choix à l'autorité des contraintes prétracées, le cocktail fantaisiste à la raideur de la « juste ligne ». L'intérêt du post-modernisme tient en ce qu'il révèle que l'art moderne, le premier pourtant à avoir adopté l'ordre des logiques ouver-

1. *Ibid.*, p. 6.

tes, restait encore tributaire d'une ère dirigiste du fait des valeurs avant-gardistes finalisées sur le seul futur. L'art moderne était une formation de compromis, un être « contradictoire » fait de « terrorisme » futuriste et de personnalisation souple. Le post-modernisme a pour ambition de résoudre cet antagonisme en détachant l'art de son encadrement disciplinaire-avant-gardiste, en instituant des œuvres régies par le seul procès de personnalisation. Ce faisant, le post-modernisme obéit au même destin que nos sociétés ouvertes, post-révolutionnaires, ayant pour objectif d'augmenter sans cesse les possibilités individuelles de choix et de combinaisons. En substituant l'inclusion à l'exclusion, en légitimant tous les styles de toutes les époques, la liberté créatrice n'est plus sommée de se plier au style international, elle voit ses sources d'inspiration, ses jeux de combinaisons s'accroître indéfiniment : « L'éclectisme est la tendance naturelle d'une culture libre de ses choix[1]. » Au début du siècle, l'art était révolutionnaire et la société conservatrice; cette situation s'est renversée au fur et à mesure de l'ankylose de l'avant-garde et des bouleversements de la société engendrés par le procès de personnalisation. De nos jours la société, les mœurs, l'individu lui-même bougent plus vite, plus profondément que l'avant-garde : le post-modernisme est la tentative de réinsuffler un dynamisme à l'art en assouplissant et démultipliant ses règles de fonctionnement à l'image d'une société déjà flexible, optionnelle, réduisant les relégations.

En prônant le réinvestissement du patrimoine

1. C. Jencks, *op. cit.*, p. 128.

culturel et un syncrétisme *ad hoc*[1], le post-modernisme se présente sous le signe d'un changement net de valeurs et perspective, d'une discontinuité dans la logique moderniste. Cette rupture cependant est à bien des égards plus apparente que réelle. D'une part le projet post-moderne est obligé d'emprunter au modernisme son essence même, à savoir la rupture : rompre avec le modernisme ne peut se faire qu'en affirmant un Nouveau supplémentaire, ici la réintégration du passé, ce qui est en accord profond avec la logique moderniste. Pas d'illusion à se faire, le culte du Nouveau n'est pas et ne sera pas aboli, tout au plus devient-il cool et décrispé. D'autre part, si l'effet du modernisme a

1. Curieusement, c'est le processus inverse qui semble guetter le devenir philosophique. Les années soixante et début soixante-dix sont des années avant-gardistes : le syncrétisme est la règle du moment, il s'agit de briser les frontières, de déconstruire les champs et concepts, de jeter des ponts entre les disciplines séparées et théories adverses. Le concept adopte la stratégie de l'ouverture et de la déstabilisation : freudo-marxisme, structuro-marxisme, freudisme structuraliste, antipsychiatrie, schizo-analyse, économie libidinale, etc. La philosophie refuse l'enfermement et adopte le style nomade. Cette phase hétéroclite et révolutionnaire semble céder le pas à une phase où les disciplines réaffirment leur spécificité, où la philosophie reconstruit son territoire et regagne une virginité momentanément déflorée au contact des sciences humaines. Le post-modernisme artistique est syncrétique et humoristique, le « post-modernisme intellectuel » est strict et austère, il se méfie des promiscuités et ne trouve plus son modèle, comme dans les « années folles » dans l'art ou les schizes désirantes. Les cartes d'identité sont à nouveau à l'ordre du jour. Le post-modernisme artistique renoue avec le musée, le post-modernisme philosophique également mais au prix de l'exclusion de l'histoire et du social, relégués à nouveau dans l'ordre trivialement empirique. Retour en force de la pensée de l'Être et des jeux de la métaphysique, ce n'est pas là un remake, c'est la manifestation philosophique de l'ère narcissique.

bien été d'inclure continûment de nouveaux sujets, matériaux et agencements, donc de désublimer ou démocratiser la sphère esthétique, le post-modernisme ne fait qu'un pas supplémentaire dans cette voie. Désormais, l'art intrègre tout le musée imaginaire, légitime la mémoire, traite à égalité le passé et le présent, fait cohabiter sans contradiction tous les styles. Fidèle en cela au modernisme, le post-modernisme se définit toujours par le procès d'ouverture, par l'élargissement des frontières. Enfin, en déclarant se situer en dehors du culte avant-gardiste du Nouveau, le post-modernisme abandonne un ultime idéal révolutionnaire, renonce à la face élitaire du modernisme, veut rejoindre les goûts du public tout en donnant satisfaction aux créateurs : l'art se trouve expurgé de sa visée révolutionnaire et de son image hiérarchique dans le droit fil de la stratégie égalitaire. Le post-modernisme n'est qu'une rupture de surface, il parachève le recyclage démocratique de l'art, il continue le travail de résorption de la distance artistique, il pousse jusqu'à son extrême limite le procès de personnalisation de l'œuvre ouverte, en phagocytant tous les styles, en autorisant les constructions les plus disparates, en déstabilisant la définition de l'art moderne.

Le mouvement post-moderne s'inscrit toujours dans le devenir démocratique et individualiste de l'art. Les peintres new-wave de la « Figuration libre » se déclarent contre l'avant-garde, refusent de jouer, disent-ils, le jeu de la course au nouveau, revendiquent le droit d'être eux-mêmes, vulgaires, plats, sans talent, le droit de s'exprimer librement en puisant à toutes les sources sans souci d'être originaux : *bad painting*. Au « il faut être absolument moderne » s'est substitué le mot d'ordre post-moderne et narcissique, « il faut être absolument soi-même » dans un éclectisme laxiste. Il n'y a rien d'autre à vouloir qu'un art sans prétention, sans hauteur ni recherche, libre et spontané, à l'image même de la société narcissique et indifférente. La démocratisation et personnalisation des œuvres trouve son achèvement dans un individualisme flottant et discount, l'art, la mode, la pub cessent de se distinguer radicalement, faisant le même grand usage de l'effet minute ou du paradoxe : est nouveau ce qui justement ne veut plus l'être, pour être nouveau, il faut se moquer du nouveau. Cette face promotionnelle du postmodernisme est la tentative de faire un scoop de l'absence même d'événement, de transformer en originalité l'aveu partiel de non-originalité; le postmodernisme ici entérine le vide et le ressassement, crée un pseudo-événement, s'aligne sur les mécanismes publicitaires où l'affirmation emphatique de la marque suffit à désigner une réalité incomparable. L'opération « trans-avant-garde » (B. Oliva) ou « figuration libre » ne procède même pas du « nihilisme passif », aucune négation n'y est à l'œuvre; c'est le procès de désubstantialisation qui gagne ouvertement l'art par amalgame indifférent, par assimilation accélérée vide de projet. A l'instar des grandes idéologies, l'art, qu'il soit porté par l'avant-garde ou la « trans-avant-garde », est régi par la même logique du vide, de la mode et du marketing.

Tandis que l'art officiel est emporté par le procès de personnalisation et de démocratisation, l'aspiration des individus à la création artistique ne cesse parallèlement de croître : le post-modernisme ne signifie pas seulement le déclin avant-gardiste mais simultanément la dissémination et multiplication des foyers et volontés artistiques. Prolifération des groupes de théâtre-amateur, des groupes de musique rock ou pop, passion de la photo et de la vidéo, engouement pour la danse, pour les métiers d'art et d'artisanat, pour l'étude d'un instrument, pour l'écriture; cette boulimie n'a d'égale que celle du sport et des voyages. Tout le monde peu ou prou a une volonté d'expression artistique, on entre vraiment dans l'ordre person-nalisé de la culture. Le modernisme était une phase de création révolutionnaire d'artistes en rupture, le post-modernisme est une phase d'ex-pression libre ouverte à tous. Le moment où il s'agissait de faire accéder les masses à la consom-mation des grandes œuvres culturelles s'est trouvé dépassé par une démocratisation spontanée et réelle des pratiques artistiques allant de pair avec la personnalité narcissique avide d'expression de soi, de créativité, fût-ce à la manière cool, les goûts oscillant, au gré des saisons, de la pratique du piano à la peinture sur soie, de la danse moderne aux jeux du synthétiseur. Sans doute cette culture de masse a-t-elle été rendue possible par le procès de personnalisation, libérant des plages de temps, privilégiant l'expression et valorisant la création, mais l'étonnant c'est qu'en quelque sorte l'avant-garde y a également contribué en expérimentant sans cesse de nouveaux matériaux et agence-ments, en déclassant le métier au profit de l'imagi-nation et de l'idée. L'art moderne a dissous à ce point les normes esthétiques qu'un champ artisti-que ouvert à tous les niveaux, à toutes les formes d'expression a pu apparaître. L'avant-garde a faci-

180

lité et déculpabilisé les essais et démarches artistiques de tous, elle a creusé le sillon permettant l'éclosion d'une expression artistique de masse.

Crise de la démocratie?

Si le modernisme artistique ne perturbe plus l'ordre social, il en va autrement de la culture de masse centrée sur l'hédonisme, en conflit de plus en plus ouvert avec l'ordre techno-économique. L'hédonisme est la contradiction culturelle du capitalisme : « D'une part la corporation des affaires exige que l'individu travaille énormément, accepte de reporter à plus tard récompenses et satisfactions, en un mot qu'il soit un rouage de l'organisation. Et d'autre part, la corporation encourage le plaisir, la détente, le laisser-aller. Il faut qu'on soit consciencieux le jour et bambocheur la nuit » (p. 81). Ce sont ces discordances, non les contradictions inhérentes au mode de production qui expliquent les diverses crises du capitalisme. En mettant l'accent sur le divorce existant entre l'ordre économique hiérarchique-utilitaire et l'ordre hédoniste, D. Bell rend compte incontestablement d'une contradiction essentielle vécue chaque jour par chacun de nous. Qui plus est, cette tension ne semble pas, du moins dans un avenir prévisible, pouvoir être sensiblement réduite, quels que soient l'élargissement et la multiplication des dispositifs flexibles de personnalisation. L'ordre cool trouve ici sa limite objective, le travail est toujours astreignant, son ordre, comparé aux loisirs, reste rigide, impersonnel et autoritaire. Plus il y aura de temps libre, de personna-

181

lisation, plus le travail risque d'apparaître fastidieux, vide de sens, en quelque sorte du temps
volé sur le seul temps plein, celui de la vie privée
du moi libre. Horaires mobiles, travail à domicile,
job enrichment, tout cela, contrairement à l'optimisme des croyants de la « Troisième Vague », ne
modifiera pas le profil majeur de notre temps, soit
un travail contraint, répétitif, monotone s'opposant à un désir illimité d'accomplissement de soi,
de liberté et de loisirs, c'est toujours la cohabitation des contraires, la déstabilisation, la désunification de l'existence qui nous caractérise.

Cela étant, poser une disjonction structurelle
entre économie et culture ne va pas sans quelques
difficultés : pour l'essentiel, une telle théorie masque l'organisation réelle de la culture, elle occulte
les fonctions « productives » de l'hédonisme et la
dynamique du capitalisme, elle simplifie et cristal-
lise trop la nature des contradictions culturelles.
Ainsi l'un des phénomènes marquants réside en ce
que désormais la culture se trouve assujettie aux
normes gestionnaires prévalentes dans l'« infras-
tructure » : les produits culturels sont industriali-
sés, soumis aux critères de l'efficacité et de la
rentabilité, ils connaissent les mêmes campagnes
de promotion publicitaire et de marketing. Simultanément, l'ordre techno-économique est inséparable de la promotion des besoins, donc de l'hédonisme, de la mode, des public et human relations,
des études de motivation, de l'esthétique indus-
trielle : la production a intégré dans son fonctionnement les valeurs culturelles du modernisme tandis que l'explosion des besoins permettait au capitalisme, pendant les « trente glorieuses » et plus, de
sortir de ses crises périodiques de surproduction.

Comment soutenir dans ces conditions que l'hédonisme est la contradiction du capitalisme quand il est clair qu'il est une condition même de son fonctionnement et de son expansion? Point de relance, point de croissance possible sur le long et moyen terme sans une forte demande de consommation. Comment retenir l'idée d'une culture antinomienne lorsque la consommation se révèle précisément l'instrument souple d'intégration des individus au social, le moyen de neutraliser la lutte des classes et d'abolir la perspective révolutionnaire? Il n'y a pas d'antinomie simple ou unidimensionnelle : l'hédonisme produit des conflits, il en désamorce d'autres. Si la consommation et l'hédonisme ont permis de résoudre la radicalité des conflits de classes c'est au prix d'une généralisation de la crise subjective. La contradiction dans nos sociétés ne vient pas seulement de l'écart entre culture et économie, elle vient du procès de personnalisation lui-même, d'un procès systématique d'atomisation et d'individualisation narcissique : plus la société s'humanise, plus s'étend le sentiment d'anonymat; plus il y a d'indulgence et de tolérance, plus le manque de confiance en soi s'accroît; plus on vit vieux, plus on a peur de vieillir; moins on travaille, moins on veut travailler; plus les mœurs se libéralisent, plus le sentiment de vide gagne; plus la communication et le dialogue s'institutionnalisent, plus les individus se sentent seuls, en mal de contact; plus le bien-être croît, plus la dépression l'emporte. L'ère de la consommation engendre une désocialisation générale et polymorphe, invisible et miniaturisée; l'anomie perd ses repères, l'exclusion désormais sur mesure s'est détachée elle aussi de l'ordre disciplinaire.

Plus grave encore pour D. Bell, l'hédonisme est à l'origine d'une crise spirituelle pouvant déboucher sur l'ébranlement des institutions libérales. L'hédonisme a pour effet inéluctable la perte de la *civitas*, l'égocentrisme et l'indifférence au bien commun, l'absence de confiance dans l'avenir, le déclin de la légitimité des institutions (pp. 253-254). En valorisant la seule recherche de l'accomplissement de soi, l'ère de la consommation sape le civisme, mine le courage et la volonté (p. 92), n'offre plus ni valeur supérieure ni raison d'espérer : le capitalisme américain a perdu sa légitimité traditionnelle fondée sur la sanctification protestante du travail et se révèle incapable de fournir un système de motivation et de justification dont toute société a besoin et sans lequel la vitalité d'une nation s'effondre. Sans doute d'autres facteurs ont-ils joué : les problèmes raciaux, les poches de misère au cœur de l'abondance, la guerre du Vietnam, la contre-culture ont contribué à cette crise de confiance de l'Amérique. Mais partout, l'hédonisme joint à la récession économique crée une frustration des désirs que le système peut difficilement réduire, qui risque de favoriser les solutions extrémistes et terroristes et conduire à la chute des démocraties. La crise culturelle mène à l'instabilité politique : « C'est dans ces circonstances-là que les institutions traditionnelles et les procédés démocratiques d'une société s'effondrent et que les colères irrationnelles montent avec le désir de voir surgir un homme providentiel qui sauvera la situation » (p. 258). Seule une action politique s'employant à restreindre les désirs illimités, à équilibrer le domaine privé et le domaine public, à réintroduire des contraintes

184

légales telles que l'interdiction de l'obscénité, de la pornographie, des perversions est capable de réinsuffler une légitimité aux institutions démocratiques : « La légitimité peut reposer sur les valeurs du libéralisme politique si elle se dissocie de l'hédonisme bourgeois » (p. 260). La politique néoconservatrice, l'ordre moral, remèdes à la maladie sénile du capitalisme !

Privatisation exacerbée des individus, divorce entre les aspirations et les gratifications réelles, perte de la conscience civique, cela n'autorise ni à diagnostiquer un « mélange explosif prêt à éclater » ni à pronostiquer le déclin des démocraties. Ne faut-il pas y reconnaître plutôt les signes d'un renforcement de masse de la légitimité démocratique ? La démotivation politique, inséparable des progrès du procès de personnalisation, ne doit pas cacher sa face complémentaire, l'effacement des déchirements de l'âge révolutionnaire, le renoncement aux perspectives insurrectionnelles violentes, le consentement peut-être mou mais général aux règles du jeu démocratique. Crise de légitimation ? Nous ne le croyons pas : plus aucun parti ne rejette la règle de la concurrence pacifique pour le pouvoir, jamais la démocratie n'a comme aujourd'hui fonctionné sans ennemi intérieur déclaré (à l'exception des groupes terroristes ultra-minoritaires et sans aucune audience), jamais elle n'a été aussi assurée du bien-fondé de ses institutions pluralistes, jamais elle n'a été autant en consonance avec les mœurs, avec le profil d'un individu dressé au choix permanent, allergique à l'autoritarisme et à la violence, tolérant et avide de changement fréquent mais sans risque majeur. « On attribue trop d'importance aux lois, trop peu aux mœurs », écrivait Tocqueville observant déjà que le maintien de la démocratie en Amérique reposait de façon prépondérante sur les mœurs : cela est encore plus vrai de nos jours où le procès de personnalisation ne cesse de renforcer la demande de liberté, de choix, de pluralité et d'agencer un individu décrispé, fair-play, ouvert aux différences. A mesure que le narcissisme croît, la légitimité démocratique l'emporte, fût-ce sous le mode cool; les régimes démocratiques avec leur pluralisme des partis, leurs élections, leur droit à l'opposition et à l'information sont en parenté de plus en plus étroite avec la société personnalisée du libre-service, du test et de la liberté combinatoire. Même si les citoyens ne font pas usage de leur droit politique, même si le militantisme chute, même si le politique vire au spectaculaire, l'attachement à la démocratie n'y est pas moins profond. Si les individus s'absorbent dans la sphère privée, il ne faut pas en déduire trop vite qu'ils se désintéressent de la nature du système politique, la désaffection politico-idéologique n'est pas contradictoire avec un consensus flou, vague mais réel sur les régimes démocratique. L'indifférence pure ne signifie pas indifférence à la démocratie, elle signifie désaffection émotionnelle des grands référents idéologiques, apathie dans les consultations électorales, banalisation spectaculaire du politique, devenir « ambiance » du politique mais dans l'arène même de la démocratie. Ceux-là même qui ne s'intéressent qu'à la dimension privée de leur vie restent attachés, par des liens tissés par le procès de personnalisation, au fonctionnement démocratique des sociétés. L'indifférence pure et la cohabitation post-moderne des contraires vont ensemble : on ne vote pas mais on tient à pouvoir voter; on ne s'intéresse pas aux programmes politiques mais on tient à ce qu'il y ait des partis; on ne lit pas de journaux, pas de livres, mais on tient à la liberté d'expression. Comment en serait-il autrement dans l'ère de la communication, du sur-choix et de la consommation généralisée? Le procès de personnalisation travaille à légitimer la démocratie en tant qu'il est partout un opérateur de valorisation de la liberté et du pluriel. Quelle que soit sa dépolitisation, l'*homo psychologicus* n'est pas indifférent à la démocratie, il demeure en ses aspirations profondes *homo democraticus*, il en est le meilleur garant. Sans doute la légitimation n'est-elle plus liée à un investissement idéologique, mais en cela est sa force; la légitimation idéologique contemporaine de l'âge disciplinaire a cédé la place à un consensus existentiel et tolérant, la démocratie est devenue une seconde nature, un environnement, une ambiance. La « dépolitisation » dont nous sommes les témoins va de pair avec l'approbation muette, floue, non politique de l'espace démocratique. D. Bell s'inquiète de l'avenir des régimes de l'Europe de l'Ouest, mais que voit-on? En Italie, en dépit d'actions terroristes spectaculaires, le régime parlementaire se maintient, fût-ce en équilibre instable; en France, la victoire socialiste n'a donné lieu à aucun affrontement de classe et la situation, depuis, se déroule sans heurt ni tension particulière; nonobstant une crise économique s'accompagnant de dizaines de millions de chômeurs, l'Europe n'est nullement déchirée par des luttes sociales ou politiques violentes. Comment en rendre compte sans prendre

187

en considération l'œuvre du procès de personnalisation, l'individu cool et tolérant qui en résulte, la légitimité sourde mais efficace, accordée par tous à l'ordre démocratique?

Restent les contradictions liées à l'égalité. A suivre D. Bell, la crise économique que traversent les sociétés occidentales s'explique en partie par l'hédonisme qui entraîne des augmentations de salaires permanentes mais aussi par l'exigence d'égalité qui conduit à une augmentation des dépenses sociales de l'Etat, nullement compensées par un gain équivalent de productivité. Depuis la Seconde Guerre mondiale, l'Etat, devenu pièce centrale du contrôle de la société du fait de ses fonctions élargies, est de plus en plus contraint de satisfaire des buts publics aux dépens du secteur privé, de satisfaire des revendications posées comme des droits collectifs et non plus individuels, la société post-industrielle est une « société communautaire »[1]. Nous vivons une « révolution des revendications », toutes les catégories de la société présentent désormais des revendications de droits spécifiques au nom du groupe plutôt qu'au nom de l'individu : « révolution des nouveaux ayants droit » (p. 242), fondée sur l'idéal de l'égalité, qui engendre un développement considérable des dépenses sociales de l'Etat (santé, éducation, aides sociales, environnement, etc.). Or cette flambée de revendications coïncide avec la tendance post-industrielle à la prédominance croissante des services, secteurs où précisément l'augmentation de la productivité est la plus faible : « L'absorption par

1. *Vers la société post-industrielle, op. cit.*, p. 203 et pp. 417-418.

188

les services d'une part de plus en plus importante de la main-d'œuvre freine nécessairement la productivité et la croissance globales; le transfert s'accompagne d'une hausse brutale du coût des services tant privés que publics[1]. » La prépondérance des activités de services, la hausse continuelle de leur coût, les dépenses sociales de l'Etat-providence engendrent une inflation structurelle due au déséquilibre de la productivité. L'hédonisme tout comme l'égalité avec leurs « appétits démesurés » contribuent ainsi à amplifier une crise « profonde et persistante » : « La société démocratique a des revendications que ne peut satisfaire la capacité productive de la société » (p. 245).

Il ne saurait être question, fût-ce rapidement, de discuter dans les limites de cet essai de la nature de la crise économique du capitalisme et du *Welfare State*. Soulignons seulement le paradoxe qui conduit une pensée résolument tournée contre le marxisme à épouser finalement une de ses caractéristiques propres, puisque à nouveau le capitalisme est analysé en fonction de contradictions objectives (même si c'est la culture qui est antinomique et non plus le mode de production), de lois à peu près inévitables qui doivent mener les U.S.A. à perdre leur hégémonie mondiale, à vivre à la fin du siècle « tel un vieux rentier » (p. 223). Sans doute, tout n'est-il pas joué, mais les mesures qui s'imposeraient, pour sortir par exemple l'Etat-providence de la crise fiscale où il se trouve, s'opposent tant à la culture hédoniste et égalitaire qu'il est permis « de se demander si la société

1. *Ibid.*, p. 200.

post-industrielle en viendra jamais à bout »[1]. De fait, en établissant une disjonction entre égalité et économie, D. Bell réifie les antinomies du capitalisme, s'interdit de penser la flexibilité des systèmes démocratiques, l'invention et le redéploiement historique. Qu'il y ait des tensions entre l'égalité et l'efficacité est une évidence, cela ne suffit pas pour conclure à une contradiction entre ces ordres. Que faut-il d'ailleurs entendre au juste par « contradiction » ou « disjonction des ordres »? Nulle part l'équivoque n'est levée, ce schéma renvoyant tantôt à une crise structurelle d'un système en voie de décadence inéluctable, tantôt à des grippages profonds mais sur lesquels il est toutefois possible d'intervenir. Egalité contre utilité? Le remarquable plutôt c'est que l'égalité est une valeur souple, traduisible dans le langage économiste des prix et salaires, modulable donc en fonction des choix politiques. En d'autres moments d'ailleurs, D. Bell le reconnaît : « La priorité du politique au sens où nous l'entendons est constante[2]. » L'égalité n'est pas contre l'efficacité, elle l'est ici ou là, ponctuellement ou conjoncturellement en fonction des rythmes et pressions des revendications, en fonction de telle ou telle *politique* de l'égalité. Surtout, on ne doit pas perdre de vue que là où la démocratie est structurellement refoulée, les difficultés économiques sont incomparablement plus grandes et conduisent la société au mieux à la pénurie, au pire à la pure et simple banqueroute. L'égalité ne produit pas seulement des dysfonctionnements, elle contraint le système

1. *Vers la société post-industrielle, op. cit.*. p. 201.
2. *Ibid.*, p. 363.

politique et économique à bouger, à se « rationali-ser », à innover, elle est un facteur de déséquilibre mais aussi d'invention historique. Ainsi de nouvel-les politiques sociales se laissent déjà deviner qui devraient conduire non à l'« Etat minimal » mais à une redéfinition de la solidarité sociale. Les diffi-cultés de l'Etat-providence, du moins en France, n'annoncent pas la fin des politiques sociales de redistribution mais peut-être la fin du stade rigide ou homogène de l'égalité au profit d'un « éclate-ment du système entre un régime de protection sociale réservée aux catégories modestes de la population et le recours à l'assurance pour les couches les plus aisées »[1], exception faite des grands droits et risques : l'égalité s'introduirait dans l'ère personnalisée ou flexible des redistribu-tions inégalitaires. P. Rosanvallon a raison de voir dans les problèmes actuels de l'Etat-providence une crise dépassant les seules difficultés financières et d'y lire un ébranlement plus global des rapports de la société à l'Etat; en revanche, il est plus difficile de le suivre lorsqu'il l'interprète comme un doute portant sur la valeur de l'égalité : « S'il y a un doute essentiel qui traverse l'Etat-providence, c'est bien celui-ci : l'égalité est-elle une valeur qui a encore de l'avenir[2] ? » En fait, l'égalité comme valeur n'est pas remise en cause, la réduction des inégalités est toujours à l'ordre du jour, quelles que soient les difficultés, nullement nouvelles d'ail-leurs, de déterminer la norme du juste et de

1. A. Minc, *L'après-crise est commencé*, Gallimard, 1982, p. 60. De la sorte on ne sort pas d'une culture de l'égalité, on en pondère les défauts (*ibid.*, pp. 46-61).
2. P. Rosanvallon, *La Crise de l'Etat-providence*, Ed. du Seuil, 1981, p. 36.

l'injuste. Ce qui alimente la contestation présente du *Welfare State*, aux U.S.A. notamment, c'est l'enregistrement des effets pervers d'une politique bureaucratique de l'égalité, c'est l'inefficacité des mécanismes d'allocation pour réduire les inégalités, c'est le caractère antiredistributeur des systèmes de prestations uniformes fondés sur la gratuité et les formes multiples de subvention. Non pas éclipse de l'égalité mais poursuite de celle-ci avec des moyens plus souples, à moindres coûts pour la collectivité : d'où ces idées nouvelles que sont l'« impôt négatif », l'« aide directe à la personne », les « crédits » d'éducation, de santé, de logement [1], dispositifs conçus pour adapter l'égalité à une société personnalisée soucieuse d'accroître les possibilités de choix individuels. L'égalité sort de la phase moderne et uniforme et se recycle à l'âge post-moderne de la modulation des allocations sur les revenus réels, de la diversification et personnalisation des modes de redistribution, de la coexistince des systèmes d'assurance individuelle et des systèmes de protection sociale au moment où précisément la demande de liberté est supérieure à celle d'égalité. Critique de la gratuité des services, dénonciation des monopoles publics, appel à la déréglementation et à la privatisation des services, tout cela va dans le sens de la tendance post-moderne à privilégier la liberté par rapport à l'égalitarisme uniforme, mais aussi à responsabiliser davantage l'individu et les entreprises en les contraignant à plus de mobilité, d'innovation, de choix. La crise de la social-démocratie coïncide

1. H. Lepage, *Demain le capitalisme*, R. Laffont, coll. « Pluriel », 1978, pp. 280-292.

avec le mouvement post-moderne de réduction des rigidités individuelles et institutionnelles : moins de relation verticale et paternaliste entre l'Etat et la société, moins de régime unique, plus d'initiative, de diversité et de responsabilité dans la société et chez les individus, les nouvelles politiques sociales, à plus ou moins longue échéance, devront poursuivre la même œuvre d'ouverture que celle mise en branle par la consommation de masse. La crise de l'Etat-providence : moyen de disséminer et de multiplier les responsabilités sociales, moyen de renforcer le rôle des associations, des coopératives, des collectivités locales, moyen de réduire la hauteur hiérarchique qui sépare l'Etat de la société, moyen d'« accroissement des flexibilités des organisations contre accroissement des flexibilités des individus »[1], moyen donc d'adapter l'Etat à la société post-moderne axée sur le culte de la liberté individuelle, de la proximité, de la diversité. La voie s'ouvre à l'Etat d'entrer dans le cycle de la personnalisation, de se mettre en phase avec une société mobile et ouverte, refusant les raideurs bureaucratiques, la distance politique, fût-elle bienveillante, à l'instar de la social-démocratie.

1. P. Rosanvallon, *op. cit.*, p. 136.

CHAPITRE V

La société humoristique

On a depuis longtemps souligné l'ampleur du phénomène de dramatisation suscité par les media de masse : climat de crise, insécurité urbaine et planétaire, scandales, catastrophes, interviews déchirantes, sous leur objectivité de surface, les informations marchent à l'émotion, au « pseudo-événement », au cliché sensationnel, au suspense. On a moins remarqué un phénomène tout aussi inédit, en quelque sorte inverse, pourtant lisible à tous les niveaux de la quotidienneté : le développement généralisé du code humoristique. De plus en plus, la publicité, les émissions d'animation, les slogans dans les manisfestations, la mode adoptent un style humoristique. Les *comics* suscitent un tel engouement qu'un journal de San Francisco a pu connaître une chute spectaculaire de ses lecteurs pour avoir décidé de supprimer la B.D. de Schulz, les *Peanuts*. Même les publications sérieuses se laissent entraîner peu ou prou par l'air du temps : il n'est que de lire les titres ou intertitres des quotidiens, des hebdomadaires et jusqu'à ceux des articles scientifiques ou philosophiques. Le ton universitaire cède le pas à un style plus tonique fait de clins d'œil et de jeux de mots. L'art, devançant en cela toutes les autres productions, a intégré depuis longtemps l'humour comme une de ses dimensions constitutives : impossible d'évacuer en effet la charge et l'orientation humoristique des œuvres, avec Duchamp, l'anti-art, les surréalistes, le théâtre de l'absurde, le pop art, etc. Mais le phénomène ne peut même plus être circonscrit à la production expresse des signes humoristiques, fût-ce au niveau d'une production de masse; le phénomène désigne simultanément le devenir iné-luctable de toutes nos *significations* et valeurs, du sexe à autrui, de la culture au politique, et ce, malgré nous. L'incroyance post-moderne, le néo-nihilisme qui prend corps n'est ni athée ni morti-fère, il est désormais humoristique.

Du comique grotesque à l'humour pop.

Notre temps ne détient pas, tant s'en faut, le monopole du comique. Dans toutes les sociétés, y compris les sauvages, où l'ethnographie révèle l'existence de cultes et mythes comiques, les réjouissances et le rire ont occupé une place fon-damentale qu'on a trop tendance à sous-estimer. Mais si chaque culture développe de façon prépon-dérante un schème comique, seule la société post-moderne peut être dite humoristique, elle seule s'est instituée globalement sous l'égide d'un procès tendant à dissoudre l'opposition, jusqu'alors stricte, du sérieux et du non-sérieux; à l'instar des autres grandes divisions, celle du comique et du cérémoniel s'estompe et ce, au profit d'un climat

195

largement humoristique. Alors qu'à partir de l'institution des sociétés étatiques, le comique s'oppose aux normes sérieuses, au sacré, à l'Etat, représentant de la sorte un second monde, monde carnavalesque populaire au Moyen Age, monde de la liberté satirique de l'esprit subjectif dès l'âge classique, aujourd'hui cette dualité tend à se liquéfier sous la poussée envahissante du phénomène humoristique qui annexe toutes les sphères de la vie sociale, fût-ce à notre corps défendant. Les carnavals et fêtes n'ont plus d'existence que folklorique, le principe d'altérité sociale qu'ils incarnaient a été pulvérisé, curieusement c'est sous un jour lui-même humoristique qu'ils s'offrent désormais à nous. Les pamphlets violents ont perdu leur prépondérance, les chansonniers ne sont plus des têtes d'affiche; un nouveau style décontracté et inoffensif, sans négation ni message, est apparu, qui caractérise l'humour de la mode, de l'écriture journalistique, des jeux radiophoniques, de la pub, de nombreuses B.D. Le comique, loin d'être la fête du peuple ou de l'esprit, est devenu un impératif social généralisé, une atmosphère cool, un environnement permanent que l'individu subit jusque dans sa quotidienneté.

Dans cette perspective, trois grandes phases historiques du comique peuvent être repérées depuis le Moyen Age, chacune étant caractérisée par un principe dominant. Au Moyen Age, la culture comique populaire se trouve profondément liée aux fêtes, aux réjouissances de type carnavalesque qui, soit dit en passant, arrivaient à occuper un total de trois mois par an. Dans ce contexte, le comique se trouve unifié par la catégorie de « réalisme grotesque »[1] fondé sur le principe de *rabais-sement* du sublime, du pouvoir, du sacré, au moyen d'images hypertrophiées de la vie maté-rielle et corporelle. Dans l'espace de la fête tout ce qui est élevé, spirituel, idéal, est transposé, parodié dans la dimension corporelle et inférieure (man-ger, boire, digestion, vie sexuelle). Le monde du rire s'édifie essentiellement à partir des formes les plus diverses de grossièretés, de rabaissements grotesques des rites et symboles religieux, de tra-vestissements parodiques des cultes officiels, de couronnements et détrônements bouffons. Ainsi, lors du carnaval, la hiérarchie est mise à l'envers, le bouffon est sacré roi par l'ensemble du peuple, puis tourné en dérision par ce même peuple qui l'injurie, le bat lorsque son règne prend fin; pen-dant la « fête des fous » on élit un abbé, un archevêque et un pape de mascarade qui enton-nent des refrains obscènes et grotesques sur des airs de chants liturgiques, transforment l'autel en table de ripaille et utilisent des excréments en guise d'encens. Après l'office religieux, la parodie scatologique se poursuivait, le « clergé » parcou-rant les rues en projetant des excréments sur le peuple lui faisant escorte. On introduisait égale-ment dans l'église un âne en l'honneur de qui la messe était célébrée : à la fin de l'office, le prêtre braillait, suivi par les fidèles. C'est ce même

1. Mikhaïl Bakhtine, *L'Œuvre de François Rabelais et la culture populaire au Moyen Age et sous la Renaissance*, Galli-mard, 1970. pp. 28-29. Le livre de Bakhtine est essentiel pour tout ce qui concerne l'histoire du comique populaire à cette époque. Il fournit de surcroît des éléments très utiles pour une interprétation plus globale de l'histoire du rire. Les analyses que nous développons ici s'en inspirent très largement.

197

schème carnavalesque qui, jusqu'à la Renaissance, imprégnera les œuvres littéraires comiques (parodies des cultes et dogmes religieux) de même que les plaisanteries, blagues, jurons et injures : le rire se trouve toujours relié à la profanation des éléments sacrés, à la violation des règles officielles. Tout le comique médiéval bascule ainsi dans l'imagerie grotesque qu'il ne faut surtout pas confondre avec la parodie moderne, en quelque sorte désocialisée, formelle ou « esthétisée ». Le travestissement comique par le rabaissement est une *symbolique* par laquelle la mort est condition d'une nouvelle naissance. En inversant le haut et le bas, en précipitant tout ce qui est sublime et digne dans les gouffres de la matérialité on prépare la résurrection, un nouveau commencement après la mort. Le comique médiéval est « ambivalent », partout il s'agit de donner la mort (rabaisser, ridiculiser, injurier, blasphémer) pour insuffler une nouvelle jeunesse, pour amorcer la rénovation[1].

A partir de l'âge classique, le processus de décomposition du rire de la fête populaire est déjà enclenché tandis que se forment les nouveaux genres de littérature comique, satirique et divertissante s'éloignant de plus en plus de la tradition grotesque. Le rire, expurgé de ses éléments joyeux, de ses grossièretés et outrances bouffonnes de sa base obscène et scatologique, tend à se réduire à l'esprit, à l'ironie pure s'exerçant aux dépens des mœurs et individualités typiques. Le comique n'est plus symbolique, il est *critique*, que ce soit dans la comédie classique, la satire, la fable,

---

1. M. Bakhtine, *op. cit.*, pp. 30-31.

la caricature, la revue ou le vaudeville. Ce faisant, le comique entre dans sa phase de désocialisation, il se privatise et devient « civilisé » et aléatoire. Avec le procès d'appauvrissement du monde carnavalesque, le comique perd son caractère public et collectif, se métamorphose en plaisir subjectif devant tel ou tel fait drôle isolé, l'individu se tient à l'extérieur de l'objet du sarcasme, aux antipodes de la fête populaire ignorant toute distinction entre acteurs et spectateurs, et concernant l'ensemble du peuple pendant toute la durée des réjouissances. Simultanément à cette privatisation, le rire *se discipline* : il faut comprendre le développement de ces formes modernes du rire que sont l'humour, l'ironie, le sarcasme, comme un type de contrôle ténu et infinitésimal exercé sur les manifestations du corps, analogue en cela au dressage disciplinaire qu'a analysé Foucault. Il s'agit de part et d'autre de décomposer les rassemblements massifs et confus en isolant les individus, de briser les familiarités et communications non hiérarchiques, d'instituer des barrières et cloisonnements, de domestiquer de façon constante des fonctions, de produire des « corps dociles » mesurés et prévisibles dans leurs réactions. Dans des sociétés disciplinaires, le rire, avec ses excès et exubérances, se trouve inéluctablement dévalorisé, lui qui, précisément, n'exige aucun apprentissage : au XVIIIᵉ siècle, le rire joyeux devient un comportement méprisé et vil et, jusqu'au XIXᵉ siècle, il est jugé bas et malséant, aussi dangereux que sot, encourageant la superficialité et même l'obscénité. A la mécanisation du corps discipliné répond la spiritualisation-intériorisation du comique : même économie fonctionnelle visant à épargner les dépenses désordonnées, même processus cellulaire produisant l'individu moderne.

Désormais, nous sommes au-delà de l'ère satirique et de son comique mordant. Au travers de la publicité, de la mode, des gadgets, des émissions d'animation, des *comics*, qui ne voit que la tonalité dominante et inédite du comique n'est plus sarcastique mais *ludique*? L'humour qui prend place évacue le négatif caractéristique de la phase satirique ou caricaturale. A la dénonciation railleuse corrélative d'une société fondée sur des valeurs reconnues s'est substitué un humour positif et désinvolte, un comique *teen-ager* à base de loufoquerie gratuite et sans prétention. L'humour dans la publicité ou dans la mode n'a pas de victime, ne raille pas, ne critique pas, s'évertuant seulement à prodiguer une atmosphère euphorique de bonne humeur et de bonheur sans envers. L'humour de masse ne repose plus sur fond d'amertume ou de morosité : loin de masquer un pessimisme et d'être la « politesse du désespoir », l'humour contemporain se veut sans épaisseur et décrit un univers radieux. « Y a de la surboum dans le yaourt » : la traditionnelle gravité ou impassibilité de l'humour anglais (« Le vrai humour est le propre d'un auteur qui affecte d'être grave et sérieux, mais peint les objets d'une couleur telle qu'il provoque la gaieté et le rire », Lord Kames) a disparu dans la même foulée que la description méticuleuse et impartiale du réel (« L'humoriste est un moraliste qui se déguise en savant », Bergson). A présent, le comique est farfelu et hyperbolique (la pub annexe l'Orient et les gourous déclarent : « Votre sérénité, c'est de grouper tous vos contrats d'assurance à

200

l'U.A.P. »), le goût pour les détails, l'objectivité du style anglais a cédé le pas à l'ivresse du spot et du slogan. Ne feignant plus l'indifférence et le détachement, l'humour de masse est aguicheur, tonique et psychédélique, son registre se veut expressif, chaleureux et cordial. Il suffit pour s'en convaincre d'écouter le style des animateurs d'émissions pour « jeunes » à la radio (Gérard Klein) : l'humour ici n'a plus rien à voir avec l'esprit, comme si ce qui avait une certaine profondeur pouvait risquer de faire tomber l'ambiance de proximité et de communion. L'humour, désormais, c'est ce qui séduit et rapproche les individus : W. Allen est classé au hit-parade des séducteurs de *Play Boy*. On se dit « tu », personne ne se prend plus au sérieux, tout est « marrant », les plaisanteries fusent, qui cherchent à éviter le paternalisme, la hauteur, la blague ou l'histoire classique fin de banquet. L'humour radiophonique, à l'instar de la couleur dans la peinture pop, se manifeste en aplats, le ton est à la lapalissade, à la familiarité vide, à la « bulle » d'autant plus prisée qu'elle est simple et cursive. De même, dans la vie quotidienne, on raconte beaucoup moins d'histoires drôles comme si la personnalisation de la vie devenait incompatible avec ces formes de narration colportées, répétitives et codées. Dans les sociétés plus crispées, une tradition vivante s'appuie sur les histoires drôles aux cibles relativement précises (les fous, le sexe, le pouvoir, certains groupes ethniques) : à présent l'humour tend à se détacher de ces canevas trop rigides et charpentés au bénéfice d'une badinerie sans ossature, sans tête de Turc, d'une drôlerie vide s'entretenant

201

d'elle-même[1]. L'humour, comme le monde subjectif et intersubjectif, se désubstantifie, happé qu'il est par la logique généralisée de l'inconsistance majeure. Les mots d'esprit, les jeux de mots également perdent leur prestige : on s'excuse presque d'un jeu de mots ou bien on se moque aussitôt de son propre esprit. L'humour dominant ne s'accommode plus de l'intelligence des choses et du langage, de cette supériorité que s'accorde l'esprit, il faut un comique discount et pop ne suggérant aucune suréminence ou distance hiérarchique. Banalisation, désubstantialisation, personnalisation, on retrouve tous ces processus chez les nouveaux séducteurs des grands média : les personnages burlesques, héroïques ou mélo ont fait leur temps, c'est le style ouvert, désinvolte et humoristique qui s'impose. Les films de James Bond, les « séries » américaines (*Starsky et Hutch, Amicalement vôtre*) mettent en scène des personnages qui ont en commun une même décontraction dynamique doublée d'une efficacité exemplaire. Le « nouveau » héros ne se prend pas au sérieux, dédramatise le réel et se caractérise par une attitude malicieusement détachée vis-à-vis des événements. L'adversité est sans cesse atténuée

1. L'humour vide, déstructuré gagne le signifiant lui-même et se déploie dans l'excès ludique des signes : témoin, l'invasion dans les *comics* d'onomatopées, de mots barbares inventés à dessein pour « traduire » sur le mode hyper-expressif et comique les bruits du monde. « Chnaf », « plomp », « ghuouhougrptch », « rrhaawh », « hougnouptch », « grmf », ces signifiants ici n'ont plus de sens et se détachent de tout référent. Le comique résulte de l'autonomie hyperbolique du langage, de la vacuité des signes livrés à la surenchère sonore, orthographique et typographique. Cf. P. Fesnault-Deruelle, *Récits et discours par la bande*, Hachette, 1977, pp. 185-199.

par son humour cool et entreprenant tandis que la violence et le danger le circonscrivent de toutes parts. A l'image de notre temps, le héros est performant bien que ne s'investissant pas émotionnellement dans ses actions. Désormais, nul n'entre ici s'il se prend au sérieux, nul n'est séducteur s'il n'est sympathique.

A côté de l'humour de masse euphorique et convivial se déploie un humour en quelque sorte *underground*, décontracté certes mais à tonalité désabusée, *hard*. « Faut être salement dégagé dans le cerveau pour en arriver là. Mais c'est la condition *sine qua non;* sinon on se branche folie, comme Iggy Pop, c'est-à-dire avec tous les fusibles grillés dans la tête et un sourire idiot et bavocheur... Et ils ont beau prétendre que l'enfer est un chouette endroit bien chauffé avec concert quotidien de Gene Vincent avec Hendrix, plus tard on ira à celui-là mieux ça ira, non ? Pauvres taudis, je vous hais » *(Libération)*. Humour post-moderne, new-wave, à ne pas confondre avec l'humour noir : le ton est morose, vaguement provocateur, donne dans le vulgaire, affiche ostensiblement l'émancipation du langage, du sujet, souvent du sexe. C'est la face dure du narcissisme qui se délecte ici dans la négation esthétique et les figures d'un quotidien métallisé. Dans un autre genre, et sans désenchantement, *Mad Max II* de G. Miller est un exemple très caractéristique d'un humour hard ou se mêlent indissociablement l'extrême violence et le comique. Drôlerie tenant à l'ingéniosité, à l'excès hyperréaliste des machineries de science-fiction « primitives », atroces, barbares. Pas de demi-teintes, l'humour travaillf à vif, en gros plans et effets spéciaux; le macabre est

203

dépassé dans l'apothéose du théâtre hollywoodien de la cruauté.

Simultanément, c'est à un assainissement, à une pacification du comique que nous assistons dans la vie quotidienne. Ainsi les déguisements, divertissements encore fort prisés dans les campagnes du XIXe siècle, n'ont plus cours, à l'exception des fêtes enfantines et des soirées privées costumées. Jadis, les paysans s'amusaient à traverser leurs villages costumés en soldat, en riche bourgeois ou en habits de l'autre sexe. Le mime également n'a plus beaucoup de succès alors qu'à la même époque il n'était pas rare, notamment à l'occasion des mariages, de voir caricaturer de façon grotesque les belles-mères[1]. Les bourrades et blasphèmes ne font plus rire, les grossièretés, au fur et à mesure de leur emploi généralisé et de leur annexion par la mode, se banalisent, perdent leur pouvoir provocateur, leur intensité transgressive. Il n'y a plus que les sketches de music-hall ou de café-théâtre (Coluche) qui réussissent à redonner aux grossièretés leur vertu risible et ce, non comme violation de la norme mais comme amplification et reflet du quotidien. Les farces, qui dans les milieux populaires du XIXe siècle étaient les plaisanteries les plus appréciées et qui souvent n'étaient pas dépourvues d'une certaine brutalité, ne rencontrent plus beaucoup d'échos : inventer un scénario pour ridiculiser autrui aux yeux de tous suscite aujourd'hui davantage de réprobation que d'encouragement. Même les « farces et attrapes » tombent dans la désuétude et sont réservées aux enfants : le comi-

1. Théodore Zeldin, *Histoires des passions françaises*, Ed. Recherches, 1979, t. III, p. 394.

que exige de nos jours plus de discrétion et de nouveautés : le temps n'est plus où l'on riait invariablement des mêmes plaisanteries, l'humour requiert le spontané, le « naturel ».

Cela étant, on observe depuis deux ou trois ans un regain des rassemblements costumés de jeunes, dans les rues et lycées, à l'occasion du Mardi gras. Phénomène nouveau, post-moderne en effet : l'individu moderne trouvait ridicule ou infantile de se déguiser; il n'en va plus de même aujourd'hui où un tel rejet apparaît austère, rigide, conventionnel. L'attitude post-moderne est moins avide d'émancipation sérieuse que d'animation désinvolte et de personnalisation fantaisiste. Tel est bien le sens de ce retour décrispé du carnavalesque : pas du tout un ré-investissement de la tradition, mais un effet typiquement narcissique, hyper-individualisé, spectaculaire, donnant lieu à une surenchère de masques, d'oripeaux, de fards, d'affublements hétéroclites. La « fête » post-moderne : moyen ludique d'une sur-différenciation individualiste et qui cependant n'en est pas moins curieusement *sérieux* par la recherche appliquée et sophistiquée mise en œuvre.

Peu à peu, ce qui a une composante agressive perd sa capacité de faire rire[1] : les bizutages dans

1. Dans l'ordre de la presse ou du dessin (Wolinski, Reiser, Cabu, Gébé), on assiste à la tendance inverse, à une escalade sans précédent de la férocité caricaturale, de l'humour « bête et méchant », nullement en contradiction avec le procès d'adoucissement des mœurs mais portée par celui-ci : l'humour atroce peut d'autant mieux se donner libre cours que les mœurs et relations humaines se pacifient. La vulgarité, l'obscénité resurgissent sous forme humoristique alors que l'hygiène est un credo universel et que le corps est l'objet de sollicitudes et de soins permanents.

certaines grandes écoles se perpétuent mais l'initiation, pour être drôle, ne doit pas dépasser un certain seuil d'agression : au-delà elle apparaît comme un viol, privé de dimension comique. Suivant l'irréversible procès d' « adoucissement des mœurs » dont parlait Tocqueville, le comique devient incompatible avec les réjouissances cruelles de jadis : non seulement plus personne ne rirait à voir brûler des chats comme il était d'usage au XVIe siècle lors de la fête de la Saint-Jean [1], mais les enfants eux-mêmes ne trouvent plus du tout drôle, comme cela a été le cas dans toutes les civilisations antérieures, de martyriser les bêtes. Tandis que le comique se spiritualise, il épargne prudemment l'autre : on doit souligner cette attitude socialement nouvelle qui consiste à réprouver le rire aux dépens d'autrui. L'autre cesse d'être la cible privilégiée des sarcasmes, on rit beaucoup moins des vices et défauts d'autrui : au XIXe siècle et pendant la première moitié du XXe siècle, amis, voisins, avec leurs infortunes (le cocu par exemple), leurs écarts par rapport à la norme, faisaient les frais des plaisanteries. A présent, le vis-à-vis est davantage ménagé, au moment même où, comme on le verra, l'image de l'autre perd de sa consistance et devient humoristique à force de singularité. Tout comme l'humour ludique dans l'ordre des signes de masse prend la relève de l'esprit satirique, de même, dans la quotidienneté, la critique railleuse envers autrui s'atténue et perd de son effet hilarant, en accord avec une personnalité psy à l'affût

1. Norbert Elias, *La Civilisation des mœurs*, Le livre de poche « Pluriel », p. 341.

de chaleur conviviale et de communication inter-personnelle.

Corrélativement, c'est le Moi qui devient une cible privilégiée de l'humour, objet de dérision et d'autodépréciation, comme en témoignent les films de W. Allen. Le personnage comique ne ressortit plus au burlesque (B. Keaton, Ch. Chaplin, les frères Marx), sa drôlerie ne procède plus ni de l'inadaptation ni de la subversion des logiques, elle vient de la réflexivité elle-même, de l'hyperconscience narcissique, libidinale et corporelle. Le personnage burlesque est inconscient de l'image qu'il offre à l'autre, il fait rire malgré lui sans s'observer, sans se voir agir, ce sont les situations absurdes qu'il engendre, les gags qu'il déchaîne selon une mécanique irrémédiable qui sont comiques. Au contraire, avec l'humour narcissique, Woody Allen fait rire en ne cessant jamais de s'analyser, en disséquant son propre ridicule, en tendant à lui-même et au spectateur le miroir de son Moi dévalué. C'est l'Ego, la conscience de soi, qui est devenu objet d'humour et non plus les vices d'autrui ou les actions saugrenues.

Paradoxalement, c'est avec la société humoristique que commence véritablement la phase de liquidation du rire : pour la première fois un dispositif fonctionne qui réussit à dissoudre progressivement la propension à rire. En dépit du code des bonnes manières et de la condamnation morale du rire, les individus de toutes classes n'ont jamais cessé de connaître le rire démonstratif, le fou rire, l'explosion de gaieté. Au XIXᵉ siècle, dans les représentations au café-concert, le public avait coutume d'interpeller joyeusement les artistes, de rire bruyamment, de lancer commentaires et plaisanteries à haute voix. Il y a peu de temps encore, une telle ambiance se retrouvait dans certaines salles populaires de cinéma : Fellini a su restituer ce climat riche de vie et de rires plus ou moins grossiers dans une des scènes de son *Roma*. Lors des spectacles de J. Pujol (le Pétomane), des infirmières devaient évacuer les femmes littéralement malades de rire; les farces et vaudevilles de Feydeau déclenchaient de tels accès de rire que les acteurs se voyaient contraints de mimer la fin des spectacles, tant l'hilarité était déchaînée[1]. Qu'en reste-t-il aujourd'hui où les grands chahuts dans les classes disparaissent, où la ville voit s'éteindre les « cris », les plaisanteries des bonimenteurs, marchands et charlatans, où les cinémas de poche prennent la relève des cinémas de quartier, où la sono des boîtes couvre les voix, où la musique d'ambiance anime le silence discret des restaurants et supermarchés? Pourquoi remarque-t-on autant les grands accès d'hilarité si ce n'est que nous nous sommes peu à peu déshabitués d'entendre ces éclats spontanés pourtant si fréquents dans les temps antérieurs? Au fur et à mesure que la pollution sonore gagne la ville, le rire s'éteint, le silence envahit l'espace humain, seuls les enfants semblent échapper, pour un temps encore, à cette étonnante discrétion. Le constat s'impose : après le rire de fête, ce sont les explosions intempestives du rire qui sont en voie de disparition, nous sommes entrés dans une phase de paupérisation du rire, allant de pair avec l'avènement du néonarcissisme. Par le désinvestissement généralisé des valeurs sociales qu'elle produit, par son culte

1. Th. Zeldin, *op. cit.*, p. 399 et p. 408.

de l'accomplissement de soi, la personnalisation post-moderne referme l'individu sur lui-même, fait déserter non seulement la vie publique mais en fin de cycle la sphère privée, livrée qu'elle est aux troubles proliférants de la dépression et des névroses narcissiques; le procès de personnalisation a pour terme l'individu zombiesque, tantôt cool et apathique, tantôt vidé du sentiment d'exister. Comment, dès lors, ne pas voir que l'indifférence et la démotivation de masse, la montée du vide existentiel et l'extinction progressive du rire sont des phénomènes parallèles : partout c'est la même dévitalisation qui apparaît, la même éradication des spontanéités pulsionnelles, la même neutralisation des émotions, la même auto-absorption narcissique. Les institutions se vident de leur charge émotionnelle tout comme le rire a tendance à s'amenuiser et à s'édulcorer. Tandis que notre société met en avant les valeurs communicationnelles, l'individu, de son côté, n'éprouve plus le besoin de se manifester par le rire démonstratif que la sagesse populaire dit si bien être « communicatif ». Dans la société narcissique, l'échange entre les êtres renonce aux signes ostensibles, s'intériorise ou se psychologise; le reflux du rire n'est qu'une des manifestations de la désocialisation des formes de la communication, de l'isolation douce post-moderne. C'est bien autre chose qu'une discrétion civilisée qu'il faut reconnaître dans l'atrophie contemporaine du rire, c'est véritablement la *capacité* de rire qui se trouve entamée, exactement comme l'hédonisme a entraîné un affaiblissement de la volonté. La dépossession, la désubstantialisation de l'individu, loin d'être circonscrite au travail, au pouvoir, gagne maintenant

209

son unité, sa volonté, son hilarité. Recueilli sur lui-même, l'homme post-moderne a de plus en plus de difficulté à « éclater » de rire, à sortir de lui-même, à ressentir de l'enthousiasme, à se livrer dans la gaieté. La faculté de rire régresse, « un certain sourire » s'est substitué au rire débridé : la « belle époque » ne fait que commencer, la civilisation poursuit son œuvre, agençant une humanité narcissique sans exubérance, sans rire, mais sursaturée de signes humoristiques.

Métapublicité.

C'est probablement la publicité qui révèle de façon la plus manifeste la nature du phénomène humoristique : films, panneaux, annonces renoncent de plus en plus aux discours sentencieux et austères au profit d'un style fait de jeux de mots, de formules détournées (« T'as de beaux yeux, tu sais », pour des montures de lunettes), de pastiches (Renault Fuego : « La voiture qui roule plus vite que son ombre »), de dessins drôles (petits bonshommes Michelin ou Esso), de graphismes empruntés aux *comics*, de paradoxes (« Regardez, il n'y a rien à voir » : rubans adhésifs Scotch), d'homophonies, d'exagérations et amplifications cocasses, de gags, bref, un ton humoristique vide et léger aux antipodes de l'ironie mordante. « Vivre d'amour et de Gini », cela ne veut rien dire, cela n'est même pas mégalomaniaque, c'est une forme humoristique à mi-chemin entre le message de sollicitation et le *nonsense*. Assurément, le spot publicitaire n'est pas nihiliste, ne tombe pas dans l'incohérence verbale et l'irrationnel absolu, son propos étant contrôlé par la volonté de dégager la valeur *positive* du produit. Là est la limite du *nonsense* publicitaire : tout n'est pas permis, l'extravagance doit servir à terme à rehausser l'image du produit. Il reste que la publicité peut pousser très loin la logique de l'absurde, le jeu du sens et du non-sens et ce, dans un espace où certes l'enjeu est l'inscription de la marque, mais, et c'est là l'essentiel, qui en fait ne se donne pas les moyens de sa crédibilité. Tel est le paradoxe : la publicité qu'on stigmatise de toutes parts pour être un instrument d'endoctrinement, de matraquage idéologique, ne se donne pas les moyens d'une telle inculcation. Dans ses formes avancées, humoristiques, la publicité ne dit rien, s'amuse d'elle-même : la vraie publicité se moque de la publicité, du sens comme du non-sens, évacue la dimension de vérité, et là est sa force. La publicité a renoncé, non sans lucidité, à la pédagogie, à la solennité du sens; plus on assène de leçons, moins on écoute : avec le code humoristique, la réalité du produit est d'autant mieux mise en relief qu'il apparaît sur fond d'invraisemblance et d'irréalité spectaculaires. Le discours démonstratif fastidieux s'efface, ne reste qu'une trace clignotante, le nom de la marque : l'essentiel.

L'humour publicitaire dit la vérité de la publicité, à savoir qu'elle n'est ni récit ni message, ni mythique ni idéologique : forme vide à l'instar des grandes institutions et valeurs sociales, la publicité ne raconte rien, aplatit le sens, désamorce le non-sens tragique, son modèle est bien davantage le dessin animé. Disneyland ici et maintenant, dans les magazines, sur les murs de la ville et du métro, un vague surréalisme expurgé de tout mystère, de toute profondeur nous entoure, nous livrant à l'ivresse désenchantée de la vacuité et de l'innocuité. Lorsque l'humour devient une forme dominante, l'idéologie, avec ses oppositions rigides et son écriture en lettres majuscules[1], s'efface. S'il est certes toujours possible d'y déceler des contenus idéologiques, le fonctionnement publicitaire dans sa spécificité humoristique n'en court-circuite pas moins la dimension idéologique, laquelle se trouve détournée de son usage majeur. Tandis que l'idéologie vise l'Universel, dit le Vrai, l'humour publicitaire est au-delà du vrai et du faux, au-delà des grands signifiants, au-delà des oppositions distinctives. Le code humoristique mine la prétention au sens, destitue les contenus : en lieu et place de la transmission idéologique, la désubstantialisation humoristique, la résorption du pôle référentiel. A la glorification du sens s'est substituée une dépréciation ludique, une logique de l'invraisemblable.

Par sa tonalité légère et inconsistante, la publicité, avant même de vouloir convaincre et inciter à la consommation, se désigne immédiatement comme publicité : le médium publicitaire a pour message premier le médium lui-même, la publicité est ici métapublicitaire. C'est là où les catégories d'aliénation et d'idéologie cessent d'être opératoires : un nouveau procès est en cours qui, loin de mystifier en cachant ses ressorts, se présente comme « mystification » en énonçant des propositions qui annulent d'elles-mêmes leur indice de vérité. De sorte que la publicité n'a plus grand-

---

1. Cl. Lefort, Esquisse d'une genèse de l'idéologie dans les sociétés modernes, in *Textures* 1974, 8-9. Repris dans *Les Formes de l'histoire*, Paris, Gallimard, 1978.

chose à voir avec les fonctions traditionnellement accolées à l'idéologie : occultation du réel, inculcation de contenus, illusion du sujet. Quitte à heurter notre conscience contemporaine, largement hostile au fait publicitaire, il ne faut pas craindre de poser celui-ci, dans sa version humoristique, comme participant au large mouvement « révolutionnaire » de la critique de l'illusion, mouvement inauguré beaucoup plus tôt dans la peinture et poursuivi en littérature, au théâtre, au cinéma expérimental tout au long du XXᵉ siècle. Impossible d'ignorer certes que l'espace publicitaire adopte une scénographie classique, reste immédiatement lisible et communicationnel, qu'aucun travail formel n'en dérange la lecture et que l'image comme le texte demeurent assujettis aux contraintes d'une certaine narration-représentation. Bref, tout ce que les mouvements d'avant-garde ont eu précisément à cœur de déconstruire. Pourtant, en dépit de ces différences hautement significatives, il reste que le code humoristique fait basculer la publicité dans un registre qui n'est déjà plus celui de la séduction classique. L'humour tient à distance, empêche le spectateur d'adhérer au « message », fait obstacle à la rêverie diurne et au procès d'identification. N'est-ce pas cela, cette *distanciation* qu'a réalisée précisément l'art moderne ? N'est-ce pas la critique de l'illusion, de la séduction, qui a animé de part en part la production des grandes œuvres esthétiques ? De même qu'avec Cézanne, le cubisme, les abstraits ou le théâtre depuis Brecht, l'art cesse de fonctionner dans le registre de la mimesis et de l'identification, pour apparaître comme pur espace pictural ou théâtral et non plus comme double fidèle du réel, de même avec l'humour, la scène publicitaire se détache du référent, acquiert une autonomie et s'érige en fait publicitaire dans une sorte de formation de compromis entre la représentation classique et la distanciation moderne.

Critique de l'illusion et des magies de la profondeur qu'il faut replacer dans une durée beaucoup plus longue, celle des sociétés modernes qui, dans leur expérimentation historique, se définissent par leur rejet de tout assujettissement à un *modèle* extérieur, transcendant ou reçu, et corrélativement par la visée d'une auto-institution, autoproduction du social par lui-même. Dans une société dont la visée est de se maîtriser de part en part, de se faire, de se voir à partir de son lieu même, les formes de l'illusion cessent d'être prévalentes et sont appelées à disparaître en tant qu'ultime vestige d'une hétéronomie sociale. La représentation et son schème de fidélité mimétique, la séduction et la dépossession du spectateur qu'elle institue ne peuvent subsister dans des systèmes refusant tout fondement ou toute extériorité reçus. Partout c'est le même procès d'autonomisation ou d'éradication des modèles transcendants qui apparaît : avec l'institution du capitalisme et du marché, la production se libère des antiques traditions, usages et contrôles; avec l'Etat démocratique et le principe de la souveraineté du peuple, le pouvoir s'émancipe de ses fondements jadis sacrés; avec l'art moderne, les formes renoncent à la séduction représentative, à l'illusion de la mimesis et trouvent leur intelligibilité non plus en dehors d'elles-mêmes mais en elles-mêmes. Replacé dans ce large contexte, le code humoristique n'est plus qu'une des figures de ce processus de destitution de l'illusion et d'autonomisation du social. Et lorsque la publicité se donne à voir comme publicité, elle ne fait que s'inscrire dans l'œuvre déjà lointaine de l'émergence d'une société sans opacité, sans profondeur, une société transparente à elle-même, cynique, en dépit de son humour cordial.

Dans le temps plus court, il faut interpréter la suspension de l'illusion engendrée par le code humoristique comme une des formes que prend le phénomène de *participation*, aujourd'hui en place à tous les niveaux de la société. Faire participer les individus, les rendre actifs et dynamiques, les rendre à leur statut d'agent de décision est devenu un axiome de la société ouverte. Aussi l'illusionnisme et le dessaisissement du sujet qu'il implique devient-il incompatible avec un système fonctionnant à l'option et au libre-service. Le dressage autoritaire, les formes lourdes de manipulation et de domestication deviennent obsolètes parce que ne prenant pas en considération l'activité et l'idiosyncrasie de l'individu. En revanche, le code humoristique et la distance qu'il produit entre le sujet et l'information se trouve correspondre au fonctionnement d'un système requérant l'activité, fût-elle minimale, des individus : point d'humour, en effet, qui n'exige une part d'activité psychique du récepteur. Le temps de la persuasion massive, de l'enrégimentation mécaniste dirigée vers des invididus rigides s'éclipse; l'illusionnisme, les mécanismes d'identification aveugle deviennent archaïques; avec le code humoristique, la publicité fait appel à la complicité spirituelle des sujets, s'adresse à eux en usant de références « culturelles », d'allusions plus ou moins discrètes, comme à des sujets éclairés. Elle entre, ce faisant, dans son âge cybernétique.

La mode : une parodie ludique.

La mode est un autre indicateur de pointe du fait humoristique. Il n'est que de feuilleter les magazines de mode et d'observer les vitrines pour s'en convaincre : tee-shirts avec dessins ou inscriptions drôles, style cockpit, socquettes assorties de broches-esquimaux ou éléphants (« Personnalisez des socquettes banales et sans humour en agrafant sur les revers une broche à vos couleurs »), casquette garçonne, coiffure hérisson, paillettes et étoiles de maquillage, lunettes de strass, etc. « La vie est trop courte pour s'habiller triste. » En abolissant tout ce qui ressemble au sérieux, lequel semble être devenu, à l'instar de la mort, un interdit majeur de notre temps, la mode liquide les ultimes séquelles d'un monde crispé et disciplinaire et devient massivement humoristique. Le chic, la distinction aujourd'hui font guindé, c'est pourquoi le prêt-à-porter a supplanté la haute couture dans la dynamique vivante de la mode. Ce qui remplace le bon goût, le grand style, c'est le « rigolo » : l'âge humoristique a pris le pas sur l'âge esthétique.

A coup sûr, la mode depuis les années vingt n'a cessé de « libérer » l'apparence de la femme, de créer un style « jeune », de faire reculer le paraître fastueux, d'inventer des formes extravagantes ou « drôles » (chez E. Schiaparelli par exemple). Il reste que, dans l'ensemble, la mode féminine est restée tributaire jusqu'aux années soixante d'une

216

esthétique épurée, d'une valorisation de l'élégance discrète et distinguée adaptée en quelque sorte à celle des hommes depuis Brummell. Nous sortons de cet univers, tant pour les femmes que pour les hommes : une culture de la *fantaisie* s'est mise en place, l'humour est devenu une des valeurs dirigeant le paraître vestimentaire. Le chic ne consiste plus dans l'adoption du dernier cri, il réside dans le clin d'œil, dans l'indépendance par rapport aux stéréotypes, dans le *look* personnalisé, sophistiqué et hétéroclite pour les ténors de la mode, banalisé et « relax » pour le tout-venant. De plus en plus d'originalité hypernarcissique pour quelques-uns, de plus en plus d'uniformité désinvolte ou décontractée pour la plupart, la société narcissique coïncide avec la désunification du monde de la mode, avec la liquéfaction de ses critères et impératifs, avec la coexistence pacifique des styles. Finis les grands scandales, les grandes excommunications de l'élégance, il n'y a plus qu'à être soi-même avec ou sans recherche mais avec humour, on peut tout se .permettre, tout porter, tout rejouer : c'est le temps du « second degré »; dans son orbite personnalisée, la mode s'est désubstantialisée, elle n'a plus ni enjeu ni défi.

La mode rétro apparue depuis quelques années est à cet égard significative. Années cinquante, années soixante, vogue des fripes de tous âges, le rétro ne ressemble à aucune mode en ce qu'il ne se définit plus par des canons stricts et inédits mais par la seule référence souple au passé et la résurrection des signes défunts de la mode plus ou moins librement combinés. En ce sens, le rétro est adapté à une société personnalisée, désireuse de desserrer les encadrements et de s'instituer sur un mode flexible. Paradoxalement, c'est donc par le culte ludique du passé que le rétro se trouve être le plus conforme au fonctionnement du présent. Le rétro comme antimode ou comme non-mode : cela ne désigne pas la fin de la mode mais sa phase humoristique ou parodique, au même titre que l'anti-art n'a jamais fait que reproduire et élargir la sphère artistique en y intégrant la dimension humoristique. Désormais le destin des antisystèmes est d'apparaître sous le signe humoristique. Le rétro n'a pas de contenu, ne signifie rien et s'évertue dans une sorte de parodie légère à expliciter et surexposer les signifiants archaïques de la mode. Ni nostalgique ni mortifère, cette revivescence caricaturale est bien davantage métasystémique : le rétro met en scène le système de la mode et signifie la mode elle-même dans le redoublement et l'imitation au second degré. Ici comme ailleurs, les signes ont pour stade ultime le moment où ils s'autoreprésentent, s'autodésignent selon un procès métalogique de type humoristique parce que se tournant en dérision par effet de miroir. Nouveau paradoxe des sociétés fondées sur l'innovation : à partir d'un certain seuil, les systèmes se développent en se retournant sur eux-mêmes. Si le modernisme était fondé sur l'aventure et l'exploration, le post-modernisme repose sur la reconquête, l'autoreprésentation, humoristique pour les systèmes sociaux, narcissique pour les systèmes psychiques. A la fuite en avant s'est substituée la redécouverte des fondements, le développement intérieur.

« Rien n'est plus mode que de ne pas avoir l'air de se préoccuper de la mode. On enfile ainsi son maillot de danseuse ou sa veste Mao avec l'air blasé de celle qui a renoncé à jamais aux artifices déclarés vulgaires pour défendre le confort ultra-classique des vêtements de travail. Et l'air de rien, avec son short de boxeur ou sa robe d'infirmière habilement accessoirisés on se retrouve à la pointe même de la mode. » Depuis le jean, la mode n'a cessé de promouvoir des vêtements appartenant au monde du travail, de l'armée, du sport. Salopette, ensemble treillis, combinaisons de peintre, parka et caban de marin, style jogging, jupe paysanne : le frivole s'identifie au sérieux et au fonctionnel, la mode singe le monde professionnel et ce faisant adopte un style explicitement parodique. En imitant les costumes utilitaires, la mode assouplit ses repères, la solennité « bon genre » se dissipe, les formes perdent ce qu'elles pouvaient avoir de maniéré et d'apprêté, la mode et son dehors cessent de s'opposer radicalement, parallèlement au mouvement partout visible de dénégation des oppositions. Aujourd'hui la mode est au négligé, au décontracté; le neuf doit paraître usé et l'étudié spontané. La mode la plus sophistiquée imite et parodie le naturel, parallèlement là aussi à la décrispation des institutions et mœurs post-modernes. Lorsque la mode n'est plus un pôle hautement marqué, son style devient humoristique, ayant pour ressort le plagiat vide et neutralisé.

La parodie n'a pas seulement pour objet le travail, la nature ou la mode elle-même, ce sont toutes les cultures et la culture qui sont à présent annexées par le procès humoristique. Ainsi de la vogue des nattes afro : sitôt recyclé dans le registre de la mode, ce qui était rituel et traditionnel perd toute épaisseur et bascule dans la mascarade. Tel est le nouveau visage de l'ethnocide : à l'extermination des cultures et populations exotiques a succédé un néo-colonialisme humoristique. Impossibilité des Blancs à respecter le dehors et maintenant le dedans lui-même : ce n'est même plus l'exclusion, la relégation qui commande notre relation à l'Autre, la société post-moderne est bien trop friande de nouveautés pour rejeter quoi que ce soit. Au contraire, nous accueillons tout, nous exhumons et phagocytons tout mais au prix de la dérision désinvolte de l'Autre. Quelles que soient nos dispositions subjectives, la représentation de l'Autre au travers de la mode prend figure humoristique, parce que reversée dans une logique de l'inédit pour l'inédit, expurgée de toute signification culturelle. Pas le mépris, la parodie inéluctable, indépendante de nos intentions.

Sans qu'on y prenne garde, un phénomène tout à fait inédit, de masse qui plus est, est apparu dans la mode de ces dernières années; désormais en effet, l'écrit est annexé par l'habit. Un peu partout, sur les jeans, chemises, pulls, les marques et inscriptions sont ostensiblement offertes à l'œil, sur les tee-shirts, lettres, sigles, syntagmes, formules s'exhibent largement. Invasion signalétique et typographique. Affaire publicitaire? Ce serait là réduire beaucoup trop le problème, car ce qui est inscrit n'a souvent aucune relation avec le nom ou le produit des firmes. Volonté de briser l'anonymat des masses, d'afficher une appartenance de groupe, une classe d'âge, une identité culturelle ou régionale? Même pas, n'importe qui, n'importe quand, porte n'importe quoi, indépendamment de toute affirmation d'identité. En fait, en intégrant l'écriture dans sa logique, la mode a repoussé ses frontières, a élargi le champ des combinaisons possibles et, ce faisant, ce sont l'écriture, la culture, le sens, l'affiliation qui se trouvent affectés d'un coefficient humoristique. Les signes sont déconnectés de leur signification, de leur usage, de leur fonction, de leur support, ne reste qu'un jeu parodique, un ensemble paradoxal où l'habit humorise l'écrit, l'écrit humorise l'habit : Gutenberg en B.D. décontracté et déguisé.

Tout ce qui entre dans l'orbite de la mode l'est sous le signe humoristique et, simultanément, tout ce qui se trouve démodé connaît le même destin. Qu'y a-t-il de plus drôle, de plus ridicule aussi, rétrospectivement, que ces vêtements ou coiffures ayant fait fureur quelques années auparavant ? Le démodé, le proche comme le lointain fait rire, comme s'il fallait le recul du temps pour réaliser dans toute sa radicalité la nature humoristique de la mode. A l'humour léger, décontracté et vivant du présent correspond l'humour involontaire, vaguement empesé du démodé. Si donc la mode est un système humoristique, ce n'est pas seulement en fonction de ses contenus plus ou moins contingents ; beaucoup plus profondément, elle l'est par son fonctionnement même, par sa logique interminable de promotion du neuf ou du pseudo-neuf et corrélativement de déclassement des formes. La mode est une structure humoristique, et non pas esthétique, en ce que, sous son registre, le neuf comme l'ancien se trouvent dotés inéluctablement d'un coefficient « drôle » et ce, en fonction de son procès d'innovation permanente et cyclique. Point de nouveauté qui n'apparaisse comme forme frivole, curieuse et amusante ; point de rétro qui ne fasse sourire.

221

Comme la publicité, la mode ne dit rien, est une structure vide, aussi a-t-on tort d'y voir une forme moderne du mythe. L'impératif de la mode n'est pas de raconter ou de faire rêver, mais de changer, changer pour changer et la mode n'existe que par ce procès de déclassement incessant des formes. Ce faisant, elle est la vérité même de nos systèmes historiques fondés sur l'expérimentation accélérée, l'exposition de leur fonctionnement intrinsèque sous le mode ludique et insouciant. Le changement y est en effet en acte, mais davantage dans sa forme que dans ses contenus : certes la mode innove, mais surtout elle parodie le changement, elle caricature l'innovation en programmant le rythme de ses changements, en accélérant la cadence de ses cycles, en identifiant le neuf à la promotion de gagdets, en simulant chaque saison la nouveauté fondamentale. Grande parodie inoffensive de notre temps, la mode, en dépit de son forcing en nouveautés, de sa dynamique induisant l'obsolescence des signes, n'est ni mortifère ni suicidaire (R. König), elle est humoristique.

Procès humoristique et société hédoniste.

Le phénomène humoristique ne doit rien à une quelconque vogue éphémère. C'est durablement et constitutivement que nos sociétés s'instituent sur le mode humoristique : par la décontraction ou décrispation des messages qu'il engendre, le code humoristique fait partie en effet du vaste dispositif polymorphe qui, dans toutes les sphères, tend à assouplir ou personnaliser les structures rigides et contraignantes. Au lieu des injonctions coercitives, de la distance hiérarchique et de l'austérité idéologique, la proximité et détente humoristique, langage même d'une société flexible et ouverte. En donnant droit de cité à la fantaisie, le code humoristique allège les messages et leur insuffle une rythmique, une dynamique allant de pair avec la promotion du culte du naturel et de la jeunesse. Le code humoristique agence des énoncés « jeunes » et toniques, il abolit la lourdeur et gravité du sens; il est aux messages ce que la « ligne » et la « forme » sont au corps. De même que l'obésité devient « interdite » dans un système requérant la disponibilité et la mobilité permanente des sujets, de même les discours emphatiques s'éclipsent, incompatibles qu'ils sont avec l'exigence d'opérationnalité et de célérité de notre temps. Il faut du percutant, du flash, les pesanteurs se dissipent au bénéfice de la « vie », des spots psychédéliques, de la sveltesse des signes : le code humoristique électrifie le sens.

Face joyeuse du procès de personnalisation, le phénomène humoristique tel qu'il apparaît de nos jours est inséparable de l'âge de la consommation. C'est le boom des besoins et la culture hédoniste qui l'accompagne qui ont rendu possibles tant l'expansion humoristique que le déclassement des formes cérémonieuses de la communication. La société dont la valeur cardinale devient le bonheur de masse est entraînée inéluctablement à produire et consommer à grande échelle des signes adaptés à ce nouvel ethos, soit des messages gais, heureux, aptes à procurer à tout moment, pour le plus grand nombre, une prime de satisfaction directe. Le code humoristique est bien le complément, l' « arôme spirituel » de l'hédonisme de masse, à

223

condition de ne pas assimiler ce code au sempiter-
nel instrument du capital, destiné à stimuler la
consommation. Sans doute les messages et communications drôles correspondent-ils aux intérêts
du marketing, mais le problème véritable est :
pourquoi ? Pourquoi le raz de marée actuel des
comics chez les adultes eux-mêmes alors qu'il y a
peu de temps encore, en France, la B.D. était
ignorée ou méprisée ? Pourquoi une écriture de
presse saturée de titres cocasses et légers ? Pourquoi le spot humoristique a-t-il remplacé la
réclame de jadis « réaliste » et bavarde, sérieuse et
lourde de textes ? Impossible d'en rendre compte
par le seul impératif de vendre, par les seuls
progrès du design ou des techniques publicitaires.
Si le code humoristique s'est imposé, a « pris »,
c'est qu'il correspond à de nouvelles *valeurs*, à de
nouveaux goûts (et non aux seuls intérêts d'une
classe), à un nouveau type d'individualité aspirant
au loisir et à la détente, allergique à la solennité du
sens après un demi-siècle de socialisation par la
consommation. Sans doute l'humour euphorique
destiné à un large public n'est-il pas né avec la
société de consommation : aux U.S.A., dès le
début du siècle, existe un marché de la B.D., le
dessin animé connaît un grand succès à la même
époque, des réclames amusantes voient le jour
autour de 1900 (« le pneu Michelin boit l'obstacle », silhouette joviale du « Père Lustucru »,
facéties du trio « Ripolin »). Ce n'est pourtant
qu'avec la révolution des besoins, avec l'émergence des nouvelles finalités hédonistes que la
généralisation et légitimation de l'humour ludique
deviendront possibles.

A présent l'humour se veut « naturel » et toni-

224

que : le courrier des lecteurs, les papiers « in », dans *Libération* ou *Actuel* par exemple, font un large usage de réflexions exclamatives et d'épiphonèmes, d'interjections, d'expressions quotidiennes et directes, à aucun moment l'humour ne doit paraître étudié ou trop intellectuel : « De A (prononcez ai) à W (prononcez deubeuliou), de AC/DC à Wild Horses, tout ce qu'il faut apprendre (et savoir) sur les groupes de hard rock, afin de ne plus passer pour un benêt à la surboum de fin d'année organisée par la fille du protal. Je ne vous le répéterai pas. A vos plumiers, les kids, à vos plumiers ! » *(Libé)*. Le code humoristique ne s'identifie plus au tact, à l'élégance du savoir-vivre bourgeois, il charrie le langage de la rue, donne dans le familier et le laisser-aller. La concurrence des classes en vue de la domination symbolique n'éclaire que très en surface un phénomène dont l'origine est à situer dans la révolution générale du mode de vie, non dans les luttes pour le classement prestigieux. Loin d'être un instrument de noblesse culturelle, le code humoristique évacue la distinction et la respectabilité des signes d'un âge antérieur, détrône l'ordre des préséances et écarts hiérarchiques au bénéfice d'une banalisation « relax » promue désormais au rang de valeur culturelle. De même, ne convient-il pas de donner suite à la complainte marxiste : il y a d'autant plus de représentations joyeuses que le réel est plus monotone et pauvre ; l'hypertrophie ludique compense et dissimule la détresse réelle quotidienne. En réalité, c'est à un travail de relâchement des signes, à leur délestage de toute gravité que s'emploie le code humoristique, véritable vecteur de démocratisation des discours par le biais d'une désubstantialisation et neutralisation ludiques. Démocratisation qui tient moins à l'œuvre de l'idéologie égalitaire qu'à l'essor de la société de consommation, laquelle étend les passions individualistes, induit un désir de masse de vivre libre tout de suite et corrélativement dévalue les formes strictes : la culture du spontané, *free style*, dont l'humour actuel n'est qu'une des manifestations, va de pair avec l'individualisme hédoniste; elle n'a été rendue possible historiquement que par l'idéal inflationniste de la liberté individuelle dans les sociétés personnalisées.

Cela dit, l'humour qu'on voit déferler aujourd'hui un peu partout n'est pas une invention historique radicalement inédite. Quelle que soit la nouveauté de l'humour pop, des liens de filiation l'unissent encore à un « état d'âme » particulier, d'une origine antérieure, le *sense of humour*, diffusé au cours des XVIIIe et XIXe siècles, en Angleterre notamment. Par son caractère convivial en effet, l'humour contemporain se rattache à l'humour classique, lui-même à bien des égards déjà indulgent et amène; mais si le premier résulte de la socialisation hédoniste, le second est à relier à l'avènement des sociétés individualistes, à cette nouvelle signification sociale de l'unité humaine par rapport à l'ensemble collectif, dont un des effets a été de contribuer à dévaloriser et à refréner l'usage de la violence. L'humour, à la différence de l'ironie, apparaît comme une attitude révélant une sorte de sympathie, de complicité, fussent-elles feintes, avec le sujet visé, on rit avec le sujet, non de lui. Comment ne pas associer cet élément *affectif* propre à l'humour, cette coloration subjective, à l'humanisation générale des rapports interpersonnels corrélatifs à l'entrée des sociétés occidentales dans l'ordre démocratique-individualiste ? Il y a eu adoucissement du comique comme il y a eu adoucissement des châtiments, comme il y a eu diminution de la violence de sang; nous ne faisons, à présent, que continuer autrement cet assagissement. « Optimisme triste et pessimisme gai » (R. Escarpit), le *sense of humour* consiste à relever le côté drôle des choses surtout dans les moments difficiles de la vie, à plaisanter, quelque pénibles que soient les événements. Aujourd'hui même où la tonalité dominante du comique se déplace, l'humour « digne » ne cesse d'être valorisé : les films de guerre américains par exemple sont passés maîtres dans l'art de mettre en scène des héros obscurs dont l'humour froid est proportionnel aux dangers encourus : après le code chevaleresque de l'honneur, le code humoristique comme ethos démocratique. Impossible en effet de comprendre l'extension de ce type de comportement sans le relier à l'idéologie démocratique, au principe de l'autonomie individuelle moderne ayant permis la valorisation des propos excentriques volontaires, des attitudes non conformistes, *détachées* mais sans ostentation ni défi, conformément à une société d'égaux : « Une pincée d'humour suffit à rendre tous les hommes frères[1]. » L'humour remplit cette double fonction démocratique : il permet à l'individu de se dégager, fût-ce ponctuellement, de l'étreinte du destin, des évidences, des conventions, d'affirmer avec légèreté sa liberté d'esprit, simultanément il empê-

1. Ph. D. Thompson, *L'Humour britannique*, Lausanne, 1947, p. 27.

che l'ego de se prendre au sérieux, de se forger une image « supérieure » ou hautaine, de se manifester sans domination de soi, impulsivement ou brutalement. L'humour pacifie les relations entre les êtres, désamorce les sources de frictions tout en maintenant l'exigence de l'originalité individuelle. A cela tient le prestige social de l'humour, code de dressage égalitaire qu'il faut concevoir ici comme un instrument de socialisation parallèle aux mécanismes disciplinaires. Cela étant, pour être autocontrôlé, discipliné jusque dans son attitude humoristique, l'homme moderne ne peut être identifié à une cible de plus en plus assujettie à mesure que se déploient les technologies microphysiques du pouvoir : par l'humour, en effet, l'individu disciplinaire présente déjà un détachement, une désinvolture, au moins apparente, inaugurant à ce niveau une émancipation de la sphère subjective que nous ne cessons depuis d'élargir.

Le *sense of humour* avec sa dualité de satire et de sensibilité fine, d'extravagance idiosyncrasique et de sérieux, correspondait à la première révolution individualiste, soit au développement des valeurs de liberté, d'égalité, de tolérance encadrées par les normes disciplinaires du contrôle de soi; avec la deuxième révolution individualiste charriée par l'hédonisme de masse, l'humour change de tonalité, s'indexant en priorité sur les valeurs de cordialité et de communication. Ainsi dans la presse et surtout dans l'humour quotidien ne s'agit-il plus tant au fond de ridiculiser la logique, de dénoncer ou de railler, fût-ce avec bienveillance, certains événements, que d'établir une simple ambiance « relax », détendue : en quelque sorte l'humour remplit une fonction *phatique*.

Désubstantialisation du comique qui répond à la désubstantialisation narcissique et son besoin de proximité communicationnelle : humour pop et code convivial font partie d'un même dispositif, ensemble ils sont corrélatifs de la culture psy et de l'individualité narcissique, ensemble ils produisent de la « chaleur » humaine dans une société valorisant les rapports personnalisés, ensemble ils démocratisent les discours et comportements humains. Si le code humoristique a pris une telle place, jusque dans le parler ordinaire, cela ne tient pas seulement à l'hédonisme de la consommation mais aussi à la psychologisation des relations humaines qui s'est développée parallèlement. L'humour *fun* et décontracté gagne lorsque le rapport à l'autre et à soi se psychologise ou se vide d'enjeu collectif, lorsque l'idéal est d'établir du « contact » humain, lorsque plus personne ne croit au fond à l'importance des choses. Ne pas se prendre au sérieux : cette démocratisation de l'individu n'exprime plus seulement un impératif idéologique égalitaire, elle traduit la montée de ces valeurs psy que sont la spontanéité et la communication, elle traduit un changement anthropologique, la venue au jour d'une personnalité tolérante, sans grande ambition, sans haute idée d'elle-même, sans croyance ferme. L'humour qui nivelle les figures du sens en clins d'œil ludiques est à l'image du flottement narcissique, lequel se révèle ici encore un instrument démocratique.

Les domaines les plus intimes, jadis tabous, le sexe, le sentiment, entrent dans le jeu : voyez les « petites annonces » qui se veulent à tout prix drôles et originales : « Plus beau que James Dean, plus vite qu'à Daytona. Plus risqué que Mad

Max... Ça te botte, tu réponds, on recrute. » Les temps ont changé : il n'est plus malséant d'exhiber ses problèmes, d'avouer ses faiblesses, de dévoiler sa solitude, l'idéal cependant est de l'exprimer au « second degré », par hyperboles modernistes dont l'amplification est telle qu'elle ne signifie plus rien si ce n'est le goût humoristique du destinateur. Simultanément, l'humour devient une qualité exigée de l'autre : « Tu es vive, sympa, tu aimes échanger, jouer, voyager, rire, rire, caresses, amour, amour hé hé moi aussi... Comment j'ai fait pour ne pas te rencontrer ? Ah ! Tu es un peu timide ? Heu ! Moi aussi s'tu veux (accent Coluche). » Tout dire, mais ne pas se prendre au sérieux, l'humour personnalisé est narcissique, il est autant un écran protecteur du sujet qu'un moyen cool pour se mettre en scène. La dualité post-moderne se retrouve ici : le code privilégié de communication avec l'autre s'établit sur le mode humoristique tandis que le rapport avec soi-même se base sur le travail et l'effort (thérapies, régimes, etc.). Encore qu'un nouvel hybride soit apparu : « Le rire thérapeutique. Méthode douce, profonde pour retrouver une énergie vitale décuplée. Par des techniques de respiration et d'éveil sensoriel, nous abordons notre corps et notre mental dans une optique nouvelle faite d'ouverture et de disponibilité. Ce '' rire, venu des Indes '', réintroduit dans notre vie un souffle ancien et oublié. »

Le code humoristique a pénétré l'univers féminin longtemps à l'écart de cette dimension, voué qu'il était à une frivolité des apparences se doublant en réalité, comme le notait E. Sullerot, d'un inaltérable sérieux conservateur et moralisant. C'est avec l'apparition de la femme « consommatrice » au cours des années vingt et trente que l'archétype féminin commence à changer, passant d'une certaine mélancolie à la gaieté affichée, à l'optimisme du *keep smiling*. Aujourd'hui, l'humour s'étale largement dans la presse féminine, depuis peu la mode des « dessous » féminins est même présentée en *comic strips (Elle)*, des femmes sont de célèbres *cartoonists*, l'écriture, surtout depuis l'offensive féministe, fait un emploi libre et déculpabilisé des formes humoristiques, dans les feuilletons américains *(Drôles de dames)* les femmes ont les mêmes propos et attitudes décontractés que les hommes. La société hédoniste, en généralisant les goûts fun, a légitimé l'humour dans toutes les catégories sociales, dans tous les groupes d'âge et de sexe, un humour d'ailleurs de plus en plus identique, accessible à tous, de « sept à soixante-dix-sept ans ».

Destin humoristique et âge « post-égalitaire ».

Conséquence ultime de l'âge de la consommation, le procès humoristique investit la sphère du sens social, les valeurs supérieures deviennent parodiques, incapables qu'elles sont d'imposer un quelconque investissement émotionnel profond. Sous la poussée des valeurs hédonistes et narcissiques les repères éminents se vident de leur substance, les valeurs qui structuraient encore le monde de la première moitié du XXe siècle (épargne, chasteté, conscience professionnelle, sacrifice, effort, ponctualité, autorité) n'inspirent plus le respect, invitent davantage au sourire qu'à la vénération : spectres de vaudevilles, quelque chose

231

de vaguement vétuste ou ridicule s'attache malgré nous à leurs noms. Après la phase d'affirmation glorieuse et héroïque des démocraties où les signes idéologiques ont rivalisé d'emphase (la nation, l'égalité, le socialisme, l'art pour l'art) avec les discours hiérarchiques détrônés, on entre dans l'ère démocratique post-moderne s'identifiant avec la désubstantialisation humoristique des critères sociaux majeurs.

Aussi le procès humoristique ne désigne-t-il pas seulement la production délibérée de signes « drôles », mais simultanément le devenir parodique de nos représentations et ce, hors de la prise volontaire des individus et groupes : à présent, même le plus sérieux, le plus solennel – surtout lui – par contraste, prend une tonalité comique. Qu'est-ce qui peut encore y échapper, au moment où le conflit politique lui-même, la division droite-gauche se dissout dans une parodie de rivalité que symbolisent bien les nouveaux spectacles hautement risibles que sont les débats télévisés. En se personnalisant, la représentation du politique est devenue largement humoristique : plus les grandes options cessent de s'opposer drastiquement, plus le politique se caricature en scènes de catch à deux ou à quatre; plus la démotivation politique s'accroît, plus la scène politique ressemble à un strip-tease de bonnes intentions, d'honnêteté, de responsabilité et se métamorphose en mascarade bouffonne. Le stade suprême de l'autonomie du politique n'est pas la dépolitisation radicale des masses, c'est sa spectacularisation, sa déchéance burlesque : lorsque les oppositions de partis tournent à la farce et sont de plus en plus perçues comme telle, la classe politique peut fonctionner en systèmes clos, exceller en prestations télévisées, se livrer aux délices des manœuvres d'états-majors, aux tactiques bureaucratiques et, para-doxalement, continuer à jouer le jeu démocratique de la représentation, face à l'apathie amusée de l'électorat. Instrument d'autonomisation des systè-mes et appareils, ici du politique, le procès humo-ristique est lui-même entré dans sa phase d'auto-nomie : de nos jours, la représentation humoristi-que investit les secteurs les plus « graves », se déploie selon une nécessité incontrôlée, *indépen-damment* des intentions et finalités des acteurs historiques. Elle est devenue un destin.

Novembre 1980 : Coluche, candidat à l'élection présidentielle rencontre un large courant de sym-pathie, tandis qu'un comité de soutien « sérieux » se constitue. Pouvait-on imaginer phénomène plus révélateur du devenir humoristique de la politi-que ? Un bouffon candidat : plus personne n'est scandalisé, hormis la classe politique elle-même, celle de gauche surtout. Au fond, tout le monde est ravi qu'un rigolo professionnel vienne occuper la scène politique, puisque celle-ci s'est déjà transfor-mée en spectacle burlesque : avec Coluche, la mascarade politique ne fait que monter aux extrê-mes. Quand le politique n'a plus d'éminence et se personnalise, il n'est pas étonnant qu'un artiste de variétés réussisse à accaparer un pourcentage notable d'intentions de vote destinées initialement aux leaders politiques, ces comiques de seconde zone : au moins rira-t-on « pour de vrai ». L'effet Coluche ne procède ni d'une nostalgie carnavales-que ni d'une logique de la transgression (laquelle suppose un ordre foncièrement sérieux), il faut y voir une parodie pure investissant les mécanismes

233

démocratiques, une parodie exacerbant la parodie du politique.

Les valeurs, le politique, l'art même sont pris dans cette dégradation irrésistible. Les beaux jours de la fin du siècle dernier et du début du XXᵉ où l'art faisait scandale sont terminés : désormais, les œuvres les plus dépouillées, les plus problématiques, les plus « minimales » – surtout elles – ont un effet comique, indépendamment de leur contenu. On a beaucoup glosé sur l'humour des artistes pop, sur la désacralisation de l'art qu'ils ont opérée, mais plus profondément, c'est l'ensemble de l'art moderne qui a pris peu ou prou une tonalité humoristique. Avec les grandes déconstructions cubistes et la fantaisie surréaliste, avec l'abstraction géométrique ou expressionniste et l'explosion des courants pop, nouveaux réalistes, land art, body art, happenings, performances, pattern, aujourd'hui post-modernes, l'art a cessé de « faire sérieux ». Dans sa rage d'innovation, l'art a dissous tous ses repères classiques, renonce au savoir-faire et au beau, ne cesse d'en finir avec la représentation, se saborde en tant que sphère sublime et entre, ce faisant, dans l'ère humoristique, cet ultime stade de sécularisation des œuvres, celui où l'art perd son statut transcendant et apparaît comme une activité livrée à l'escalade du « n'importe quoi », au bord de l'imposture. A l'affût de matériaux déclassés, d'« actions », de formes et volumes élémentaires, de nouveaux supports, l'art devient drôle à force de simplicité et de réflexivité sur sa propre activité, à force de tenter d'échapper à l'Art, à force de nouveautés et de « révolutions ». L'humour des œuvres n'est plus fonction de leur teneur intrinsèque, il tient à

234

l'extrême radicalisation de la démarche artistique, à ses déterritorialisations limites, apparaissant aux yeux du grand public comme gratuites et grotesques. La dissipation des grands codes esthétiques, le jusqu'au-boutisme des avant-gardes a transformé de fond en comble la perception des œuvres, lesquelles deviennent équivalentes à d'absurdes gadgets de luxe.

Plus directement encore, avec l'émiettement des particularismes et la surenchère minoritaire des réseaux et associations (pères célibataires, lesbiennes toxicomanes, associations d'agoraphobes ou de claustrophobes, d'obèses, de chauves, de laids et laides, ce que Roszak appelle le « réseau situationnel »), c'est l'espace de la revendication sociale lui-même qui prend une coloration humoristique. Drôlerie tenant à la démultiplication, à la miniaturisation interminable du droit aux différences; à l'instar de la farce des boîtes cachant d'autres boîtes de plus en plus petites, le droit à la différence ne cesse de désenchâsser des groupes, d'affirmer des microsolidarités, d'émanciper de nouvelles singularités aux frontières de l'infinitésimal. La représentation humoristique vient avec l'excès pléthorique des ramifications et subdivisions capillaires du social. Nouveaux slogans : *Fat is beautiful*, *Bald is beautiful*; nouveaux groupements : *Jewish Lesbian Gang*, hommes à la ménopause, *Non-parents organisations*, qui ne voit le caractère humoristique de l'affirmation de soi et de la sociabilité post-moderne à mi-chemin du gadget et de la nécessité historique; comique instantané, faut-il ajouter, s'épuisant aussitôt, n'importe quelle association entrant très vite dans les mœurs du temps. Et se transistorisant la division sociale a

235

perdu son éclat tragique, sa centralité pathétique antérieure, elle est gadgétisée sous le foisonnement des différenciations microscopiques.

Sans doute toutes les divisions ne sont-elles pas de cet ordre : les conflits centrés autour de la production, de la répartition, de l'environnement, demeurent avec leurs caractères incontestablement sérieux. Cela étant, à mesure que se dissipe l'idéologie révolutionnaire, les actions sociales, même encadrées par des appareils bureaucratiques, exploitent un langage et des slogans plus détendus; ici où là, affiches, banderoles, autocollants n'hésitent plus à adopter un style humoristique, plus ou moins sarcastique, plus ou moins noir (les antinucléaires, les écologistes); les manifestations dans les mouvements « en rupture » se veulent souvent colorées, parfois costumées, se terminant dans la « fête » : avec du retard, le militantisme lui aussi se déride quelque peu. En particulier dans les nouveaux mouvements sociaux, on assiste à une volonté plus ou moins marquée de personnaliser les modalités du combat, d' « aérer » le militantisme, de ne plus séparer tout à fait le politique de l'existentiel, en vue d'une expérience plus globale, revendicative, communautaire, « drôle » à l'occasion. Prendre les problèmes au sérieux et lutter, soit; mais ne pas perdre le sens de l'humour; l'austérité militante ne s'impose plus avec autant de nécessité que jadis, la décontraction des mœurs hédonistes et psychologistes s'immisce jusque dans l'ordre des actions sociales qui n'excluent pas pour autant des confrontations parfois dures.

De même que l'éparpillement polymorphe des groupes humorise la différenciation sociale, de même l'hyper-individualisme de notre temps a tendance à susciter une appréhension d'autrui à tonalité comique. A force de personnalisation, chacun devient une bête curieuse pour l'autre, vaguement bizarre et cependant dépourvu de mystère inquiétant : l'autre comme théâtre absurde. La coexistence humoristique, voilà ce à quoi nous contraint un univers personnalisé; autrui ne parvient plus à choquer, l'originalité a perdu sa puissance provocatrice, ne reste que l'étrangeté dérisoire d'un monde où tout est permis, où tout se voit et qui n'appelle plus qu'un sourire passager. A présent des adultes vivent, s'habillent, « se battent » comme les cow-boys et les Indiens de la grande époque pendant leurs mois de vacances, d'autres « adoptent » et choient des poupées comme des enfants, on déambule en patins à roulettes, on exibe avec naturel et force détails ses problèmes sexuels sur les ondes; les croyances et sectes, les pratiques et modes les plus inimaginables trouvent aussitôt des adeptes en masse; l'autre est entré dans la phase du « n'importe quoi », du désalignement burlesque. Dès lors, le mode d'appréhension d'autrui n'est ni l'égalité ni l'inégalité, c'est la curiosité amusée, chacun d'entre nous étant condamné à apparaître à plus ou moins long terme étonnant, excentrique aux yeux des autres. Ultime désacralisation, le rapport interhumain est ici expurgé de sa gravité immémoriale dans la même foulée que la chute des idoles et grands de ce monde; ultime expropriation, l'image que nous offrons à autrui se trouve vouée au comique. Dépossession correspondant à celle instituée par l'inconscient et le refoulement : que ce soit dans l'ordre subjectif ou intersubjectif, l'individu

237

connaît une même spoliation dans sa représentation. Avec l'inconscient, l'ego perd la maîtrise et la vérité de lui-même; avec le procès humoristique le Moi se dégrade en pantin ectoplasmique. Aussi ne faut-il pas ignorer le prix et l'enjeu de l'ère hédoniste, celle-ci ayant désubstantialisé tant la réprésentation que l'unité même de l'individu. Le procès de personnalisation ne s'est pas contenté de briser, de dévaloriser, pour parler comme Nietzsche, la représentation de l'ego avec le psychanalysme, il a simultanément dégradé la représentation interhumaine en faisant d'autrui un être du « troisième type », un gadget loufoque.

Avec le devenir humoristique des significations sociales et des êtres, c'est l'ultime phase de la révolution démocratique qui prend corps. Si celle-ci se définit par un travail d'éradication progressive de toutes les formes de hiérarchie substantielle et s'attache à produire une société sans dissemblance d'essence, sans hauteur ni profondeur, le procès humoristique qui fait perdre définitivement leur majesté aux institutions, groupes et individus prolonge bien la visée séculaire de la modernité démocratique, fût-ce avec des instruments autres que l'idéologie égalitaire. Avec l'ère humoristique qui abaisse les distances, le social devient définitivement adéquat à lui-même, plus rien n'exige vénération, le sentiment des hauteurs est pulvérisé dans la désinvolture généralisée, le social se ressaisit dans son entière autonomie conformément à l'essence du projet démocratique. Mais simultanément, l'ère humoristique et personnalisée introduit des effets si inédits dans le régime du dispositif égalitaire qu'on est en droit de se demander si l'on n'est pas déjà entré dans des sociétés en quelque sorte « post-égalitaires ». La société qui, en effet, était vouée par le travail de l'égalité à s'agencer sans hétérogénéité ni dissemblance, est en passe de métamorphoser autrui en étranger radical, en véritable mutant farfelu; la société fondée sur le principe de la valeur absolue de chaque personne est celle-là même où les êtres ont tendance à devenir les uns pour les autres des zombies inconsistants ou désopilants; la société où se manifeste le droit pour tous d'être reconnu socialement est aussi celle où les individus cessent de se reconnaître comme absolument mêmes à force d'hypertrophie individualiste. Plus il y a de reconnaissance égalitaire, plus il y a de différenciation minoritaire et plus la rencontre interhumaine vire à l'étrangeté cocasse. Nous sommes voués à affirmer toujours plus d'égalité « idéologique » et simultanément à ressentir des hétérogénéités psychologiques croissantes. Après la phase héroïque et universaliste de l'égalité, fût-elle à l'évidence limitée par les différences marquées des classes, la phase humoristique et particulariste des démocraties où l'égalité se moque de l'égalité.

Microtechnologie et sexe porno.

L'émiettement de la division sociale se trouve en quelque sorte en phase avec la nouvelle tendance technologique au « léger » : à l'hyperpersonnalisation des individus et des groupes répond la course à la miniaturisation, accessible à un public de plus en plus large. On a relevé depuis longtemps les aspects risibles des innovations technologiques modernes, ses proliférations d'accessoires, ses aberrations de fonctionnalité absolue (les films de J. Tati par exemple); mais à l'âge de la *hi-fi*, de la vidéo, de la « puce », une nouvelle dimension est apparue laissant loin derrière elle le ridicule des automatismes « inutiles ». A présent, l'appréhension humoristique procède non de l'excroissance gratuite mais de la performance technologique à occuper moins d'espace. Toujours plus petit : *Ultra Compact Machine,* tout comme autrui est devenu potentiellement un gadget à force de déstandardisation, le technologique devient humoristique à force de « compact », de dimensions réduites : minichaîne, microtélé, walkman, jeux électroniques miniatures, ordinateur de poche. Effet drôle qui tient en ce que le plus petit met en œuvre le plus complexe; le procès interminable de réduction suscite l'amusement émerveillé, ému, du profane : on en est déjà aux machines subminiaturisées, au stylo électronique, à la minitraductrice à réponse vocale, à la télé bracelet-montre, *flat-TV.* Dans cette surenchère de miniaturisation, le fonctionnel et le ludique se distribuent d'une manière inédite; une deuxième génération de gadgets (mais le mot, à l'évidence, n'est plus adéquat) est apparue, au-delà de la fonction décorative, au-delà des mécanismes métafonctionnels. A présent les robots, les micro-ordinateurs sont froids, « intelligents », économiques : l'ordinateur domestique gère le budget, compose les menus en fonction des saisons et des goûts de la famille, se substitue à la baby-sitter, prévient la police ou les pompiers si besoin est. Le comique grotesque-surréaliste des gadgets à fait place à une science-fiction *soft.* Finie la dérision : avec la miniaturisation informatique, le comique des objets s'est assagi au moment où

240

précisément le *jeu* devient une cible investie par les technologies de pointe (jeux vidéo); *small is beautiful*, à l'instar des mœurs, l'impact humoristique des techniques s'est dégrossi dans la foulée des microprocesseurs. Nous aurons peut-être de moins en moins l'occasion de nous moquer des produits de la technique, c'est elle dès lors qui annexe ce secteur : au Japon, des robots domestiques d'apparence humaine sont en cours, véritables mimes programmés, notamment pour rire et faire rire.

Le technologique est devenu porno : l'objet et le sexe sont entrés en effet dans le même cycle illimité de la manipulation sophistiquée, de l'exhibition et de la prouesse, des commandes à distance, des interconnexions et commutations de circuits, des « touches sensitives », des combinatoires libres de programmes, de la recherche visuelle absolue. Et c'est cela qui empêche qu'on prenne le porno tout à fait au sérieux. A son stade suprême, le porno est drôle, l'érotisme de masse se renverse en parodie du sexe. Qui ne s'est pas pris à sourire, à franchement rire dans un sex-shop ou lors d'une projection X? Passé un certain seuil, l'excès « technologique » est burlesque. Comique bien au-delà du plaisir de la transgression ou de la levée du refoulement : le sexe-machine, le sexe livré au jeu du « n'importe quoi », le sexe haute-fidélité, tel est le vecteur humoristique. Le porno comme sexe technologique, l'objet comme technologie porno. Comme toujours, le stade humoristique désigne le stade ultime du procès de désubstantialisation : le porno liquide la profondeur de l'espace érotique, sa connexion avec le monde de la loi, du sang, du péché et métamorphose le sexe en technologiespectacle, en théâtre indissociablement hard et humoristique.

Narcissisme en boîte.

Quand le social entre dans la phase humoristique, commence le néo-narcissisme, dernier refuge cérémoniel d'un monde sans puissance supérieure. A la dévalorisation parodique du social répond le surinvestissement liturgique du Moi : davantage, le devenir humoristique du social est une pièce essentielle dans l'émergence du narcissisme. A mesure que les institutions et valeurs sociales se livrent dans leur immanence humoristique, le Moi se rehausse et devient le grand objet de culte de la post-modernité. De quoi peut-on s'occuper sérieusement aujourd'hui, si ce n'est de son équilibre psychique et physique ? Quand les rites, coutumes et traditions agonisent, quand tout flotte dans un espace parodique, montent l'obsession et les pratiques narcissiques, les seules à être encore investies d'une dignité cérémonielle. Tout a été dit sur le rituel psy, sur la codification stricte des séances, sur l'aura de l'analyse, etc.; on a moins remarqué qu'à présent, le sport lui-même – fût-il souple et indépendant – est devenu également une pratique initiatique d'un genre nouveau. On connaît déjà le fulgurant progrès de la pratique sportive, et tout particulièrement des sports individuels[1]; plus inté-

1. « En France, le nombre des licenciés en tennis passe de 50 000 en 1950 à 125 000 en 1968, pour atteindre plus de 500 000 en 1977, quadruplant ainsi en moins de huit ans. Celui des licenciés en ski triple entre 1958 et 1978 pour atteindre aujourd'hui à peu près – ce qui n'est pas tout à fait un hasard –

242

ressant encore est le développement des activités sportives dites « libres », sans préoccupation compétitive, hors du réseau des fédérations, loin des stades et gymnases. Jogging, vélo, ski de fond, rolling, walking, skate, planche à voile, ici les nouveaux officiants recherchent moins l'exploit, la force, la reconnaissance, que la forme et la santé, la liberté et l'élégance de mouvement, l'extase du corps. Cérémonie de la sensation doublée d'une cérémonie du matériel technique : pour éprouver son corps, il convient de s'informer de toutes les innovations, d'acquérir et de maîtriser les prothèses les plus sophistiquées, de changer régulièrement de matériel. Narcisse est harnaché. Si bien qu'en assouplissant les cadres sportifs, en promouvant le sport « ouvert », le procès de personnalisation n'a décontracté le sport qu'en surface; au contraire, en se généralisant, celui-ci n'a fait que se métamorphoser en une liturgie de plus en plus absorbante aux antipodes du code humoristique. On ne plaisante plus ni avec son corps ni avec sa santé. A l'instar de l'analyse, le sport est devenu un *travail*, un investissement permanent à gérer méthodiquement, scrupuleusement, « professionnellement » en quelque sorte. Seule revanche du procès humoristique, ce qui a pu mobiliser et passionner intensément l'individu sportif, ce qui a

600 000. Simultanément, le nombre des footballeurs reste à peu près stable (1 300 000 environ) comme celui des adeptes du rugby (147 000). La préférence pour l'individuel s'affirme aussi dans les sports populaires. Les judokas triplent en dix ans (200 000 en 1966 et 600 000 en 1977). Si l'on poursuit l'analyse des contenus de l'évolution depuis 1973 on s'aperçoit que le muscle partout recule » (A. Cotta, *La Société ludique*, Grasset, 1980, pp. 102-103).

galvanisé toutes ses énergies se voit tous les six mois ou tous les deux ans abandonné. Un nouvel engouement surgit : après le vélo, la planche à voile, avec le même sérieux, le même culte définitif. La mode et ses cycles ont investi le narcissisme lui-même.

Certains lieux ont le pouvoir de s'offrir en symbole pur du temps par la condensation et l'intégration de traits caractéristiques de la modernité qu'ils opèrent : tel est *Le Palace* où procès humoristique et narcissisme se déploient à cœur ouvert, sans contradiction. Néo-narcissisme des jeunes plus soucieux de s'électriser, de sentir leurs corps dans la danse que de communiquer avec l'autre, le fait est déjà largement connu. Mais aussi bien, détournement extravagant du Palace. Détournement de l'espace : la « boîte » investit un théâtre désaffecté, en respecte l'architecture vétuste tout en y introduisant les techniques audiovisuelles les plus sophistiquées : *loft* de masse. Détournement du night-club : finies les boîtes feutrées et leur fonction avouée de drague, ici, la boîte est simultanément un lieu de concert, un spectacle total, une animation visuelle électro-acoustique faite d' « effets spéciaux », de lasers, projections de films, robots électroniques, etc. Le spectacle est partout : dans la musique elle-même, dans la foule, dans l'exhibitionnisme *in*, dans les *shows* lumino-cinétiques, dans la surenchère de « looks », de sons, de jeux de lumières. C'est précisément cette hyperthéâtralisation qui vide Le Palace de toute gravité, en fait un lieu flottant et polyvalent, un lieu néo-baroque affecté d'un exposant « délirant ». Excès de représentations qui certes déroute, fascine, non sans effets humoristiques, tant le spectaculaire se trouve débridé, disproportionné, mis en orbite sur lui-même. Fascination humoristique, kaléidoscope *new-wave*. Détournement du spectacle lui-même : tout ce luxe de démonstrations n'est pas fait au fond pour être regardé ou admiré mais pour « s'éclater », pour oublier et sentir. Le spectaculaire, condition du narcissisme; le faste du dehors, condition de l'investissement du dedans, la logique paradoxale du Palace est humoristique. Tout y est en excès, la sono, les light shows, la rythmique musicale, le monde qui circule et piétine, la frénésie de singularités : inflation psychédélique, foire de signes et d'individus, nécessaire à l'atomisation narcissique mais aussi à la banalisation irréelle du lieu. On y circule comme entre les dix mille produits d'un hypermarché : plus rien n'a de place assignée, plus rien n'a de label solide, la superproduction nocturne vide de sa substance tout ce qu'elle annexe. Le Palace comme rassemblement-gadget, technologie-gadget, boîte-gadget. Spectacle ou discothèque, concert ou théâtre, happening ou représentation, dynamique de groupe ou narcissisme, fièvre disco ou distance cool, ces distinctions ici vacillent, chacune annulant ou surdéterminant l'autre, chacune rendant l'autre humoristique dans un espace multifonctionnel et indéterminé. Tout y est simultanément, indécidablement, toutes les dimensions, toutes les catégories s'y retrouvent dans une coexistence drôle parce que livrées au jeu de la surenchère pour la surenchère : l'humour du Palace émane d'un procès hyperbolique vide et généralisé. Aussi, quitte à contredire son promoteur, Le Palace ne trouve-t-il pas son modèle dans la fête, fût-elle indexée sur la société post-moderne. A rebours de

245

toute transgression, de toute violence symbolique, Le Palace fonctionne sur une logique de l'accumulation et du spectaculaire; le sacré, l'être-ensemble, la reviviscence du soleil s'y abolissent définitivement au profit d'un narcissisme collectif. Première boîte humoristique – parisienne s'entend –, Le Palace est la réplique de Beaubourg, premier grand musée humoristique, ouvert et décloisonné où tout circule sans cesse, individus, groupes, escaliers, expositions, où les œuvres et le musée lui-même prennent une coloration de gadgets. De même que la mode vestimentaire s'est décrispée en imitant les habits de travail, de même Beaubourg a pris modèle sur l'usine et la raffinerie. En se démocratisant, le musée perd de son austérité et, doté de ses tuyaux polychromes, devient lui-même une curiosité humoristique. Beaubourg, Le Palace : le procès humoristique n'a épargné, dans son travail inexorable, ni les lieux de la culture ni les lieux de la nuit.

CHAPITRE VI

Violences sauvages,
violences modernes

La violence n'a pas réussi, ou peu, à gagner les faveurs de l'investigation historique, du moins celle qui, par-derrière l'écume des événements plus ou moins contingents, s'efforce de théoriser les mouvements de large amplitude, les grandes continuités et discontinuités qui scandent le devenir humain. La question pourtant invite à la conceptualisation sur la longue durée : pendant des millénaires, au travers de formations sociales fort diverses, la violence et la guerre sont restées des *valeurs* dominantes, la cruauté s'est maintenue avec une légitimité telle qu'elle a pu fonctionner comme « ingrédient » dans les plaisirs les plus recherchés. Qu'est-ce qui nous a à ce point changés ? Comment les sociétés de sang ont-elles pu faire place à des sociétés douces où la violence interindividuelle n'est plus qu'un comportement anomique et dégradant, et la cruauté un état pathologique ? Ces questions aujourd'hui n'ont plus guère de prestige au regard de celles suscitées par la puissance démultipliée des Etats modernes, par l'équilibre de la terreur et la course aux armements : tout se passe comme si après le moment tout-économique et le moment tout-pouvoir, la révolution des rapports d'homme à homme née avec la société individualiste se devait de rester un sujet mineur, privé de toute efficace propre, ne méritant pas de nouveaux développements. Tout se passe comme si, sous le choc des deux guerres mondiales, des camps nazis et staliniens, de la généralisation de la torture et à présent de la recrudescence de la criminalité violente ou du terrorisme, nos contemporains se refusaient à enregistrer cette mutation déjà multiséculaire et reculaient devant la tâche d'interpréter l'irrésistible mouvement de pacification de la société, l'hypothèse de la pulsion de mort et de la lutte des classes n'ayant pas peu fait pour accréditer l'imaginaire d'un principe de conservation de la violence et retarder l'interrogation sur son destin.

Tel n'était pas l'atermoiement des grands esprits du XIXᵉ siècle qui, comme Tocqueville ou Nietzsche, pour citer deux pensées sans doute très étrangères l'une à l'autre bien qu'également fascinées par la montée du phénomène démocratique, n'hésitaient pas à poser la question dans toute sa netteté brutale si insupportable à la pensée-spot de nos jours. Plus près de nous, les travaux de N. Elias puis de P. Clastres ont, à des niveaux différents, contribué à revitaliser l'interrogation. Il faut maintenant la poursuivre, la prolonger en analysant la violence et son évolution dans ses rapports systématiques avec ces trois axes majeurs que sont l'Etat, l'économie, la structure sociale. Conceptualiser la violence : loin des lectures mécanistes, qu'elles soient politiques, économiques ou psychologiques, c'est à établir la violence comme

248

comportement doté de sens articulé au tout social que nous devons nous employer. Violence et histoire : par-delà le scepticisme érudit et l'alarmisme statisticien journalistique, il nous faut remonter au plus loin dans le temps, mettre au jour les logiques de la violence et ce, pour cerner, autant que faire se peut, le présent d'où nous parlons, au moment où de toutes parts est clamée avec plus ou moins de pertinence l'entrée des sociétés occidentales dans une ère radicalement nouvelle.

Honneur et vengeance : violences sauvages.

Tout au long des millénaires qui ont vu les sociétés fonctionner sous un mode sauvage, la violence des hommes, loin de s'expliquer à partir de considérations utilitaires, idéologiques ou économiques, s'est essentiellement agencée en fonction de deux codes strictement corollaires, l'honneur, la vengeance, dont nous avons peine à comprendre l'exacte signification, tant ils ont été éliminés inexorablement de la logique du monde moderne. Honneur, vengeance, deux impératifs immémoriaux, inséparables des sociétés primitives, sociétés « holistes » bien qu'égalitaires où les agents individuels sont subordonnés à l'ordre collectif et où simultanément « les relations entre hommes sont plus importantes, plus hautement valorisées que les relations entre hommes et choses »[1]. Lorsque l'individu et la sphère économique n'ont pas d'existence autonome et sont assujettis à la logique du statut social, règne le code de l'hon-

1. Louis Dumont, *Homo aequalis*, Gallimard, 1977, p. 13.

neur, le primat absolu du prestige et de l'estime sociale, de même que le code de la vengeance, celui-ci signifiant en effet la subordination de l'intérêt personnel à l'intérêt du groupe, l'impossibilité de rompre la chaîne des alliances et des générations, des vivants et des morts, l'obligation de mettre en jeu sa vie au nom de l'intérêt supérieur du clan ou du lignage. L'honneur et la vengeance expriment directement la priorité de l'ensemble collectif sur l'agent individuel.

Structures élémentaires des sociétés sauvages, l'honneur et la vengeance sont des codes de sang. Là où prédomine l'honneur, la vie a peu de prix comparée à l'estime publique; le courage, le mépris de la mort, le défi sont des vertus hautement valorisées, la lâcheté est partout méprisée. Le code de l'honneur dresse les hommes à s'affirmer par la force, à gagner la reconnaissance des autres avant d'assurer leur sécurité, à lutter à mort pour imposer le respect. Dans l'univers primitif, le point d'honneur est ce qui ordonne la violence, nul ne doit, sous peine de perdre la face, supporter l'affront ou l'insulte; querelles, injures, haines et jalousies ont, plus aisément que dans les sociétés modernes, un terme sanglant. Loin de manifester une quelconque impulsivité incontrôlée, la bellicosité primitive est une logique sociale, un mode de socialisation consubstantiel au code de l'honneur.

La guerre primitive elle-même ne peut être séparée de l'honneur. C'est en fonction de ce code que chaque homme adulte se doit d'être un guerrier, d'être vaillant et brave devant la mort. Plus encore, le code de l'honneur fournit le moteur, le stimulant social aux entreprises guerrières; nullement à finalité économique, la violence primitive est, dans nombre de cas, guerre pour le prestige, pur moyen d'acquérir gloire et renom, lesquels sont conférés par la capture de signes et butins, scalps, chevaux, prisonniers. Le primat de l'honneur peut ainsi donner naissance, comme P. Clastres l'a montré, à ces confréries de guerriers entièrement voués aux exploits armés, contraints au défi permanent de la mort, à l'escalade dans la bravoure qui les lance dans des expéditions de plus en plus audacieuses les conduisant inéluctablement à la mort[1].

Si la guerre primitive est étroitement liée à l'honneur, elle l'est tout autant au code de la vengeance : la violence est pour le prestige ou pour la vengeance. Les conflits armés sont ainsi déclenchés pour venger un outrage, un mort ou même un accident, une blessure, une maladie attribués aux forces maléfiques d'un sorcier ennemi. C'est la vengeance qui exige que soit versé le sang ennemi, que les prisonniers soient torturés, mutilés ou dévorés rituellement, c'est toujours elle qui commande en dernier ressort qu'un prisonnier ne doit pas tenter de s'évader, comme si ses parents et son groupe n'étaient pas assez courageux pour venger sa mort. De même, c'est la peur de la vengeance des esprits des ennemis sacrifiés qui impose les rituels de purification du bourreau et de son groupe. Davantage : la vengeance ne s'exerce pas uniquement envers les tribus ennemies, elle exige aussi bien le sacrifice de femmes ou d'enfants de la communauté en guise de réparation du déséquilibre occasionné, par exemple,

1. Pierre Clastres, « Malheur du guerrier sauvage », in *Libre*, 1977, n° 2.

par la mort d'un adulte dans la force de l'âge. Il faut dépsychologiser la vengeance primitive, laquelle n'a rien à voir avec l'hostilité rentrée : chez les Tupinambas, un prisonnier vivait parfois des dizaines d'années dans le groupe qui l'avait capturé, jouissait d'une grande liberté, pouvait se marier et souvent était aimé et choyé par ses maîtres et femmes à l'instar d'un homme du village; cela n'empêchait pas l'exécution sacrificielle d'être inéluctable[1]. La vengeance est un impératif social, indépendant des sentiments éprouvés par les individus et les groupes, indépendant des notions de culpabilité ou de responsabilité individuelles et qui fondamentalement manifeste l'exigence d'ordre et de symétrie de la pensée sauvage. La vengeance c'est « le contrepoids des choses, le rétablissement d'un équilibre provisoirement rompu, la garantie que l'ordre du monde ne subira pas de changement »[2], soit donc l'exigence que nulle part ne puisse s'établir durablement un excès ou un manque. S'il est un âge d'or de la vengeance c'est chez les sauvages qu'il se trouve : constitutive de part en part de l'univers primitif, la vengeance imprègne toutes les grandes actions individuelles et collectives, elle est à la violence ce que les mythes et systèmes de classification sont à la pensée « spéculative », partout c'est la même fonction de mise en ordre du cosmos et de la vie collective, au profit de la négation de l'historicité, qui est accomplie.

1. Alfred Métraux, *Religions et magies indiennes*, Gallimard, 1967, pp. 49-53.
2. P. Clastres, *Chronique des Indiens Guayaki*, Plon, 1972, p. 164.

C'est pourquoi les théories récentes de R. Girard au sujet de la violence[1] nous semblent reposer sur un contresens radical : dire en effet que le sacrifice est un instrument de prévention contre le processus interminable de la vengeance, un moyen de protection auquel recourt la communauté tout entière face au cycle infini des représailles et contre-représailles, c'est omettre cette réalité première du monde primitif que la vengeance, loin d'être ce qu'il faut enrayer, est ce à quoi il faut dresser impérativement les hommes. La vengeance n'est pas plus une menace, une terreur à détourner que le sacrifice n'est un moyen de mettre un terme à la violence prétendument dissolvante des vengeances intestines grâce à des substituts indifférents. A cette vision-panique de la vengeance, il faut opposer celle des sauvages chez qui elle est un instrument de socialisation, une *valeur* aussi indiscutable que la générosité. Inculquer le code de la vengeance, rentre coup pour coup, telle est la règle fondamentale : chez les Yanomami, « qu'un petit garçon en renverse un autre par mégarde et la mère de ce dernier met son rejeton en demeure de frapper le maladroit. Elle lui crie de loin : venge-toi, mais venge-toi donc ! »[2]. Loin d'être comme chez R. Girard une manifestation non historique, bio-anthropologique, la violence vengeresse est une institution sociale, loin d'être un processus « apocalyptique » la vengeance est une violence *limitée* qui vise à équilibrer le monde, à instituer une symétrie entre les vivants et les

1. René Girard, *La Violence et le sacré*, Grasset, 1972.
2. Jacques Lizot, *Le Cercle des feux*, Ed. du Seuil, 1976, p. 102.

morts. Il ne faut pas concevoir les institutions primitives comme des machines à refouler ou détourner une violence trans-historique mais comme des machines à produire et normaliser la violence. Dans ces conditions, le sacrifice est une manifestation du code de la vengeance, non ce qui en barre le déploiement : ni substitution ni déplacement, le sacrifice est l'effet direct du principe de la vengeance, une exigence de sang sans déguisement, une violence au service de l'équilibre, de la pérennité du cosmos et du social.

La perspective classique de la vengeance, telle qu'on la trouve exprimée chez M. R. Davie par exemple, n'est guère plus satisfaisante : les groupes primitifs « ne possèdent ni système développé de législation, ni juges ou tribunaux pour punition des crimes et pourtant leurs membres vivent généralement en paix et en sécurité. Dans leur cas, qu'est-ce donc qui tient la place de la procédure judiciaire des civilisés? On trouvera réponse à cette question dans la pratique de la justice personnelle ou de la vengeance privée »[1]. La vengeance, condition de la paix intérieure, équivalent de la justice? Conception fort discutable puisque la vengeance dresse à la violence, légitime les représailles, arme les individus, alors que l'institution judiciaire a pour visée d'interdire le recours aux violences privées. La vengeance est un dispositif qui socialise par la violence, sous son registre, personne ne peut laisser le crime ou l'offense impunis, personne ne détient le monopole de la force physique, personne ne peut renoncer à l'im-

1. M. R. Davie, *La Guerre dans les sociétés primitives*, Payot, 1931, p. 188.

pératif de verser le sang ennemi, personne ne s'en remet à personne pour assurer sa sécurité. Qu'est-ce à dire sinon que la vengeance primitive est contre l'Etat, que son action vise à empêcher la constitution des systèmes de domination politique ? En faisant de la vengeance un devoir imprescriptible, tous les hommes sont égaux devant la violence, aucun ne peut monopoliser la force ou y renoncer, aucun n'a à être protégé par une instance spécialisée. De sorte que ce n'est pas seulement par la guerre et son œuvre centrifuge de dispersion que la société primitive parvient à conjurer l'avènement du dispositif étatique[1]; aussi bien, c'est du dedans, par le code de l'honneur et de la vengeance, qui contrecarrent la montée du désir de soumission et de protection, que se trouve barrée l'émergence d'une instance accaparant pouvoir et droit de mort.

Simultanément, c'est à empêcher le surgissement de l'individu indépendant, replié sur son intérêt propre que s'emploie le code de la vengeance. Ici, la priorité du tout social sur les volontés individuelles est mise en acte, les vivants ont charge d'affirmer dans le sang leur solidarité avec les morts, de faire corps avec le groupe. La vengeance du sang est contre la division des vivants et des morts, contre l'individu séparé, de ce fait elle est un instrument de socialisation holiste tout comme la règle du don, laquelle institue moins le passage de la nature à la culture qu'elle n'institue le fonctionnement holiste des sociétés, la prééminence du collectif sur l'indivi-

1. P. Clastres, « Archéologie de la violence », in *Libre*, 1977, n° 1, p. 171.

duel par l'obligation de la générosité, du don des filles et sœurs et l'interdiction de l'accumulation et de l'inceste.

La comparaison peut-être poursuivie avec une autre institution, de type violent cette fois, les cérémonies initiatiques qui marquent le passage des jeunes garçons à l'âge adulte et qui s'accompagnent de tortures rituelles intenses. Faire souffrir, torturer, cela procède de l'ordre holiste primitif, car ce qu'il s'agit de manifester de manière ostentatoire, à même le corps, c'est la subordination extrême de l'agent individuel à l'ensemble collectif, de tous les hommes sans distinction à une loi supérieure intangible. La douleur rituelle, moyen ultime de signifier que la loi n'est pas humaine, qu'elle est à recevoir, non à délibérer ou à changer, moyen de marquer la supériorité ontologique d'un ordre venu d'ailleurs et comme tel soustrait aux initiatives humaines visant à le transformer. Par l'écrasement de l'initié sous l'épreuve de la douleur, il s'agit d'inscrire sur le corps l'hétéronomie des règles sociales, leur prééminence implacable et, partant, d'interdire la naissance d'une instance séparée de pouvoir se donnant le droit d'introduire le changement historique[1]. La cruauté primitive est comme la vengeance, une institution holiste, contre l'individu s'autodéterminant, contre la division politique, contre l'histoire : de même que le code de la vengeance exige des hommes qu'ils risquent leur vie au nom de la solidarité et de l'honneur du groupe, de même l'initiation exige

1. Cf. P. Clastres, *La Société contre l'Etat*, Ed. de Minuit, 1974, pp. 152-160.

des hommes une soumission muette de leurs corps aux règles transcendantes de la communauté.

Tout comme l'initiation, la pratique des supplices révèle la signification profonde de la cruauté primitive. La guerre sauvage ne consistait pas uniquement dans l'organisation de raids et de massacres, il s'agissait en outre de capturer des ennemis à qui étaient infligés tantôt par des hommes, tantôt par des jeunes enfants ou des femmes, des supplices d'une férocité inouïe n'inspirant cependant aucune horreur ou indignation. Cette atrocité des mœurs a été depuis longtemps soulignée mais, à la suite de Nietzsche qui y reconnaissait une fête des pulsions agressives puis de Bataille qui y voyait une dépense improductive, la logique sociale et politique de la violence s'est vue longtemps occultée par les problématiques « énergétiques ». La cruauté primitive n'a rien à voir avec la « jouissance de faire souffrir », ne peut être assimilée à un équivalent pulsionnel d'un dommage subi : « Faire souffrir causait un plaisir infini, en compensation du dommage et de l'ennui du dommage cela procurait aux parties lésées une contre-jouissance extraordinaire[1]. » Indépendant des sentiments et des émotions, le supplice sauvage est une pratique rituelle exigée par le code de la vengeance, à fin d'équilibre entre les vivants et les morts : la cruauté est une logique sociale, non une logique du désir. Cela dit, Nietzsche avait entrevu l'essentiel du problème en reliant la cruauté à la *dette*, même s'il l'avait chargée d'une signification moderne, matérialiste, à base

1. Nietzsche, *La Généalogie de la morale*; deuxième dissertation, § 6.

d'échange économique[1]. De fait, l'atrocité des tortures sauvages n'a de sens que rapportée à cette dette spécifique et extrême qui relie les vivants aux morts : dette extrême, d'abord en ce que les vivants ne peuvent prospérer sans se concilier les bienfaits ou la neutralité de leurs morts toujours dotés de puissance particulière représentant une des plus grandes menaces qui soit, ensuite en ce que cette dette concerne deux univers toujours menacés de disjonction radicale, le visible et l'invisible. Il faut donc un *excès* pour combler le déficit de la mort, il faut un excès de douleur, de sang ou de chair (dans le festin anthropophage) pour accomplir le code de la vengeance, c'est-à-dire pour transformer la disjonction en conjonction, pour rétablir la paix et l'alliance avec les morts. Vengeance primitive et systèmes de cruauté sont inséparables comme moyens de reproduire un ordre social immuable.

Il s'ensuit que l'excès des supplices n'est pas étranger à la logique de l'échange, du moins à celle qui met en rapport les vivants et les morts. Sans doute faut-il suivre les analyses de P. Clastres qui a su montrer comment la guerre n'était nullement un échec accidentel de l'échange mais une structure première, une finalité centrale de l'être social primitif déterminant la nécessité de l'échange et de l'alliance[2], cependant, une fois « réhabilitée » la signification politique de la violence, il faut prendre garde à ne pas transformer l'échange en instrument indifférent de la guerre, en simple effet tactique de la guerre. Le renverse-

1. *Ibid.*, § 4.
2. P. Clastres, « Archéologie de la violence », pp. 162-167.

ment des priorités ne doit pas occulter ce que la violence doit encore à l'échange et l'échange à la violence. Dans la société primitive, guerre et échange sont en consonance, la guerre est inséparable de la règle du don et celle-ci est appropriée à l'état de guerre permanente.

Pour autant que la violence primitive va de pair avec la vengeance, les liens qui l'unissent à la logique réciprocitaire sont immédiats. De même qu'il y a obligation d'être généreux, de donner biens, femmes, nourriture, de même y a-t-il obligation d'être généreux de sa vie, de faire don de sa vie conformément à l'impératif de vengeance; de même que tout bien doit être rendu, de même la mort doit être payée de retour, le sang exige, à l'instar des dons, une contrepartie. A la symétrie des transactions répond la symétrie de la vengeance. La solidarité de groupe qui se manifeste par la circulation des richesses se révèle de la même manière par la violence vengeresse. De sorte que la violence n'est pas antinomique avec le code de l'échange, la rupture de la réciprocité s'articule encore dans le cadre de l'échange réciproque entre vivants et entre vivants et morts.

Mais si la violence présente une parenté de structure avec l'échange , celui-ci, de son côté, ne peut être assimilé purement et simplement à une institution de paix. Sans doute est-ce bien par la règle du don et la dette qui s'ensuit que les primitifs instituent l'alliance [1], mais cela ne veut pas dire que l'échange n'ait rien à voir avec la guerre. Mauss a largement souligné dans des pages

1. Marshall Sahlins, *Age de pierre, âge d'abondance*, Gallimard, 1976, pp. 221- 236.

désormais célèbres la violence constitutive de la réciprocité au travers de cette « guerre de propriété » que constitue le potlatch. Même lorsque le défi, la rivalité n'ont pas cette ampleur, Mauss remarque ce fait capital, insuffisamment analysé, que l'échange « mène à des querelles soudaines alors qu'il avait souvent pour but de les effacer »[1]. Qu'est-ce à dire sinon que l'échange produit une paix instable, fragile, toujours au bord de la rupture. Le problème, dès lors, est de comprendre pourquoi l'échange dont la visée est d'établir des relations pacifiques échoue à ce point dans son œuvre. Faut-il en revenir à l'interprétation de Lévi-Strauss selon laquelle la guerre n'est qu'un échec contingent, une transaction malheureuse, ou bien faut-il voir dans la réciprocité une institution qui, de par sa forme même, est propice à la violence ? C'est cette deuxième hypothèse qui nous paraît juste : il n'y a de raté qu'en apparence, le don participe structurellement à la logique de la guerre, en tant qu'il institue l'alliance sur une base nécessairement précaire. La règle de réciprocité, parce qu'elle fonctionne comme lutte symbolique ou prestigieuse et non comme moyen d'accumulation, met en place un face-à-face toujours au bord du conflit et de l'affrontement : dans les échanges économiques et matrimoniaux qui président aux alliances des communautés Yanomami, « les partenaires se tiennent à l'extrême limite du point de rupture, mais c'est justement ce jeu risqué, ce goût de l'affrontement qui plaît »[2]. Il faut peu de

1. Marcel Mauss, *Essai sur le don*, in *Sociologie et anthropologie*, P.U.F., 1960, p. 173, note 2.
2. J. Lizot, *op. cit.*, p. 239.

chose pour que les amis deviennent ennemis, pour qu'un pacte d'alliance dégénère en guerre : le don est une structure potentiellement violente puisqu'il suffit de refuser d'entrer dans le cycle des prestations pour que cela s'identifie à une offense, à un acte de guerre. En tant que structure fondée sur le défi, l'échange interdit les amitiés durables, l'émergence de liens permanents qui souderaient indissolublement la communauté à tel ou tel de ses voisins, lui faisant perdre à la longue son autonomie. S'il y a une inconstance dans la vie internationale des sauvages, si les alliances se font et se défont de façon aussi systématique, cela n'est pas uniquement dû à l'impératif de la guerre mais tout autant aux types de relations qu'ils entretiennent au travers de l'échange. En liant les groupes non par l'intérêt mais par une logique symbolique, la réciprocité brise les amitiés avec la même facilité qu'elle les fait, aucune communauté n'est à l'abri du déclenchement des hostilités. Loin de s'identifier à une tactique de guerre, la règle de réciprocité est la condition sociale de la guerre permanente primitive.

Plus indirectement, l'échange participe encore à la violence primitive en tant qu'il dresse les hommes au code de l'honneur, en prescrivant le don et le devoir de générosité. De la même manière que l'impératif de guerre, la règle de réciprocité socialise à l'honneur et donc à la violence. Guerre et échange sont parallèles; la société sauvage est bien, comme le disait P. Clastres, « pour-la-guerre », même les institutions qui ont pour tâche de créer la paix n'y parviennent qu'en mettant en place simultanément une bellicosité structurelle.

Enfin, a-t-on suffisamment mis en évidence les

liens qui unissent échange et sorcellerie? Leur coexistence partout attestée dans le monde sauvage n'est pas le fruit du hasard; de fait, ce sont là deux institutions strictement solidaires. Dans la société primitive, on le sait, les accidents et malheurs de la vie, les infortunes des hommes, loin d'être des événements fortuits résultent de la sorcellerie, soit de la malveillance d'autrui, de la volonté délibérée de faire le mal. Qu'un scorpion pique un enfant, que la récolte ou la chasse soient mauvaises, qu'une plaie ne se cicatrise pas, tous ces événements malencontreux sont attribués à une disposition maligne de quelqu'un. Sans doute faut-il voir dans la sorcellerie une des formes de cette « science du concret » qu'est la pensée sauvage, un moyen de mettre de l'ordre dans le chaos des choses et d'expliquer au plus près les infortunes de l'homme, mais on ne peut manquer d'observer tout ce que cette « philosophie » introduit d'animosité et de violence dans la *représentation* de la relation interhumaine. La sorcellerie est la poursuite de l'impératif de guerre par d'autres moyens; de même que chaque communauté locale a des ennemis, de même chacun a des ennemis personnels responsables de ses maux. Tout malheur provient d'une violence magique, d'une guerre pernicieuse, si bien qu'ici l'autre ne peut être qu'ami ou ennemi selon un schème semblable à celui institué par la guerre et l'échange. Avec la règle de réciprocité, en effet, ou bien on échange des présents et on est alliés, ou bien le cycle des cadeaux est interrompu et on est ennemis. La société primitive qui, d'un côté, empêche l'apparition de la division politique, génère de l'autre une division antagoniste dans la représentation de la relation d'homme à homme. Point d'indifférence, point de relations neutres comme celles qui prévaudront dans la société individualiste : avec la guerre, l'échange, la sorcellerie, l'aperception du monde humain est inséparable du conflit et de la violence.

Outre ce parallélisme, la sorcellerie trouve dans l'échange réciproque la condition sociale propre à son fonctionnement. Par la règle du don, les êtres sont contraints d'exister et de se définir les uns par rapport aux autres, les hommes ne peuvent se concevoir séparément les uns des autres[1], or c'est très exactement ce schème qui se reproduit, de manière négative, dans la sorcellerie, puisque tout ce qui arrive de funeste à l'ego est nécessairement relié à un autre. Dans les deux cas, les hommes ne peuvent se penser indépendamment les uns des autres; le sortilège n'est que la traduction inversée du don selon lequel l'homme n'existe que dans une relation socialement prédéterminée à l'autre. C'est ce contexte d'échange obligatoire qui rend possible l'interprétation des événements néfastes en termes de maléfices : la sorcellerie n'est pas le déploiement libre d'une pensée non domestiquée, c'est encore la règle de réciprocité, la norme holiste du primat relationnel qui en constitue l'encadrement social nécessaire. *A contrario*, point de sorcellerie dans la société où l'individu n'existe que pour lui-même; la disparition de la sorcellerie dans la vie moderne ne peut être séparée d'un nouveau type de société où l'autre devient peu à

1. M. Gauchet et G. Swain, *La Pratique de l'esprit humain*, Gallimard, 1980, p. 391.

263

peu un inconnu, un étranger à la vérité intrinsèque
de l'ego.

Régime de la barbarie.

Avec l'avènement de l'Etat, la guerre change
radicalement de fonction puisque d'instrument
d'équilibre ou de conservatisme social qu'elle était
dans l'ordre primitif, elle devient un moyen de
conquête, d'expansion ou de capture. Et c'est en
se dissociant du code de la vengeance, en brisant
la prééminence de l'échange avec les morts que la
guerre peut s'ouvrir à l'espace de la domination.
Tant que la dette envers les morts est un principe
suprême pour le tout social, la guerre est circonscrite à un ordre territorial et sacré qu'il s'agit, par
l'usage de la violence précisément, de reproduire
inchangé, tel que les ancêtres l'ont légué. Mais dès
que la division politique s'institue, l'instance du
pouvoir cesse de se définir en fonction de ce
primat du rapport aux morts, celui-ci étant réglé
par une logique réciprocitaire alors que l'Etat
introduit par sa dissymétrie même un principe
antinomique avec le monde de l'échange. D'Etat il
n'a pu se constituer qu'en s'émancipant, fût-ce
partiellement, du code de la vengeance, de la dette
envers les morts, qu'en renonçant à identifier
guerre et vengeance. Dès lors apparaît une violence conquérante, l'Etat s'approprie la guerre,
prélève des territoires et des esclaves, édifie des
fortifications, lève des armées, impose la discipline
et la conduite militaire; la guerre n'est plus contre
l'Etat, elle est la mission glorieuse du souverain,
son droit spécifique. Commence une ère nouvelle

264

du culte de la puissance, la barbarie, qui désigne le régime de la violence dans les sociétés étatiques prémodernes.

Sans doute les premières formes de l'Etat ne s'émancipent-elles pas tout à fait de l'ordre de la dette, le Despote ne devant sa fonction et sa légitimité qu'à un ailleurs transcendant ou référence religieuse dont il est un représentant ou une incarnation, mais débiteur et assujetti, l'Etat ne peut l'être constitutivement qu'envers les puissances supérieures et divines, non envers les âmes défuntes, ce qui serait porter atteinte à sa suréminente hauteur, dégrader son irréductible différence avec la société qu'il domine.

Dégagée du code de la vengeance, la guerre entre dans un processus de *spécialisation* avec la constitution d'armées régulières de conscrits ou de mercenaires, mais aussi de castes définies exclusivement par l'exercice des armes, mettant toute leur gloire et leur passion dans la conquête militaire. Corrélativement, la majorité de la population, les travailleurs ruraux, vont se trouver exclus, dépossédés de l'activité noble par excellence, la guerre, voués qu'ils sont à entretenir les armées de professionnels. Un tel désarmement de masse n'a pas cependant signifié pour les manants le renoncement à la violence, à l'honneur et à la vengeance. S'est maintenu en effet, sous l'Etat, un mode de socialisation holiste qui, autant que l'existence de valeurs militaires et de guerres permanentes, rend compte de la violence des mœurs. Pour s'en tenir au Moyen Age, le point d'honneur est toujours responsable de la fréquence de la violence inter-individuelle, de son caractère sanglant et ce, non seulement chez les gens de guerre, mais dans l'ensemble du peuple : jusque dans les cloîtres, entre abbés, se retrouve une violence de sang[1], les meurtres entre serfs semblent avoir été chose courante[2], les bourgeois des villes n'hésitaient pas à tirer le couteau pour régler leur querelle[3]. Les registres judiciaires du bas Moyen Age confirment encore la place considérable qu'occupaient les violences, bagarres, blessures, meurtres, dans la vie quotidienne urbaine[4]. Avec l'avènement du principe hiérarchique distribuant les hommes en ordres hétérogènes, en spécialistes de la guerre et producteurs, est apparue une distinction radicale certes, entre honneur noble et honneur roturier, ayant chacun leur code, mais toujours générateurs d'une bellicosité meurtrière.

Il en va de même pour la vengeance. Si la guerre et l'Etat ne s'ordonnent plus autour de la dette envers les morts, cela ne signifie nullement que la société ait renoncé à la pratique de la vengeance. Certes, dès que l'Etat a commencé à affirmer son autorité, il s'est efforcé de limiter la pratique de la vengeance privée en substituant à celle-ci le principe d'une justice publique, en édictant des lois propres à modérer les excès de la vengeance : loi du talion, abandon noxal, tarifs légaux de composition. On l'a dit, la vengeance est, dans son principe, hostile à l'Etat, du moins à son plein

1. Marc Bloch, *La Société féodale*, Albin Michel, coll. « Evolution de l'humanité », p. 416.

2. *Ibid.*, p. 568.

3. Norbert Elias, *La Civilisation des mœurs*, coll. « Pluriel », pp. 331-335.

4. Bronislaw Geremek, *Truands et misérables*, Gallimard, coll. « Archives », 1980, pp. 16-22.

épanouissement, c'est pourquoi sa naissance a coïncidé avec la mise en place de systèmes judiciaires et pénaux, représentants de l'autorité suprême, destinés notamment à tempérer les vengeances intestines au profit de la loi du souverain. Cela dit, en dépit du pouvoir et de la loi, la vengeance familiale s'est maintenue très largement, d'une part en raison de la faiblesse de la force publique, d'autre part en raison de la légitimité immémoriale attachée à la vengeance dans les sociétés holistes. Au Moyen Age et particulièrement pendant l'âge féodal, la « faide » s'impose toujours comme une obligation morale sacrée du haut en bas de la société, pour les grandes lignées chevaleresques comme pour les rustres; la faide enjoint au groupe de parenté de punir par le sang le meurtre d'un des leurs ou l'insulte subie. D'interminables vendettas, nées parfois de querelles anodines, pouvaient se prolonger pendant des décennies et se solder par plusieurs dizaines de morts. La vengeance et l'ordre social holiste sont à ce point consubstantiels que les lois pénales elles-mêmes n'ont souvent fait qu'en reproduire la forme : ainsi le droit grec ou la loi des Douze Tables à Rome interdisaient bien le principe des vendettas et le droit de se faire justice soi-même, mais les actions pour meurtres, en revanche, étaient laissées à la charge de l'intéressé le plus proche; le même dispositif légal se retrouve dans certaines régions au XIIIe siècle où, en cas d'homicide volontaire, le corps du coupable était attribué aux parents de la victime, conformément au talion. Ainsi, tant que les sociétés, qu'elles soient avec ou sans Etat, ont fonctionné selon les normes holistes imposant la solidarité du lignage, la vengeance est demeurée

plus ou moins un devoir; sa légitimité ne disparaî-
tra qu'avec l'entrée des sociétés dans l'ordre individualiste et son corrélat, l'Etat moderne, se définissant précisément par la monopolisation de la
force physique légitime, par la pénétration et la
protection constante et régulière de la société.

L'honneur et la vengeance ont perduré sous
l'Etat, au même titre que la cruauté des mœurs.
Sans doute l'émergence de l'Etat et de son ordre
hiérarchique a-t-elle transformé radicalement le
rapport à la cruauté qui prévalait dans la société
primitive. De rituel sacré qu'elle était, la cruauté
devient une pratique barbare, une démonstration
ostentatoire de la force, une réjouissance publique : rappelons le goût très vif des Romains pour
les spectacles sanglants de combats d'animaux et
de gladiateurs, rappelons la passion guerrière des
chevaliers, le massacre des prisonniers et des bles-
sés, le meurtre des enfants, la légitimité du pillage
ou de la mutilation des vaincus. Comment rendre
compte de la persistance pendant des millénaires,
de l'Antiquité au Moyen Age, des mœurs féroces
qui, aujourd'hui, n'ont certes pas disparu, mais
qui, lorsqu'elles se produisent, soulèvent une indignation collective? On ne peut manquer de consta-
ter la corrélation parfaite qui existe entre cruauté
des mœurs et sociétés holistes, alors qu'il y a
antagonisme entre cruauté et individualisme. Toutes les sociétés qui accordent la priorité à l'organisation d'ensemble sont peu ou prou des systèmes
de cruauté. C'est qu'en effet la prépondérance de
l'ordre collectif empêche d'accorder à la vie et à la
souffrance personnelles la valeur que nous leur
accordons. La cruauté barbare ne vient pas d'une
absence de refoulement ou de répression sociale,

268

elle est l'effet direct d'une société où l'élément individuel, subordonné aux normes collectives, n'a pas d'existence reconnue autonome.

Cruauté, holisme et sociétés guerrières vont ensemble : la cruauté n'est possible comme habitus socialement dominant que là où règne la suprématie des valeurs guerrières, droit incontesté de la force et du vainqueur, mépris de la mort, bravoure et endurance, absence de compassion pour l'ennemi, valeurs qui ont eu en commun de susciter l'ostentation et l'excès dans les signes de la puissance physique, de dévaloriser le vécu proprement intime de soi comme de l'autre, de tenir la vie individuelle pour peu de chose comparée à la gloire du sang, au prestige social conféré par les signes de la mort. La cruauté est un dispositif historique qui ne peut être détaché de ces significations sociales érigeant la guerre en activité souveraine : la cruauté barbare, fille de Polemos, emblème emphatique de la grandeur de l'ordre guerrier conquérant, instrument sanglant de son identité, moyen extrême d'unifier dans la chair logique holiste et logique militaire.

Un lien indissociable unit la guerre conçue comme comportement supérieur et le modèle traditionnel des sociétés. Les sociétés d'avant l'individualisme n'ont pu se reproduire qu'en conférant à la guerre un statut suprême. Il faut nous méfier de notre réflexe économique moderne : les guerres impériales, barbares ou féodales, quand bien même permettaient-elles l'acquisition de richesses, esclaves ou territoires, étaient rarement entreprises dans un but exclusivement économique. La guerre et les valeurs guerrières ont bien davantage contribué à contrecarrer le développement du marché et des valeurs strictement économiques. En dévalorisant les activités commerciales ayant le profit pour but, en légitimant le pillage et l'acquisition des richesses par la force, la guerre conjurait la généralisation de la valeur d'échange et la constitution d'une sphère séparée de l'économique. Faire de la guerre un but suprêmement valorisé n'empêche pas le commerce mais circonscrit l'espace marchand et les flux de monnaie, rend secondaire l'acquisition par la voie des échanges. Enfin, en interdisant l'autonomisation de l'économie, la guerre empêchait également l'avènement de l'individu libre de lui-même, qui précisément est le corrélat d'une sphère économique indépendante. Où la guerre s'est révélée une pièce indispensable à la reproduction de l'ordre holiste.

Le procès de civilisation.

La ligne de l'évolution historique est connue : en quelques siècles, les sociétés de sang régies par l'honneur, la vengeance, la cruauté ont fait place peu à peu à des sociétés profondément « policées » où les actes de violence interindividuelle ne cessent de diminuer, où l'emploi de la force déconsidère celui qui s'y livre, où la cruauté et les brutalités suscitent indignation et horreur, où le plaisir et la violence se disjoignent. Depuis le XVIIIᵉ siècle environ, l'Occident est commandé par un procès de civilisation ou d'adoucissement des mœurs dont nous sommes les héritiers et continuateurs : l'atteste, dès ce siècle, la forte diminution des crimes

270

de sang, homicides, rixes, coups et blessures[1]; l'attestent la disparition de la pratique du duel et la chute de l'infanticide qui, au XVIe siècle encore, était très fréquent; l'attestent enfin, au tournant des XVIIIe et XIXe siècles, le renoncement à l'atrocité des supplices corporels et, depuis le début du XIXe siècle, la chute du nombre des condamnations à mort et exécutions capitales.

La thèse de N. Elias au sujet de l'humanisation des conduites est désormais célèbre : de sociétés où la bellicosité, la violence envers l'autre se déployaient librement, on est passé à des sociétés où les impulsions agressives se trouvent refoulées, refrénées parce que incompatibles avec la « différenciation » de plus en plus poussée des fonctions sociales d'une part, avec la monopolisation de la contrainte physique de l'Etat moderne, d'autre part. Lorsque n'existe aucun monopole militaire et policier et que, partant, l'insécurité est constante, la violence individuelle, l'agressivité est une nécessité vitale. En revanche, à mesure que se développe la division des fonctions sociales et que, sous l'action des organes centraux monopolisant la force physique, s'institue une large sécurité quoti-

---

1. A s'en tenir aux crimes commis dans Paris et dans ses faubourgs entre 1755 et 1785, et jugés par le Châtelet, les violences ne représentaient plus que 2,4 % des condamnations, les homicides 3,1 %, alors que les vols s'élevaient à près de 87 % du total des délits poursuivis. « La place massive des crimes contre les choses classe décidément le Paris des années 1750-1790 dans un type de criminalité propre aux grandes métropoles modernes » (P. Petrovitch, in *Crime et criminalité en France aux XVIIe et XVIIIe siècles*, A. Colin, 1971, p. 208). Ce déplacement d'une criminalité de violence à une criminalité de fraude semble être également attesté, dans le pays normand, par les travaux dirigés par P. Chaunu.

dienne, l'emploi de la violence individuelle s'avère exceptionnel, n'étant plus « ni nécessaire, ni utile, ni même possible »[1]. A l'impulsivité extrême et débridée des hommes, corrélative des sociétés précédent l'Etat absolutiste, s'est substituée une régulation des comportements, un « autocontrôle » de l'individu, bref le processus de civilisation accompagnant la pacification du territoire réalisée par l'Etat moderne.

Sans doute le phénomène de l'adoucissement des mœurs est-il inséparable de la centralisation étatique; cela étant, le risque est d'appréhender celui-ci comme l'effet direct et mécanique de la pacification politique. Il n'est pas acceptable de dire que les hommes « refoulent » leurs pulsions agressives du fait que la paix civile est assurée et que les réseaux d'interdépendance ne cessent de s'amplifier, comme si la violence n'était qu'un instrument utile à la conservation de la vie, qu'un moyen vide de sens, comme si les hommes renonçaient « rationnellement » à l'usage de la violence dès que leur sécurité était instaurée. C'est oublier que la violence a été depuis le fond des âges un impératif commandé par l'organisation holiste de la société, un comportement d'honneur et de défi, non d'utilité. Tant que les normes communautaires auront priorité sur les volontés particulières, tant que l'honneur et la vengeance resteront prévalents, le développement de l'appareil policier, le perfectionnement des techniques de surveillance et l'intensification de la justice, fussent-ils sensibles, n'auront qu'un effet limité sur les violences pri-

1. N. Elias, *La Dynamique de l'Occident*, Calmann-Lévy, 1975, p. 195.

vées : à preuve, la question du duel dont on sait qu'avec les édits royaux du tout début du XVIIᵉ siècle, il devient un délit passible officiellement des pertes des droits et titres ainsi que de mort infamante. Or, au début du XVIIIᵉ siècle, en dépit d'une justice pourtant plus rapide, plus vigilante, plus scrupuleuse, le duel n'a aucunement disparu, il semble même qu'il y ait eu davantage de procès pour duel qu'un siècle plus tôt[1]. Le développement répressif de l'appareil d'Etat n'a pu jouer son rôle de pacification sociale que dans la mesure où, parallèlement, se mettait en place une nouvelle économie de la relation interindividuelle et partant une nouvelle signification de la violence. Le procès de civilisation ne peut être compris ni comme un refoulement, ni comme une adaptation mécanique des pulsions à l'état de paix civile : à cette vision objectiviste, fonctionnelle et utilitariste, il faut substituer une problématique qui reconnaît, dans le déclin des violences privées, l'avènement d'une nouvelle logique sociale, d'un face-à-face chargé d'un sens radicalement inédit dans l'histoire.

L'explication économique du phénomène reste également partielle, parce que tout aussi objectiviste et mécaniste : dire que sous l'effet de l'augmentation des richesses, du recul de la misère, de l'élévation du niveau de vie, les mœurs s'assainissent, c'est omettre le fait historiquement décisif que la prospérité comme telle n'a jamais été un obstacle à la violence, notamment dans les classes supérieures qui ont pu parfaitement concilier leur

1. Cf. F. Billacois, « Le Parlement de Paris et les duels au XVIIᵉ siècle », in *Crime et criminalité en France aux XVIIᵉ et XVIIIᵉ siècles*.

goût du faste avec celui de la guerre et de la cruauté. Il n'est pas dans notre intention de nier le rôle des facteurs politiques et économiques qui, assurément, ont contribué de manière décisive à l'avènement du procès de civilisation : nous voulons dire que leur œuvre est inintelligible indépendamment des significations sociales historiques qu'ils ont permis de mettre en place. La monopolisation de la violence légitime en soi ou le niveau de vie déterminé quantitativement ne peuvent expliquer directement le phénomène pluriséculaire de l'adoucissement des comportements. Cela étant, c'est bien l'Etat moderne et son complément, le marché, qui, de manière convergente et indissociable, ont contribué à l'émergence d'une nouvelle logique sociale, d'une nouvelle signification du rapport interhumain, rendant inéluctable sur le temps long le déclin de la violence privée. C'est en effet l'action conjuguée de l'Etat moderne et du marché qui a permis la grande fracture qui désormais nous sépare à jamais des sociétés traditionnelles, l'apparition d'un type de société dans laquelle l'homme individuel se prend pour fin ultime et n'existe que pour lui-même.

Par la centralisation effective et symbolique qu'il a opérée, l'Etat moderne, depuis l'absolutisme, a joué un rôle déterminant dans la dissolution, dans la dévalorisation des liens antérieurs de dépendance personnelle et, ce faisant, dans l'avènement de l'individu autonome, libre, détaché des liens féodaux d'homme à homme et progressivement de toutes les pesanteurs traditionnelles. Mais aussi bien, c'est l'extension de l'économie de marché, la généralisation du système de la valeur d'échange qui a permis la naissance de l'individu atomisé ayant pour but une recherche de plus en plus affirmée de son intérêt privé[1]. A mesure que les terres s'achètent et se vendent, que la propriété foncière devient une réalité sociale largement répandue, que les échanges marchands, le salariat, l'industrialisation et les déplacements de population se développent, il se produit un bouleversement dans les rapports de l'homme à la communauté qui l'encadre, une mutation qu'on peut résumer d'un mot, l'individualisme, allant de pair avec une aspiration sans précédent pour l'argent, l'intimité, le bien-être, la propriété, la sécurité qui incontestablement renverse l'organisation sociale traditionnelle. Avec l'Etat centralisé et le marché, l'individu moderne apparaît, qui se considère isolément, qui s'absorbe dans la dimension privée, qui refuse de se soumettre à des règles ancestrales extérieures à sa volonté intime, qui ne reconnaît plus pour loi fondamentale que sa survie et son intérêt propre.

Et c'est précisément ce renversement du rapport immémorial de l'homme à la communauté qui va fonctionner comme l'agent par excellence de pacification des comportements. Dès lors que la priorité de l'ensemble social s'efface au profit de l'intérêt et des volontés des parties individuelles, les codes sociaux qui rivaient l'homme aux solidarités de groupe ne peuvent subsister : de plus en plus indépendant par rapport aux contraintes col-

1. Sur les corrélations entre Etat, marché et individu, voir Marcel Gauchet et Gladys Swain, *La Pratique de l'esprit humain, op. cit.*, pp. 387-396, et M. Gauchet, « Tocqueville, l'Amérique et nous », in *libre*, 1980, n°7, pp. 104-106. Egalement Pierre Rosanvallon, *Le Capitalisme utopique*, Ed. du Seuil, 1979, pp. 113-124.

lectives, l'individu ne reconnaît plus comme devoir sacré la vengeance du sang, qui pendant des millénaires a permis de souder l'homme à son lignage. Ce n'est pas seulement par la loi et l'ordre public que l'Etat a réussi à éliminer le code de la vengeance, tout aussi radicalement c'est le procès individualiste qui, peu à peu, a miné la solidarité vengeresse. Alors que, dans les années 1875- 1885, le taux moyen d'homicide pour cent mille habitants en France s'établissait autour de un, en Corse il était quatre fois supérieur; le même écart marqué se retrouvait entre l'Italie du Nord et l'Italie du Sud au taux également très élevé d'homicide : là où la famille garde son ancienne force, la pratique de la vendetta continue à être meurtrière en dépit de l'importance des appareils répressifs de l'Etat.

Par le même processus, le code de l'honneur subit une mutation cruciale : quand l'être individuel se définit de plus en plus par le rapport aux choses, quand la recherche de l'argent, la passion du bien-être et de la propriété l'emportent sur le statut et le prestige social, le point d'honneur et la susceptibilité agressive s'émoussent, la *vie* devient valeur suprême, l'impératif de ne pas perdre la face s'affaiblit. Il n'est plus honteux de ne pas répondre à l'offense ou à l'injure : à une morale de l'honneur, source de duels, de bellicosité permanente et sanglante, s'est substituée une morale de l'utilité propre, de la prudence où la rencontre de l'homme avec l'homme se fait essentiellement sous le signe de l'*indifférence*. Si, dans la société traditionnelle, l'autre apparaît d'emblée en tant qu'ami ou ennemi, dans la société moderne, il s'identifie généralement à un étranger anonyme qui ne

mérite même pas le risque de la violence. « Posses-
sion de soi-même : évite les extrêmes; garde-toi de
prendre trop à cœur les offenses, car elles ne sont
jamais ce qu'elles paraissent au premier abord »,
écrivait Benjamin Franklin : le code de l'honneur a
cédé le pas au code pacifique de la « respectabilité », pour la première fois dans l'histoire, une
civilisation se met en place où il n'est plus enjoint
de relever les défis, où le jugement de l'autre
importe moins que mon intérêt strictement personnel, où la reconnaissance sociale se dissocie de
la force, du sang et de la mort, de la violence et du
défi. Plus généralement, c'est à une réduction de la
dimension du défi interpersonnel que s'emploie le
procès individualiste : la logique du défi, qui est
inséparable du primat holiste et qui pendant des
millénaires à socialisé les individus et les groupes
dans un face-à-face antagoniste, peu à peu succombe pour devenir une relation antisociale. Pro-
voquer l'autre, le railler, l'écraser symbolique-
ment, ce type de relations est voué à disparaître
lorsque le code de l'honneur fait place au culte de
l'intérêt individuel et de la *privacy*. A mesure que
s'éclipse le code de l'honneur, la vie et sa conservation s'affirment comme des idéaux premiers
tandis que le risque de la mort cesse d'être une
valeur, se battre n'est plus glorieux, l'individu
atomisé s'engage de moins en moins dans des
querelles, rixes, affrontements sanglants non parce
qu'il est « autocontrôlé », davantage discipliné que
ses ancêtres, mais parce que la violence n'a plus de
sens social, n'est plus le moyen d'affirmation et de
reconnaissance de l'individu dans un temps où se
trouvent sacralisés la longévité, l'épargne, le travail, la prudence, la mesure. Le procès de civilisa-

tion n'est pas l'effet mécanique du pouvoir ou de l'économie, il coïncide avec l'émergence de finalités sociales inédites, avec la désagrégation individualiste du corps social et la nouvelle signification du rapport interhumain à base d'indifférence.

Avec l'ordre individualiste, les codes de sang se trouvent désinvestis, la violence perd toute dignité ou légitimité sociale, les hommes renoncent massivement à faire usage de la force privée pour régler leurs différends. S'éclaire de la sorte la fonction véritable du processus de civilisation : comme Tocqueville l'avait déjà montré, à mesure que les hommes se retirent dans leur sphère privée et n'ont en vue qu'eux-mêmes, ils ne cessent d'en appeler à l'Etat pour qu'il assure une protection plus vigilante, plus constante de leur existence. C'est essentiellement à accroître les prérogatives et la puissance de l'Etat qu'œuvre le procès de civilisation : l'Etat policier n'est pas seulement l'effet d'une dynamique autonome du « monstre froid », il est *voulu* par les individus désormais isolés et pacifiques, fût-ce pour en dénoncer régulièrement la nature répressive et les excès. Multiplication des lois pénales, accroissement des effectifs et des pouvoirs de la police, surveillance systématique des populations sont les effets inéluctables d'une société où la violence est dévalorisée et où simultanément augmente le besoin de sécurité publique. L'Etat moderne a créé l'individu détaché socialement de ses semblables, mais celui-ci en retour crée par son isolement, son absence de bellicosité, sa peur de la violence, les conditions constantes de l'accroissement de la force publique. Plus les individus se sentent libres d'eux-mêmes, plus ils demandent une protection régulière, sans faille, de la part des organes étatiques; plus ils exècrent la brutalité, plus l'augmentation des forces de sécurité est requise : l'humanisation des mœurs peut dès lors s'interpréter comme un procès visant à déposséder l'individu des principes réfractaires à l'hégémonie du pouvoir total, au projet de mettre la société sous l'entière tutelle de l'Etat.

Inséparable de l'individualisme moderne, le procès de civilisation ne doit pourtant pas être rabattu sur la révolution démocratique conçue comme dissolution de l'univers hiérarchique et avènement du règne de l'égalité. On sait que dans la problématique tocquevillienne, c'est l'« égalité des conditions » qui, en réduisant les dissemblances dites de nature entre les hommes, en instituant une identité anthropologique universelle, explique l'adoucissement des mœurs, la régression de l'usage de la violence interpersonnelle. Dans les siècles d'inégalité, l'idée de similitude humaine n'existant pas, la compassion, l'attention envers ceux appartenant à une caste réputée d'essence hétérogène ont peu de chance de se développer; en revanche, la dynamique égalitaire, en produisant une identité profonde entre tous les êtres, désormais membres égaux d'une humanité même et homogène, favorise l'identification avec le malheur ou la douleur de l'autre et, ce faisant, entrave les débordements de la violence et de la cruauté[1]. A cette interprétation, qui a le mérite d'analyser la violence en termes de logiques et de significations sociales historiques il faut cependant objecter que la cruauté et la vio-

1. A. de Tocqueville, *De la démocratie en Amérique*, Gallimard, 1961, t. I, vol. II, pp. 171-175, et le commentaire de M. Gauchet, art. cité, plus précisément pp. 95-96.

lence dans les temps hiérarchiques ne se déployaient pas uniquement entre individus d'ordres différents : les « égaux » étaient tout autant les victimes d'une violence au demeurant tout aussi cruelle. Les haines de sang n'étaient-elles pas d'autant plus fortes que les hommes étaient plus proches, plus semblables ? Ainsi les dénonciations pour sorcellerie des XVIe et XVIIe siècles portaient-elles presque exclusivement sur des gens que les accusateurs connaissaient bien, voisins et égaux; les duels et vendettas se déroulaient essentiellement entre gens semblables. Si, entre égaux, la violence et la cruauté n'étaient pas moindres, cela signifie que ce n'est pas de l'égalité, conçue comme structure moderne de l'aperception de l'autre en tant que « même », dont il faut partir pour rendre intelligible la pacification des individus. La civilisation des comportements ne vient pas avec l'égalité, elle vient avec l'atomisation sociale, avec l'émergence de nouvelles valeurs privilégiant le rapport aux choses et la désaffection concomitante des codes de l'honneur et de la vengeance. Ce n'est pas le sentiment de similitude entre les êtres qui explique le déclin des violences privées; la cruauté commence à faire horreur, les bagarres deviennent signe de sauvagerie lorsque le culte de la vie privée supplante les prescriptions holistes, lorsque l'individu se replie sur son quant-à-soi, de plus en plus indifférent aux jugements des autres. A ce titre, l'humanisation de la société n'est qu'une des expressions du procès de désocialisation caractéristique des temps modernes.

Il reste qu'en ayant relié la douceur des comportements modernes à la promotion démocratique de l'*identification* entre les êtres, Tocqueville a su conduire au cœur du problème. Dans un peuple démocratique, chacun ressent spontanément la misère de l'autre : « En vain s'agira-t-il d'étrangers ou d'ennemis : l'imagination le met aussitôt à leur place. Elle mêle quelque chose de personnel à sa pitié et le fait souffrir lui-même tandis qu'on déchire le corps de son semblable[1]. » Contrairement à ce que pensait Rousseau, la « pitié » n'est pas derrière nous, elle est devant nous, elle est l'œuvre de ce qui, pensait-il, l'excluait, à savoir l'atomisation individualiste. Le retrait sur soi-même, la privatisation de la vie, loin d'étouffer l'identification à l'autre, la stimule. C'est ensemble qu'il faut penser l'individu moderne et le processus d'identification, lequel n'a de sens véritable que là où la désocialisation a libéré l'individu de ses attaches collectives et rituelles, là où soi et l'autre peuvent se rencontrer en tant qu'individus autonomes dans un face-à-face indépendant des modèles sociaux préétablis. Au contraire, par la prééminence accordée au tout social, l'organisation holiste fait obstacle à l'identification intersubjective. Tant que la relation interpersonnelle ne parvient pas à s'émanciper des représentations collectives, l'identification ne s'opère pas entre moi et autrui mais entre moi et une image de groupe ou modèle traditionnel. Rien de tel dans la société individualiste qui a pour conséquence de rendre possible une identification strictement psychologique, c'est-à-dire impliquant des personnes ou images privées, du fait que plus rien ne dicte impérativement depuis toujours ce qu'il y a à faire, à dire, à croire. Paradoxalement, c'est à force de se

1. A. de Tocqueville, *ibid.*, p. 174.

prendre en considération de façon isolée, de vivre pour soi-même que l'individu s'ouvre aux malheurs de l'autre. Plus on existe en tant que personne privée, plus est ressentie l'affliction ou la douleur de l'autre; le sang, les atteintes à l'intégrité du corps deviennent des spectacles insupportables, la douleur apparaît comme une aberration chaotique et scandaleuse, la *sensibilité* est devenue une caractéristique permanente de l'*homo clausus*. L'individualisme produit donc deux effets inverses et cependant complémentaires : l'indifférence à l'autre et la sensibilité à la douleur de l'autre : « Dans les siècles démocratiques, les hommes se dévouent rarement les uns pour les autres, mais ils montrent une compassion générale pour tous les membres de l'espèce humaine[1]. »

Peut-on faire l'économie de cette nouvelle logique sociale si l'on veut comprendre le processus de l'humanisation des châtiments enclenché à la charnière des XVIIIᵉ et XIXᵉ siècles? Sans doute faut-il relier cette mutation pénale à l'avènement d'un nouveau dispositif du pouvoir dont la vocation n'est plus, comme cela a été le cas depuis l'origine des Etats, d'affirmer dans la violence inhumaine des supplices son éminente supériorité, sa puissance souveraine et démesurée, mais au contraire d'administrer et de pénétrer en douceur la société, de la quadriller de façon continue, mesurée, homogène, régulière et ce, jusque dans ses recoins les plus infimes[2]. Mais la réforme pénale n'aurait pas été possible sans l'ébranlement profond du rapport à l'autre suscité par la révolution indivi-

1. A. de Tocqueville, *ibid.*, p. 174.
2. Michel Foucault, *Surveiller et punir*, Gallimard, 1975.

dualiste, corrélat de l'Etat moderne. Un peu partout dans la seconde moitié du XVIIIᵉ siècle, des protestations s'élèvent contre l'atrocité des châtiments corporels, ceux-ci commencent à devenir socialement illégitimes, à être assimilés à la barbarie. Ce qui, depuis toujours, allait de soi, devient scandaleux : le monde individualiste, et l'identification spécifique à l'autre qu'il engendre, a constitué le cadre social adapté au bannissement des pratiques légales de la cruauté. Gare au tout-politique, même distribué en stratégies microscopiques : l'humanisation des peines n'aurait pu acquérir une telle légitimité, n'aurait pu se développer avec une telle logique sur le temps long si elle n'avait coïncidé au plus profond avec le nouveau rapport d'homme à homme institué par le procès individualiste. Il n'y a pas à recommencer la question des priorités, c'est parallèlement que l'Etat et la société ont travaillé au déploiement du principe de la modération des peines.

L'escalade de la pacification.

Qu'en est-il du procès de civilisation au moment où les sociétés occidentales se trouvent régies de façon prépondérante par le procès de personnalisation? Nonobstant le leitmotiv actuel de la montée de l'insécurité et de la violence, il est clair que l'âge de la consommation et de la communication ne fait que continuer par d'autres moyens le travail inauguré par la logique étatiste-individualiste précédente. La statistique criminelle, pour imparfaite qu'elle soit, va dans ce sens; sur la longue et moyenne durée les taux d'homicide

283

restent relativement stables : même aux U.S.A. où le taux d'homicide est exceptionnellement élevé – bien que cependant beaucoup moins haut que dans des pays comme la Colombie ou la Thaïlande – le taux de 9 victimes pour 100 000 habitants atteint en 1930 n'était guère dépassé en 1974 avec 9,3. En France, le taux d'homicide officiel (sans prendre donc en considération le « chiffre noir ») était de 0,7 en 1876-1880; il était de 0,8 en 1972. En 1900-1910, le taux de mortalité par homicide à Paris était de 3,4 contre 1,1 en 1963-1966. L'ère de la consommation accentue la pacification des comportements, en particulier fait diminuer la fréquence des rixes et l'usage des coups : dans les départements de la Seine et du Nord, les taux de condamnations pour coups et blessures en 1875-1885 s'élevaient respectivement à 63 et 110 pour 100 000 habitants; en 1975, ils s'établissaient autour de 38 et 56. Au siècle de l'industrialisation et jusqu'à une date récente, à Paris comme en province, les rixes étaient monnaie courante dans la classe ouvrière, classe au point d'honneur susceptible, fidèle au culte de la force. Même les femmes, si l'on en croit certains faits divers rapportés par L. Chevalier[1] ainsi que les récits de Vallès et Zola, n'hésitaient pas à recourir aux injures et aux mains pour vider leurs querelles. De nos jours la violence disparaît massivement du paysage urbain, elle est devenue au même titre, et plus encore que la mort, l'interdit majeur de nos sociétés. Les classes populaires elles-mêmes ont renoncé à la traditionnelle valorisation de la force

1. Louis Chevalier, *Montmartre du plaisir et du crime*, Laffont, 1980.

et adopté un style cool de comportement, tel est le sens véritable de l' « embourgeoisement » de notre société. Ce que ni l'éducation disciplinaire ni l'autonomie personnelle n'ont réussi à accomplir véritablement, la logique de la personnalisation y parvient en stimulant la communication et la consommation, en sacralisant le corps, l'équilibre et la santé, en brisant le culte du héros, en déculpabilisant la peur, bref en instituant un nouveau style de vie, de nouvelles valeurs, portant à son point culminant l'individualisation des êtres, la rétraction de la vie publique, le désintérêt pour l'Autre.

De plus en plus repliés sur des préoccupations privées, les individus se pacifient non par éthique mais par hyper-absorption individualiste : dans des sociétés impulsant le bien-être et l'accomplissement de soi, les individus, à l'évidence, sont plus désireux de se retrouver eux-mêmes, de s'ausculter, de se « défoncer » en voyages, musique, sports, spectacles que de s'affronter physiquement. La répulsion profonde, générale, de nos contemporains envers les conduites de violence est fonction de cette dissémination hédoniste et informationnelle du corps social accomplie par le règne de la voiture, des media, des loisirs. C'est l'âge de la consommation et de l'information qui, de surcroît, a fait décliner un certain type d'alcoolisme, les rituels du *café*, lieu certes d'une nouvelle sociabilité masculine au XIXᵉ et jusqu'au milieu du XXᵉ siècle, dit bien Ariès, mais également lieu favorable entre tous au déchaînement de la violence : au tournant de notre siècle un délit sur deux, pour coups et blessures, est à mettre au compte de l'état d'ivresse. En dispersant les individus par la logique des objets et des media, en les faisant déserter le café (on pense évidemment ici au cas français) au bénéfice de l'existence consommatrice, le procès de personnalisation a détruit en douceur les normes d'une sociabilité virile responsable d'un niveau élevé de criminalité violente.

Parallèlement, la société de consommation parachève la neutralisation des rapports interhumains; l'indifférence au destin et aux jugements de l'autre prend dès lors toute son ampleur. L'individu renonce à la violence non seulement parce que sont apparus de nouveaux biens et buts privés mais parce que, dans la même foulée, l'autre se trouve désubstantialisé, « figurant » vide d'enjeu[1], qu'il soit un membre quelque peu éloigné du groupe restreint familial, un voisin de palier ou un collègue de travail. C'est ce discount de la relation interhumaine doublé de l'hyper-investissement individualiste ou narcissique qui est au principe du déclin des actes de violence. Indifférence à autrui d'un genre nouveau, faut-il ajouter, car simultané-

1. C'est précisément là où le rapport interhumain ne s'institue pas sur la base de l'indifférence, à savoir au sein du milieu familial ou des proches, que la violence est la plus fréquente. Aux U.S.A., vers 1970, un homicide sur quatre était de type familial; en Angleterre, dans la fin des années 1960, plus de 46 % de tous les homicides étaient des assassinats de type domestique ou concernant des proches; aux Etats-Unis, le nombre total de victimes de violences familiales (décès, coups et blessures) était en 1975 de l'ordre de huit millions (près de 4 % de la population). Cf. J.-C. Chesnais, *Histoire de la violence*, Laffont, coll. « Pluriel », 1981, pp. 100-107. La violence de sang est tributaire de l'ordre narcissique de nos sociétés qui rétrécissent et intensifient le champ des relations privées; dans ces conditions, elle se déchaîne en priorité sur ceux qui nous abandonnent ou nous trompent, ceux qui occupent notre proximité intime, ceux que l'on supporte quotidiennement chez soi.

ment les relations interindividuelles ne cessent d'être restructurées, finalisées par les valeurs psychologistes et communicationnelles. Tel est le paradoxe du rapport interpersonnel dans la société narcissique : de moins en moins d'intérêt et de regard pour l'autre, de plus en plus cependant de désir de communiquer, de ne pas être agressif, de comprendre autrui. Convivialité psy et indifférence aux autres se développent aujourd'hui ensemble, comment dans ces conditions la violence pourrait-elle ne pas reculer ?

Tandis qu'inéluctablement la violence physique interindividuelle régresse, la violence verbale subit, elle aussi, le choc narcissique. Ainsi les injures à significations sociales, si fréquentes au XVIIIᵉ siècle (gueux, pouilleux, meurt-de-faim, crasseux), ont-elles fait place à des insultes à caractères plus « personnels », le plus souvent sexuels. De même, les insultes telles que cracher au visage de quelqu'un ou à son passage ont disparu, incompatibles qu'elles sont avec nos sociétés hygiéniques et indifférentes. D'une façon générale, l'insulte s'est banalisée, a perdu sa dimension de défi et désigne moins une volonté d'humilier l'autre qu'une impulsion anonyme dépourvue d'intention belliqueuse, comme telle, rarement suivie de heurts physiques : celui qui, au volant de sa voiture, injurie un chauffard, ne désire aucunement le rabaisser et celui qui en est l'objet ne se sent au fond nullement concerné. Dans un temps narcissique, la violence verbale s'est désubstantialisée, elle n'a même plus de signification interindividuelle, elle est devenue *hard*, c'est-à-dire sans but ni sens, violence impulsive et nerveuse, désocialisée.

Le procès de personnalisation est un opérateur

de pacification généralisée; sous son registre, les enfants, les femmes, les animaux ne sont plus les cibles traditionnelles de la violence qu'ils étaient encore au XIXe et parfois dans la première moitié du XXe siècle. Par la valorisation systématique du dialogue, de la participation, de l'écoute de la demande subjective, que la séduction post-moderne met en œuvre, c'est le principe même de la correction physique, maintenu, voire renforcé par l'ère des disciplines, qui se trouve rejeté du processus éducatif. L'éclipse des châtiments corporels vient de cette promotion de modèles éducatifs à base de communication réciproque, de psychologisation des rapports au moment où les parents cessent précisément de se reconnaître comme modèles à imiter par leurs enfants. Le procès de personnalisation dilue toutes les grandes figures de l'autorité, mine le principe de l'*exemple* trop tributaire d'une ère distante et autoritaire étouffant les spontanéités singulières, dissout enfin les convictions en matière d'éducation : la désubstantialisation narcissique se manifeste au cœur de la famille nucléaire comme impuissance, dépossession et démission éducative. La punition physique qui, hier encore, avait une fonction positive de redressement et d'inculcation des normes n'est plus dès lors qu'un échec honteux et culpabilisant de la communication entre parents et enfants, une ultime impulsion incontrôlée en désespoir d'autorité.

La campagne des femmes battues se développe et rencontre l'écho que l'on sait à mesure que massivement la violence masculine régresse dans les usages, disqualifiée qu'elle est dans un temps « transsexuel » où la virilité cesse d'être associée à la force et la féminité à la passivité. La violence mâle était l'actualisation et la réaffirmation d'un code de comportement reposant sur la division immémoriale des sexes : ce code est désaffecté lorsque, sous l'effet du procès de personnalisation, le masculin et le féminin n'ont plus ni définitions rigoureuses ni places marquées, lorsque le schème de la supériorité masculine est rejeté de toutes parts, lorsque le principe d'autorité musclée cède le pas à l'imaginaire de la libre disposition de soi, du dialogue psy, de la vie sans entrave ni engagement définitif. Reste il est vrai la question du viol : en France, 1 600 viols ont été signalés en 1978 (3 viols pour 100 000 habitants) mais vraisemblablement près de 8 000 viols ont été commis (chiffre noir); aux U.S.A., avec plus de 60 000 viols, le taux monte aux extrêmes : 29 pour 100 000 habitants. Dans la plupart des pays développés, on enregistre un nombre croissant de viols sans que l'on puisse cependant déterminer si cette hausse résulte d'une augmentation effective d'agressions sexuelles ou d'une déculpabilisation des femmes violées leur permettant de déclarer plus facilement les violences subies : en Suède, le nombre de viols a plus que doublé en un quart de siècle; aux U.S.A., la fréquence a quadruplé entre 1957 et 1978. En revanche, depuis un siècle, tout semble indiquer une chute très sensible de la violence sexuelle : la fréquence du viol en France serait cinq fois moindre que durant les années 1870[1]. En dépit de l'aggravation relative de la violence sexuelle, le procès cool de personnalisation continue d'assagir les comportements masculins, la recrudescence du

1. J.-C. Chesnais, *ibid.*, pp. 181-188.

nombre de viols allant ici de pair avec sa relégation dans une population finalement très circonscrite : d'une part, les accusés se recrutent en grand nombre dans les groupes minoritaires de couleur et de culture (aux U.S.A., près de la moitié des arrestations concernent des Noirs), d'autre part, on ne peut ignorer qu'un tiers de violeurs au moins, en France, sont des récidivistes.

Enfin, le rapport aux animaux s'est lui aussi trouvé annexé par le procès de civilisation. Si les lois de 1850 et 1898 permettaient en théorie de poursuivre les violences envers les animaux, on sait qu'elles restèrent lettre morte et qu'en réalité ce type de cruauté était loin d'être unanimement condamné. Au XIXᵉ siècle, la brutalité dans les abattoirs était chose courante; les combats d'animaux faisaient partie des spectacles favoris des ouvriers, « on faisait danser les dindes sur des plaques chauffées à blanc, on visait à coups de cailloux des pigeons enfermés dans des boîtes de telle sorte que leur tête émerge et serve de cible »[1]. Un monde nous sépare de cette sensibilité, de nos jours les sévices envers les bêtes sont massivement réprouvés, de toutes parts des protestations s'élèvent contre la chasse et les corridas, contre les conditions d'élevage, contre certaines formes d'expérimentations scientifiques. Mais nulle part, l'humanisation n'est plus visible que chez les enfants, lesquels, fait unique dans l'histoire, ne prennent plus plaisir aux jeux, jadis allant de soi, qui consistaient à torturer les animaux. Si l'individualisme moderne a été de pair avec la libération du méca-

1. Théodore Zeldin, *Histoire des passions françaises*, Ed. Recherches, 1979, t. V, p. 180.

nisme de l'identification à autrui, l'individualisme post-moderne a pour caractéristique d'étendre l'identification à l'ordre non humain. Identification complexe qu'il faut relier à la psychologisation de l'individu : à mesure que celui-ci se « personnalise », les frontières séparant l'homme de l'animal s'estompent, toute douleur, fût-elle éprouvée par une bête, devient insupportable à l'individu désormais constitutivement fragile, ébranlé, horrifié par la seule idée de la souffrance. En agençant l'individu en structure molle et psy, le narcissisme accroît la réceptivité envers le dehors; l'humanisation des mœurs qui, au demeurant, s'accompagne d'une indifférence tout aussi systématique, comme l'attestent les vagues d'abandons d'animaux pendant les grandes migrations estivales, doit être interprétée comme cette nouvelle vulnérabilité, cette nouvelle incapacité des hommes à affronter l'épreuve de la douleur.

Preuve en quelque sorte incontournable de cet assainissement sans précédent de la société, en 1976, 95 % des Français affirmaient ne pas avoir subi au cours du mois écoulé une violence quelconque; davantage, les interrogés affirmaient que durant le mois écoulé, aucun membre de leur famille (87 %), aucune relation (86 %) n'avait été victime d'une quelconque agression. De sorte que ni la montée d'une nouvelle criminalité violente, ni les quelques bagarres de stades ou de bals du samedi soir ne doivent occulter la toile de fond sur laquelle elles apparaissent : la violence physique entre individus devient de plus en plus invisible, elle s'est transformée en faits divers traumatisants. Ce qui n'empêchait pas, au même moment, deux individus sur trois d'estimer que les comportements violents étaient plus répandus aujourd'hui que dans un passé proche ou au début du siècle. On le sait, dans tous les pays développés, le sentiment d'insécurité est grandissant; en France, 80 % de la population ressentent avec acuité une montée de violence, 73 % reconnaissent avoir peur en regagnant à pied leur domicile, la nuit, un individu sur deux redoute de circuler en voiture la nuit sur une petite route. En Europe, comme aux U.S.A., la lutte contre la criminalité occupe le peloton de tête des préoccupations et priorités du public. Faut-il donc, compte tenu de ce divorce entre les faits et le vécu, considérer l'insécurité actuelle comme une illusion, une machination du pouvoir par media interposés, exportant la conscience fausse à fin de contrôle social en période de crise et de décomposition idéologique? Mais comment et pourquoi cette « idéologie » peut-elle se greffer sur la société? C'est faire peu de cas des transformations profondes de la société civile et du rapport à la violence qui s'ensuit. De fait, le sentiment d'insécurité croît, s'alimentant du moindre fait divers et ce, indépendamment des campagnes d'intoxication. L'insécurité actuelle n'est pas une idéologie, elle est le corrélat inéluctable d'un individu déstabilisé et désarmé amplifiant tous les risques, obsédé par ses problèmes personnels, exaspéré par un système répressif jugé inactif ou « trop » clément, habitué à être protégé, traumatisé par une violence dont il ignore tout : l'insécurité quotidienne résume sous une forme angoissée la désubstantialisation post-moderne. Le narcissisme, inséparable d'une peur endémique, ne se constitue qu'en posant un dehors exagérément menaçant, ce qui, à son tour, ne fait qu'élargir la

292

gamme des réflexes individualistes : actes d'auto-défense, indifférence à l'autre, emprisonnement chez soi; tandis qu'un nombre non négligeable d'habitants des grandes métropoles s'abritent déjà derrière leur porte blindée et renoncent à sortir le soir, 6 % seulement des Parisiens interviendraient en entendant des appels au secours la nuit.

Curieusement la représentation de la violence est d'autant plus exacerbée qu'elle régresse dans la société civile. Au cinéma, au théâtre, dans la littérature, on assiste en effet à une surenchère de scènes de violence, à une débauche d'horreur et d'atrocité, jamais « l'art » ne s'est autant attaché à présenter d'aussi près la texture même de la violence, violence *hi-fi* faite de scènes insupportables d'os broyés, jets de sang, cris, décapitations, amputations, émasculations. Ainsi la société cool va-t-elle de pair avec le style hard, avec le spectacle en trompe l'œil d'une violence hyperréaliste. On ne rendra pas compte de cette pornographie de l'atroce à partir d'un quelconque besoin sadique refoulé par nos sociétés tamisées; mieux vaut enregistrer la radicalité de représentations désormais autonomes et, partant, vouées à un pur procès maximaliste. La forme hard n'exprime pas de la pulsion, ne compense pas un manque, pas plus qu'elle ne décrit la nature intrinsèque de la violence post-moderne; lorsqu'il n'y a plus aucun code moral à transgresser, reste la fuite en avant, la spirale jusqu'au-boutiste, le raffinement du détail pour le détail, l'hyperréalisme de la violence, n'ayant pour objectif que la sidération et la sensation instantanées.

C'est pourquoi il est possible de déceler le procès hard dans toutes les sphères, le sexe (le porno;

la prostitution d'enfants de plus en plus jeunes : à New York on évalue à peu près à douze mille les garçons et filles de moins de seize ans qui sont entre les mains des proxénètes), l'information (la frénésie de « direct »), la drogue (avec son escalade du manque et des doses), les sons (la course aux décibels), la « mode » (punks, skinheads, cuir), le rythme (le rock), le sport (doping et surentraînement des athlètes; essor de la pratique du karaté; *body-building* féminin et sa fièvre de muscle); loin d'être une mode plus ou moins aléatoire, l'effet hard est corrélatif de l'ordre cool, de la déstabilisation et de la désubstantialisation narcissique au même titre que l'effet humoristique qui en représente la face opposée, mais logiquement homologue. A la dissolution en douceur des repères majeurs, au vide de l'hyper-individualisme, répond une radicalité sans contenu des comportements et représensations, une montée aux extrêmes dans les signes et habitus du quotidien, partout le même procès extrémiste est à l'œuvre, le temps des significations, des contenus lourds vacillent, on vit celui des *effets spéciaux* et de la performance pure, de la surenchère et de l'amplification vide.

Crimes et suicides : violences hard.

Le paysage de la violence n'est pas resté inchangé avec l'avènement des sociétés commandées par le procès de personnalisation. Si, dans le prolongement des XVIIIᵉ et XIXᵉ siècles, les crimes contre les biens (cambriolages, vols) et la délinquance astucieuse (escroquerie...) continuent de très loin de l'emporter, dans tous les pays occidentaux, sur les crimes contre les personnes, il reste que la grande criminalité a réalisé un bond en avant tel qu'il n'est pas illégitime de parler ici d'un fait social inédit : en France, entre 1963 et 1976, les hold-up ont été multipliés par 35, entre 1967 et 1976, 5 fois plus de vols à main armée et 20 fois plus de hold-up ont été commis. Certes, depuis 1975, ce type de criminalité semble avoir trouvé une sorte de point d'équilibre et en chiffres absolus ne présente plus de spectaculaires progressions; il n'en demeure pas moins que l'attaque à main armée représente maintenant une figure majeure de la violence urbaine.

Si le procès de personnalisation adoucit les mœurs du plus grand nombre, inversement il durcit les conduites criminelles des déclassés, favorise le surgissement d'actions énergumènes, stimule la montée aux extrêmes dans l'usage de la violence. Du désencadrement individualiste et de la déstabilisation actuelle suscitée notamment par la sollicitation des besoins et leur frustration chronique, il résulte une exacerbation cynique de la violence liée au profit, à condition de préciser aussitôt les limites du phénomène circonscrit à un nombre finalement réduit d'individus cumulant les agressions : dans la capitale fédérale des Etats-Unis, 7 % des criminels arrêtés sur une période de quatre ans et demi ont été appréhendés quatre fois et ces 7 % étaient présumés coupables de 24 % de tous les crimes graves perpétrés pendant ces années.

Jadis, le grand banditisme concernait surtout une population reliée au proxénétisme, au racket, aux trafics d'armes et de stupéfiants, aujourd'hui, on assiste à un étalement ou « déprofessionnalisation » du crime, c'est-à-dire à l'émergence d'une violence dont les auteurs, souvent inconnus des services de la police, n'ont aucune accointance avec le « milieu ». La violence criminelle, dans la foulée de la flottaison générale, s'étire, perd ses frontières strictes et ce, jusque dans les classes d'âge : en France, en 1975, sur cent personnes mises en cause pour faits de grande criminalité, dix-huit étaient mineures, 24 % des auteurs de hold-up et vols à main armée avaient moins de vingt ans; aux U.S.A, 57 % des auteurs de crimes violents avaient en 1979 moins de vingt-cinq ans, un sur cinq avait moins de dix-huit ans. La délinquance juvénile ne s'est pas beaucoup développée en volume, elle est devenue plus violente. Le procès de personnalisation qui généralise le culte de la jeunesse pacifie les adultes mais endurcit les plus jeunes, lesquels conformément à la logique hyper-individualiste sont enclins à affirmer de plus en plus tôt, de plus en plus vite leur autonomie, qu'elle soit matérielle ou psychologique, fût-ce par l'usage de la violence.

Le monde hard est jeune et touche en première ligne les déracinés culturels, les minorités raciales, immigrés et jeunes issus de familles immigrées. L'ordre de la consommation pulvérise beaucoup plus radicalement les structures et personnalités traditionnelles que n'a pu le faire l'ordre raciste colonial : désormais, c'est moins l'infériorisation qui caractérise le portrait du « colonisé » qu'une désorganisation systématique de son identité, une désorientation violente de l'ego suscitée par la stimulation de modèles individualistes euphoriques invitant à vivre intensément. Partout le procès de personnalisation démantèle la personnalité; côté jardin, l'éclatement narcissique et pacifique, côté cour, l'éclatement énergumène et violent. La société hédoniste produit à son insu un composé explosif, imbriquée qu'elle est ici dans un univers d'honneur et de vengeance à la dérive. La violence des jeunes exclus de couleur ou de culture est un patchwork, elle résulte du choc entre le désencadrement personnalisé et l'encadrement traditionnel, entre un système à base de désirs individualistes, de profusion, de tolérance et une réalité quotidienne de ghettos, de chômage, de désœuvrement, d'indifférence hostile ou raciste. La logique cool poursuit par d'autres moyens le travail pluriséculaire de l'exclusion et de la relégation; non plus par l'exploitation ou l'aliénation par imposition autoritaire de normes occidentales, mais par criminalisation.

Alors qu'ils ne représentaient en 1975 que 8 % de la population française, les étrangers étaient responsables de 26 % des vols avec violence, 23 % des coups et blessures, 20 % des homicides, 27 % des viols, 26 % des condamnations pour port d'armes. En 1980, à Marseille, 32 % des coups et blessures et 50 % des vols avec violence ont été le fait de jeunes étrangers, le plus souvent maghrébins : si l'on note que les jeunes nés de familles immigrées, mais eux-mêmes de nationalité française, ne figurent pas dans ces chiffres, étant évidemment comptabilisés dans la statistique criminelle française, on peut imaginer la très forte représentation, tous groupes confondus, des immigrés et enfants d'immigrés dans les actes de violence, proportion qui ne s'explique pas uniquement par une police ou une justice suspectant, arrêtant et condamnant plus souvent les « étrangers » que les autochtones. Aux Etats-Unis, où de façon générale la violence est considérable, un acte de violence toutes les vingt-sept secondes, dit-on, les Noirs sont également sur-représentés dans les crimes violents, à la fois comme agresseurs et comme victimes. En effet, pour une large part, les actes violents se déroulent entre individus de même couleur : il y a plus de crimes entre Noirs que des Noirs sur les Blancs et vice versa. Dans la population noire, l'homicide est maintenant la première cause de décès chez les hommes comme chez les femmes de vingt-quatre à trente-quatre ans, alors que dans la population blanche du même âge, ce sont les accidents de circulation. Les Noirs ont six fois plus de risques de mourir par homicide que les Blancs : en ne considérant que les hommes, en 1978 les décès par homicide pour 100 000 habitants s'élevaient à 78,1 dans la population noire, 12,2 chez les Blancs. Près de la moitié des meurtriers arrêtés sont des Noirs. Preuve *a contrario* du procès de civilisation, la violence est de plus en plus l'apanage de groupes périphériques, elle devient un fait de *minorités*. Cela étant, il ne faut voir dans cette violence de couleur ni un habitus archaïque ni une forme de révolte; elle est le point culminant de la déstabilisation et de la désintégration post-moderne, la montée aux extrêmes, désocialisée et cynique, liée à la liquéfaction des principes, encadrements et autocontrôles, elle est la manifestation hard de l'ordre cool.

Désorganisation ou dégénérescence du banditisme qui se lit surtout dans la « qualité » même des crimes. Alors que les truands professionnels organisent minutieusement leur coup, évaluent les gains et risques, soignent leur alibi, les délinquants nouvelle vague se lancent dans des opérations souvent improvisées, sans connaissance des lieux, des fonds, des systèmes d'alarme, entreprises d'une gravité extrême pour un gain minime. En une seule journée, cinq, six hold-up, pour des sommes chaque fois dérisoires, c'est cette disproportion entre risques et profits, entre une fin insignifiante et des moyens extrêmes qui caractérise cette criminalité hard, sans projet, sans ambition, sans imaginaire. Le procès de personnalisation qui travaille à accroître la responsabilité des individus favorise en fait des comportements aberrants, instables, indifférents en quelque sorte au principe de réalité[1], comme tels en consonance avec le narcissisme dominant et son corrélat, le réel transformé en spectacle irréel, en vitrine d'exposition sans épaisseur, par la logique des sollicitations. Conséquence de la désaffection des grandes finalités sociales et de la prééminence accordée au présent, le néo-narcissisme est une personnalité flottante, sans charpente ni volonté, la labilité et l'émotivité en sont les caractéristiques majeures. A ce titre la violence hard, désespérée, sans projet, sans consistance, est à l'image d'un temps sans futur valorisant le « tout, tout de suite »; loin d'être

---

1. Indifférence visible également dans le *vandalisme*, rage hard qu'on interprète mal en en faisant une forme déclassée de revendication ou de protestation symboliques. Le vandalisme témoigne de cette désaffection nouvelle qui gagne les choses en même temps que les valeurs et institutions sociales. De même que les idéaux déclinent et perdent leur grandeur antérieure, de même les objets perdent tout « sacralité » dans les systèmes accélérés de la consommation : la dégradation vandaliste a pour condition la fin du respect des choses, l'indifférence au réel désormais vide de sens. Ici encore la violence hard reproduit l'ordre cool qui la rend possible.

antinomique avec l'ordre cool et narcissique, elle en est l'expression exaspérée : même indifférence, même désubstantialisation, même déstabilisation, ce qui est gagné en individualisme est perdu en « métier », en ambition. mais aussi en sang-froid, en contrôle de soi : tandis que les jeunes mafiosi américains s'effondrent et brisent maintenant sans grande résistance la « loi du silence », on voit apparaître ce mixte très post-moderne de jeunes braqueurs sous tranquillisants. La désubstantialisation, ici comme ailleurs, s'accompagne du flip et de l'instabilité. La violence contemporaine n'a plus rien à voir avec le monde de la cruauté, la nervosité est bien davantage son trait dominant et ce, non seulement chez les braqueurs mais chez les criminels d'H.L.M. rendus fous furieux par les fauteurs de bruit aussi bien que dans la police elle-même, comme l'atteste la multiplication des inquiétantes affaires des « bavures » récentes.

Le crime presque pour rien : assurément, cela n'est pas nouveau, les époques antérieures ont également connu des crimes crapuleux pour de misérables gains. A la fin du XIXᵉ siècle existe encore une criminalité dite des barrières[1] : on attaque un bourgeois égaré, un promeneur attiré dans les fossés des fortifs. Mais ces violences avaient ceci de commun qu'elles reconduisaient l'immémoriale connivence du crime et de la nuit, de l'illégalisme et du secret. Aujourd'hui, ce lien est en passe de se défaire, le crime hard s'affiche au grand jour, au cœur de la ville, indifférent à assurer son anonymat, indifférent aux lieux et heures, comme si le crime s'efforçait de participer

1. L. Chevalier, *op. cit.*, p. 196.

à la pornographie de notre temps, celle de la visibilité totale. A l'instar de la déstabilisation générale, la violence se déleste de son principe de réalité, les critères du danger et de la prudence s'estompent, s'enclenche de la sorte une banalisation du crime doublée d'une montée incontrôlée aux extrêmes dans les moyens de la violence.

La violence criminelle ne désigne pas seule le monde hard. Moins spectaculaire, moins sujet à scoop, le suicide en constitue l'autre face, intériorisée si l'on veut, mais régie par une même ascension et une même logique. Sans doute le flot montant de suicides n'est-il pas caractéristique de la post-modernité; on sait en effet que tout au long du XIXᵉ siècle, en Europe, le suicide n'a cessé de croître. En France de 1826 à 1899, le nombre de suicides est multiplié par cinq tandis que son taux pour 100 000 habitants passe de 5,6 à 23; à la veille de la Première Guerre mondiale, ce taux déjà élevé est encore dépassé, atteignant 26,2. Comme Durkheim l'a correctement analysé, là où la désinsertion individualiste a pris une grande ampleur, le suicide connaît une aggravation considérable. Le suicide qui, dans les sociétés primitives ou barbares, était un acte de forte intégration sociale prescrit en effet par le code holiste de l'honneur, devient, dans les sociétés individualistes, un comportement « égoïste » dont le fulgurant essor ne pouvait être, pensait Durkheim qu'un phénomène pathologique[1], donc évitable et passager, résultant moins de la nature de la société moderne que des conditions particulières dans lesquelles elle s'était instituée.

1. Durkheim, *Le Suicide*, P.U.F., pp. 413-424.

L'évolution de la courbe des suicides a pu, un moment, confirmer l'« optimisme » de Durkheim, puisque le taux très élevé du début du siècle était descendu à 19,2 en 1926-1930 et même à 15,4 pendant la décennie 1960. S'appuyant sur ces chiffres, on a pu écrire que la société contemporaine était « tranquille » et équilibrée[1]. On sait pourtant qu'il n'en est rien : d'abord, depuis 1977 en France, avec un taux proche de 20, on assiste à nouveau à une forte augmentation du suicide qui rétablit presque le niveau de celui atteint au début du siècle ou entre les deux guerres. Mais, outre cette aggravation, peut-être conjoncturelle des décès-suicides, c'est le nombre de tentatives de suicides non suivies de mort qui contraint de reprendre la question de la nature suicidogène de nos sociétés. Si l'on constate effectivement une chute du nombre des morts volontaires, on remarque en même temps une hausse considérable des tentatives de suicides, et cela, dans tous les pays développés. On considère qu'il y a de 5 à 9 tentatives pour un suicide accompli : en Suède, près de 2 000 personnes se suicident chaque année mais 20 000 tentent de le faire; aux Etats-Unis, 25 000 sont commis et 200 000 tentés sans succès. En France, il y a eu, en 1980, 10 500 suicides-décès, vraisemblablement près de 100 000 tentatives. Or tout laisse à penser que le nombre de tentatives au XIXᵉ siècle ne pouvait pas être équiva-

1. Emmanuel Todd, *Le Fou et le prolétaire*, Laffont, 1979. Egalement Hervé Le Bras et E. Todd : « Après la rupture, les genres de vie se sont reconstitués et l'individu s'est intégré d'une autre manière. Le suicide s'efface car le malaise de la civilisation s'achève. » In *L'Invention de la France*, Laffont, coll. « Pluriel », 1981. p. 296.

lent à celui que nous connaissons de nos jours. D'abord parce que les modes de perpétration étaient plus « efficaces », pendaison, noyade, armes à feu étant les trois instruments privilégiés du suicide jusqu'en 1960; ensuite parce que l'état de la médecine permettait moins de sauver les suicidants; enfin du fait de la très forte proportion, dans la population suicidante, des personnes âgées, c'est-à-dire les plus résolues, les plus déterminées à mourir. Compte tenu de l'ampleur sans précédent des tentatives de suicides et en dépit de la chute du nombre des décès-suicides, l'épidémie de suicide n'est nullement terminée : la société post-moderne en accentuant l'individualisme, en en modifiant la teneur par la logique narcissique, a multiplié les tendances à l'autodestruction, fût-ce en en transformant l'intensité; l'ère narcissique est plus suicidogène encore que l'ère autoritaire. Loin d'être un accident inaugural des sociétés individualistes, le mouvement ascensionnel des suicides en est le corrélat sur la longue durée.

Si l'écart entre les tentatives et les décès par suicide se creuse, cela tient sans doute aux progrès de la médecine en matière de traitements des intoxications aiguës, mais aussi au fait que l'intoxication par médicaments et poisons devient une forme largement prédominante de perpétration. Si on envisage l'ensemble des actes suicidaires (tentatives comprises), les intoxications, médicaments et gaz occupent désormais la première place dans les moyens employés, près des quatre cinquièmes des suicidants les ayant utilisés. En quelque sorte, le suicide paie son tribut à l'ordre cool : de moins en moins sanglant et douloureux, le suicide, comme les conduites interindividuelles, s'adoucit, la vio-

303

lence autodestructive ne disparaît pas, ce sont les moyens pour y parvenir qui perdent leur éclat.

Si les tentatives augmentent, cela tient également au fait que la population suicidante rajeunit : il en va du suicide comme de la grande criminalité, la violence hard est jeune. Le procès de personnalisation agence un type de personnalité de moins en moins capable d'affronter l'épreuve du réel : la fragilité, la vulnérabilité gagnent, et ce, principalement dans la jeunesse, catégorie sociale la plus privée de repères et d'ancrage social. Les jeunes, jusqu'alors relativement préservés des effets autodestructifs de l'individualisme par une éducation et un encadrement stables et autoritaires, subissent de plein fouet la désubstantialisation narcissique, ce sont eux qui maintenant représentent la figure ultime de l'individu désinséré, éclaté, déstabilisé par excès de protection ou de déréliction et comme tel, candidat privilégié au suicide. En Amérique, les jeunes de quinze à vingt-quatre ans se suicident à un rythme double d'il y a dix ans, triple d'il y a vingt ans. Le suicide décroît aux âges où il était jadis le plus fréquent, mais il ne cesse d'augmenter chez les plus jeunes : aux U.S.A., le suicide est déjà la seconde cause de mort des jeunes, après les accidents d'automobiles. Peut-être n'en sommes-nous qu'au début, si l'on enregistre dans toute sa monstruosité le degré ultime auquel parvient l'escalade de l'autodestruction au Japon; fait inouï, ce sont désormais les enfants de cinq à quatorze ans qui se donnent en grand nombre la mort, de 56 en 1965 ils sont passés à 100 en 1975, à 265 en 1980.

Avec l'absorption des barbituriques et le taux considérable de tentatives échouées, le suicide accède à l'ère des masses, à un statut banalisé et discount, tout comme la dépression et la fatigue. A présent le suicide se trouve annexé par un procès d'indétermination où désir de vivre et désir de mourir ne sont plus antinomiques mais fluctuent d'un pôle à l'autre, presque instantanément. Nombre de suicidants, ainsi, absorbent le contenu de leur pharmacie pour aussitôt réclamer une aide médicale; le suicide perd de sa radicalité, se déréalise au moment où les repères individuels et sociaux s'assouplissent, où le réel lui-même se vide de sa substance lourde et s'identifie à une mise en scène programmée. Cette liquéfaction du désir d'anéantissement n'est qu'une des faces du néonarcissisme, de la déstructuration du Moi et de la désubstantialisation du volontaire. Lorsque le narcissisme est prépondérant, le suicide procède davantage d'une spontanéité dépressive, du flip éphémère que du désespoir existentiel définitif. De sorte que de nos jours, le suicide peut se produire paradoxalement sans désir de mort, un peu comme ces crimes entre voisins qui tuent moins par volonté de mort que pour se débarrasser d'une pollution sonore. L'individu post-moderne tente de se tuer sans vouloir mourir, comme ces braqueurs qui tirent dans l'affolement; on essaie de mettre fin à ses jours pour une remarque désobligeante, comme on tue pour se payer une place de cinéma; c'est cela l'effet hard, une violence sans projet, sans volonté affirmée, une montée aux extrêmes dans l'instantanéité : en quoi la violence hard est portée par la logique cool du procès de personnalisation.

Individualisme et révolution.

Le procès individualiste qui va de pair avec la réduction du défi interpersonnel s'accompagne en contrepartie d'un défi inédit, d'une portée beaucoup plus radicale, celui de la société envers l'Etat. C'est en effet au moment où la relation d'homme à homme « s'humanise » que s'ouvrent le projet et l'action révolutionnaires ainsi qu'une lutte des classes ouverte, consciente d'elle-même, ayant mission de casser l'histoire en deux et d'abolir la machine étatique elle-même. Procès de civilisation et révolution sont concomitants. Dans les sociétés holistes, la violence des hommes épargnait la définition de leur être-ensemble; en dépit de leurs caractères sanglants, émeutes et révoltes traditionnelles ne visaient pas à détruire l'architecture du tout social. Au contraire, dans les sociétés individualistes, ce sont les fondements de la société, la teneur intrinsèque de la loi et du pouvoir qui deviennent objets du débat public, cibles de la lutte des individus et classes. Commence l'ère moderne de la violence sociale, désormais pièce constitutive de la dynamique historique, instrument de transformation et d'adaptation de la société et de l'Etat. La violence des masses devient un principe utile et nécessaire au fonctionnement, à la croissance des sociétés modernes, la lutte des classes ayant notamment permis au capitalisme de surmonter ses crises, de résorber son déséquilibre chronique entre production et consommation.

Impossible de comprendre le surgissement du phénomène révolutionnaire, tout comme celui d'une lutte des classes permanente et institutionnalisée, en les séparant de leur corrélat, la société individualiste, tant dans son organisation économico-sociale que dans ses valeurs. Dans les sociétés holistes ou hiérarchiques, c'est-à-dire des systèmes où les êtres particuliers, seconds par rapport à l'ensemble social, n'ont pas d'existence reconnue autonome, l'ordre social dans lequel les hommes sont intégrés repose sur un fondement sacré et, comme tel, soustrait à l'entreprise révolutionnaire. Pour que la révolution devienne une possibilité historique, il faut que les hommes soient atomisés, désinsérés de leurs solidarités traditionnelles, il faut que la relation aux choses l'emporte sur la relation entre les êtres et qu'enfin prédomine une idéologie de l'individu accordant à celui-ci un statut natif de liberté et d'égalité. La révolution et la lutte des classes supposent l'univers social et idéologique de l'individualisme; dès lors, il n'est plus d'organisation en soi extérieure à la volonté des hommes, le tout collectif et sa suprématie qui précédemment empêchait la violence d'ébranler son ordre perd son principe d'intangibilité, plus rien, ni l'Etat ni la société n'échappent à l'action transformatrice des hommes. Dès que l'individu n'est plus le moyen d'une fin extérieure mais est considéré et se considère comme fin ultime, les institutions sociales perdent leur aura sacrée, tout ce qui procède d'une transcendance inviolable et se donne dans une hétéronomie de nature se trouve à plus ou moins long terme miné par un ordre social et idéologique dont le foyer n'est plus l'au-delà mais l'individu autonome lui-même[1].

1. Voir M. Gauchet, art. cité, pp. 111-114, et introduction à *De la liberté chez les modernes*, Laffont, coll. « Pluriel », 1980, pp. 30- 38.

La société homogène d'être égaux et libres est indissociable, dans son âge triomphant, d'un conflit ouvert et violent portant sur l'organisation de la société. Commandée par le rôle crucial de l'idéologie, qui désormais se substitue à l'instance religieuse, tout en en gardant le même caractère absolu et passionnel, la première phase individualiste est une ère de révolutions et de luttes sociales sanglantes. En s'émancipant du sacré, la société individualiste ne restitue aux hommes la pleine maîtrise de leur être-ensemble qu'en les faisant s'affronter dans des conflits, souvent à base d'intérêt certes, mais dont le manichéisme tient plus encore aux nouvelles *valeurs* attachées aux droits de l'individu. A ce titre, la phase héroïque de l'individualisme peut davantage être comparée à une mobilisation-politisation de masse autour de valeurs qu'à un repli prudent sur des préoccupations strictement privées. Hypertrophie et antagonisme idéologiques sont inséparables de l'ère individualiste-démocratique. Comparée à nos jours, cette phase reste en quelque sorte reliée aux sociétés holistes, au primat du tout social, tout s'étant passé comme si l'élément de désorganisation sociale que recelait le principe individualiste avait été aussitôt contrecarré par un type d'encadrement omniprésent et inflexible, parallèle en cela à celui des disciplines, destiné à neutraliser la dynamique des singularités personnelles, à souder les individus à la chose publique, fût-ce par la médiation des affrontements de classe et des valeurs.

Avec l'ère individualiste s'ouvre la possibilité d'une ère de violence totale de la société contre l'Etat, dont une des conséquences sera une violence non moins illimitée de l'Etat sur la société, soit la Terreur comme mode moderne de gouvernement par la violence exercée en masse, non seulement contre les opposants mais contre les partisans du régime. Les mêmes raisons qui permettent à la violence civile de bouleverser l'ordre social et politique rendent possible un défi sans précédent du pouvoir envers la société, la Terreur prenant naissance dans la nouvelle configuration idéologique issue de la suprématie de l'individu : que les massacres, déportations, procès se réalisent au nom de la volonté du peuple ou de l'émancipation du prolétariat, la Terreur n'est possible qu'en fonction d'une représentation démocratique, donc individualiste, du corps social, fût-ce assurément pour en dénoncer la perversion et rétablir par la violence la priorité du tout collectif. De même que la volonté révolutionnaire ne peut s'expliquer par des contradictions objectives de classe, de même est-il vain de vouloir rendre compte de la Terreur, à partir des seules nécessités circonstancielles : c'est parce que l'Etat, conformément à l'idéal démocratique se proclame identique et homogène à la société qu'il peut, en effet, défier toute légalité, déployer une répression sans limites, systématique, indifférente aux notions d'innocence et de culpabilité[1]. Si donc la révolution individualiste-démocratique a pour corrélat sur le temps long une réduction des signes ostentatoires de la puissance étatique et l'avènement d'un pouvoir bienveillant, doux, protecteur, elle a non moins

1. Voir Cl. Lefort, *Un homme en trop*, Ed. du Seuil, 1976, pp. 50-54, et Bernard Manin, « Saint-Just, la logique de la Terreur », in *Libre*, 1979, n° 6.

permis le surgissement d'une forme particulièrement sanglante de la puissance qu'on peut interpréter comme une ultime reviviscence de l'éclat du souverain condamné par l'ordre moderne, une formation de compromis entre les systèmes de la cruauté symbolique traditionnelle et l'impersonnalité gestionnaire du pouvoir démocratique.

La grande phase de l'individualisme révolutionnaire se termine sous nos yeux : après avoir été un agent de guerre sociale, l'individualisme contribue désormais à abolir l'idéologie de la lutte des classes. Dans les pays occidentaux développés, l'ère révolutionnaire est close, la lutte des classes s'est institutionnalisée, n'est plus porteuse d'une discontinuité historique, les partis révolutionnaires sont totalement déliquescents, partout la négociation l'emporte sur les affrontements violents. La deuxième « révolution » individualiste, portée par le procès de personnalisation, a pour conséquence une désaffection de masse pour la *res publica* et en particulier pour les idéologies politiques : après l'hypertrophie idéologique, la désinvolture envers les systèmes de sens. Avec l'émergence du narcissisme, l'ordre idéologique et son manichéisme bascule dans l'indifférence, tout ce qui est à teneur d'universalité et d'oppositions exclusives ne mord plus sur une forme d'individualité très largement tolérante et mobile. L'ordre rigide, disciplinaire, de l'idéologie est devenu incompatible avec la déstabilisation et l'humanisation cool. Le procès de pacification a gagné le tout collectif, la civilisation du conflit social prolonge maintenant celle des rapports interpersonnels.

Même les ultimes soubresauts de la Révolution témoignent de cet adoucissement du conflit social.

Ainsi en va-t-il de Mai 68. Les discussions qui se sont ouvertes quant à la teneur du mouvement sont à cet égard significatives : révolution ou happening ? Lutte de classes ou fête urbaine ? Crise de civilisation ou charivari ? La révolution devient indécidable, perd ses repères d'identité. Pour une part, Mai 68 s'inscrit toujours dans la foulée du processus révolutionnaire et insurrectionnel : barricades, affrontements violents avec les forces de l'ordre, grève générale. D'autre part, le mouvement n'est plus porté par aucune visée globale, politique et sociale. Révolution sans projet historique, Mai 68 est un soulèvement cool sans mort, une « révolution » sans révolution, un mouvement de communication autant qu'un affrontement social. Les journées de Mai, par-delà la violence des nuits chaudes, reproduisent moins le schéma des révolutions modernes fortement articulées autour des enjeux idéologiques qu'elles ne préfigurent la révolution post-moderne des communications. L'originalité de Mai, c'est son étonnante civilité : partout la discussion s'instaure, les graffiti fleurissent les murs, journaux, affiches, tracts se multiplient, la communication s'établit dans les rues, dans les amphis, dans les quartiers et les usines, là où d'ordinaire elle fait défaut. Sans doute, toutes les révolutions ont-elles suscité une inflation de discours mais, en 68, celle-ci s'est délestée de son contenu idéologique lourd; il ne s'agissait plus en effet de prendre le pouvoir, de désigner des traîtres, de tracer des lignes séparant les bons et les méchants, il s'agissait, par le biais de l'expression libre, de la communication, de la contestation, de « changer la vie », de libérer l'individu des mille aliénations qui quotidiennement pèsent sur lui, du travail au supermarché, de la télé à l'université. Libération de la parole, Mai 68 est animé par une idéologie flexible, simultanément politique et conviviale, patchwork de lutte des classes et de libido, de marxisme et de spontanéisme, de critique politique et d'utopie poétique, une décrispation, une déstandardisation théorique et pratique habite le mouvement, isomorphe en cela au procès cool de personnalisation. Mai 68 est déjà une révolution personnalisée, la révolte se fait contre l'autorité répressive de l'Etat, contre les séparations et contraintes bureaucratiques incompatibles avec le libre déploiement et la croissance de l'individu. L'ordre de la révolution lui-même s'humanise, prenant en compte les aspirations subjectives, l'existence et la vie : à la révolution sanglante s'est substituée la révolution « éclatée », multidimensionnelle, transition chaude entre l'ère des révolutions sociales et politiques où l'intérêt collectif prime celui des particuliers et l'ère narcissique, apathique, désidéologisée.

Détachée du manichéisme idéologique, la violence des journées de Mai a pu même apparaître comme une manifestation ludique exactement à rebours du terrorisme actuel qui, en son tréfonds, reste tributaire du modèle révolutionnaire strict, organisé autour de la guerre des classes, autour des dispositifs avant-gardistes et idéologiques, ce qui explique sa coupure radicale avec les masses indifférentes et décrispées. Cela dit, en dépit de son encadrement idéologique, le terrorisme rejoint néanmoins, par un étrange paradoxe, la logique de notre temps, les discours durs de légitimation d'où procèdent attentats, « procès », enlèvements étant devenus totalement vides, déconnectés de tout

rapport au réel à force d'intumescence révolutionnaire et d'autisme groupusculaire. Procès extrémiste en vue de lui-même, le terrorisme est une
pornographie de la violence : la machine idéologique s'emballe d'elle-même, perd tout ancrage, la
désubstantialisation gagne la sphère du sens historique, se déployant comme violence hard, surenchère maximaliste et vide, spectre livide, carcasse
idéologique lyophilisée.

Mai 68, on l'a dit, est à double face, moderne
par son imaginaire de la Révolution, post-moderne
par son imaginaire du désir et de la communication, mais aussi par son caractère imprévisible ou
sauvage, modèle probable des violences sociales à
venir. A mesure que l'antagonisme de classe se
normalise, des explosions surgissent ici et là, sans
passé ni futur, qui disparaissent avec la même
fulgurance que leur apparition. A présent, les
violences sociales ont souvent ceci de commun
qu'elles n'entrent plus dans le schéma dialectique
de la lutte des classes articulée autour d'un prolétariat organisé : les étudiants dans les années
soixante, aujourd'hui jeunes chômeurs, squatters,
Noirs ou Jamaïquains – la violence s'est marginali-
sée. Les émeutes qui se sont déroulées récemment
à Londres, Bristol, Liverpool, Brixton illustrent le
nouveau profil de la violence, l'étape supplémentaire dans la désidéologisation de la violence, quel
que soit le caractère racial de certains de ces
affrontements. Si la révolte libertaire des années
soixante était encore « utopique », porteuse de
valeurs, de nos jours, les violences qui enflamment
les ghettos se détachent de tout projet historique,
fidèles en cela au procès narcissique. Révolte pure
du désœuvrement, du chômage, du vide social. En

liquéfiant la sphère idéologique et la personnalité, le procès de personnalisation a libéré une violence d'autant plus dure qu'elle est sans espoir, *no future*, à l'image de la nouvelle criminalité et de la drogue. L'évolution des conflits sociaux violents est la même que celle de la drogue : après le voyage psychédélique des années soixante, marque de contre-culture et de révolte, l'ère de la toxicomanie banalisée, celle de la déprime sans rêve, la défonce *lumpen* aux médicaments, aux vernis à ongles, au kérosène, aux colles, solvants et laques pour une population de plus en plus jeune. Ne reste qu'à casser du bobby ou du Pakistanais, à incendier les rues et immeubles, piller les magasins à mi-chemin de la défonce et de la révolte. La violence de classe a cédé le pas à une violence de jeunes déclassés, détruisant leurs propres quartiers; les ghettos s'enflamment comme s'il s'agissait d'accélérer le vide post-moderne et terminer dans la rage le désert qu'accomplit par d'autres moyens le procès cool de personnalisation. Ultime déclassement, la violence entre dans le cycle de résorption des contenus; conformément à l'ère narcissique, la violence se désubstantialise dans une culmination hyperréaliste sans programme ni illusion, violence hard, désenchantée.

Impression Brodard et Taupin
à La Flèche (Sarthe),
le 7 juillet 1992.
Dépôt légal : juillet 1992.
1er dépôt légal dans la collection : mars 1989.
Numéro d'imprimeur : 1038G-5.

ISBN 2-07-032513-X / Imprimé en France.